Beiheft zur
Zeitschrift für die gesamte Strafrechtswissenschaft

Die Vorverlegung des Strafrechtsschutzes durch Gefährdungs- und Unternehmensdelikte

Referate und Diskussionsbericht der Arbeitssitzung der Fachgruppe für Strafrechtsvergleichung anläßlich der Tagung der Gesellschaft für Rechtsvergleichung am 20. September 1985 in Göttingen

Beiheft zur
Zeitschrift für die gesamte Strafrechtswissenschaft

Herausgegeben von Hans-Heinrich Jescheck

W DE G

1987
Walter de Gruyter · Berlin · New York

Gedruckt mit Unterstützung der Deutschen Forschungsgemeinschaft
und der Gesellschaft für Rechtsvergleichung
Redaktion: Privatdozent Dr. Thomas *Weigend*
Max-Planck-Institut für ausländisches und internationales Strafrecht,
Freiburg i. Br.

CIP-Kurztitelaufnahme der Deutschen Bibliothek

Die Vorverlegung des Strafrechtsschutzes durch Gefährdungs- und Unternehmensdelikte:
Referate u. Diskussionsbericht d. Arbeitssitzung d. Fachgruppe für Strafrechtsvergleichung anläßl. d. Tagung d. Ges. für Rechtsvergleichung am 20. September 1985 in Göttingen/hrsg. von Hans Heinrich Jescheck. — Berlin; New York: de Gruyter, 1987
(Beiheft zur Zeitschrift für die gesamte Strafrechtswissenschaft)
ISBN 3-11-010828-3

NE: Jescheck, Hans-Heinrich [Hrsg.]; Gesellschaft für Rechtsvergleichung/Fachgruppe für Strafrechtsvergleichung

Printed in Germany

Satz und Druck: H. Heenemann GmbH & Co, Berlin 42

Buchbinder: Thomas Fuhrmann KG, Berlin 30

Inhalt

Einführung

Die Gesellschaft für Rechtsvergleichung veranstaltet alle zwei Jahre eine von vielen deutschen und ausländischen Juristen besuchte Tagung, auf der die neun Fachgruppen nach ihrer Wahl Themen aus ihren Arbeitsgebieten durch Referate und Diskussionen rechtsvergleichend behandeln. Die Tagung für Rechtsvergleichung 1985 hat vom 18. bis 20. September mit Unterstützung der Georg-August-Universität in Göttingen und in deren Räumen stattgefunden. Das Thema der Fachgruppe für Strafrechtsvergleichung war die „Vorverlegung des Strafrechtsschutzes durch Gefährdungs- und Unternehmensdelikte". Die Referate und Diskussionen der Fachgruppe auf den früheren Tagungen für Rechtsvergleichung sind stets in der Zeitschrift für die gesamte Strafrechtswissenschaft veröffentlicht worden. Diesmal werden die Referate mit Rücksicht auf ihre Zahl und ihren Umfang mit dem Diskussionsbericht in dem vorliegenden Beiheft zu der Zeitschrift der Öffentlichkeit übergeben.

Der Vorsitzende der Fachgruppe für Strafrechtsvergleichung, Professor Dr. Theo *Vogler*, Gießen, unter dessen Leitung die Arbeitssitzung der Fachgruppe in Göttingen stattfand, hatte das Thema wegen seiner dogmatischen und kriminalpolitischen Bedeutung ausgewählt und dem Vorstand der Gesellschaft vorgeschlagen. Dogmatisch weisen sowohl der Gefahrbegriff bei den abstrakten und konkreten Gefährdungsdelikten als auch der das Unternehmensdelikt mitbestimmende Versuchsbegriff besondere Schwierigkeiten auf. Kriminalpolitisch stellt sich bei der Vorverlegung des Strafrechtsschutzes die Frage, wie die Tendenz zum frühzeitigen Einsatz des Strafrechts mit der Forderung nach Entkriminalisierung und mit dem „ultima ratio"-Prinzip vereinbart werden kann. Beide Problemkreise schienen für eine auslandsrechtliche Darstellung und eine anschließende rechtsvergleichende Diskussion besonders geeignet zu sein.

Die drei Referate aus dem westlichen Rechtskreis (*Weber*, Würzburg, *Platzgummer*, Wien, und *Grasso*, Rom) zeigen zusammen mit den beiden Referaten aus dem sozialistischen Rechtskreis (*Györgyi*, Budapest, und *Spotowski*, Warschau), daß die dogmatischen Schwierigkeiten der Gefährdungs- und Unternehmensdelikte in allen beteiligten Rechtsordnungen mit Argumenten gelöst werden, die auch in den Nachbarländern verstanden und teilweise verwendet werden, und daß die Vorverlegung des Strafrechtsschutzes bei besonders verletzlichen Rechtsgütern notwendig und unbedenklich ist, wenn sie in rechtsstaatlichen Grenzen stattfindet. Der Vergleich der beiden Referate zu dem nahe verwandten deutschen und österreichischen Recht offenbart die gleichwohl bestehenden wichtigen Unterschiede. Die drei folgenden Referate geben die Möglichkeit, den sonst schwer zugänglichen Standpunkt des italienischen, ungarischen und polnischen Rechts zu den Gefährdungs- und Unternehmensdelikten in deutscher Sprache kennenzulernen. Ein ausführlicher Diskussionsbericht von Hans Christian *Maier* schließt die Veröffentlichung ab.

Hans-Heinrich *Jescheck*

Die Vorverlegung des Strafrechtsschutzes durch Gefährdungs- und Unternehmensdelikte

Von Professor Dr. Ulrich *Weber*, Würzburg

I. Einleitung

1. Fragen der Ausdehnung des strafrechtlichen Schutzes in das Vorfeld der Rechtsgutsverletzung beanspruchen neuerdings wieder zunehmend das Interesse der Strafrechtswissenschaft[1]. Die Gründe dafür liegen auf der Hand: Erstens ist die Zahl der Gefährdungstatbestände im Recht der Bundesrepublik Deutschland[2] mittlerweile deutlich größer als die der Verletzungstatbestände, jedenfalls wenn man — was ich für geboten halte — das Nebenstrafrecht und — wegen seiner strafrechtsähnlichen Wirkung — auch das Ordnungswidrigkeitenrecht mit seiner Unzahl von abstrakten Gefährdungstatbeständen auf nahezu jedem Lebensgebiet in die Betrachtung einbezieht[3]. Dementsprechend erheblich ist die kriminalstatistische und damit rechtspraktische Bedeutung der Gefährdungsdelikte.

1982 erfolgten rund 150 000 Verurteilungen allein nach den Straßenverkehrsgefährdungstatbeständen der §§ 315b—316 StGB[4], und im selben Jahr wurden nahezu 700 000 Bußgeldverfahren erledigt[5]. Bekanntlich machen Einsprüche gegen Bußgeldbescheide der Verwaltungsbehörden etwa die Hälfte des Geschäftsanfalls der Strafrichter am Amtsgericht aus, wobei es sich überwiegend um ab-

1 So wurden auch auf der Frankfurter Strafrechtslehrertagung 1985 u. a. Probleme der Kriminalisierung im Vorfeld der Rechtsgutsverletzung behandelt. Siehe insbesondere das Referat von *Jakobs*, ZStW 97 (1985), S. 751, sowie den Diskussionsbericht von *Gropp*, ZStW 97 (1985), S. 919, 920—930. Rechtsvergleichend wurden die Gefährdungsdelikte schon einmal auf dem X. Internationalen Strafrechtskongreß vom 29. 9. bis 5. 10. 1969 in Rom behandelt. Vgl. dazu insbesondere den Beitrag von *Schröder*, Die Gefährdungsdelikte im Strafrecht, ZStW 81 (1969), S. 7. Weitere Literaturhinweise zu den Grundfragen der Gefährdungsstrafbarkeit bei *Arzt/Weber*, Bes. Teil, LH 2, 1983, S. 1.

2 Und in ausländischen Strafrechten; vgl. für das italienische Recht *Grasso*, in diesem Heft S. 57 f.

3 Siehe zum besorgniserregenden Ausufern des Ordnungswidrigkeitenrechts *Weber*, Die Überspannung der staatlichen Bußgeldgewalt. Kritische Bemerkungen zur neueren Entwicklung des materiellen Ordnungswidrigkeitenrechts, ZStW 92 (1980), S. 313.

4 Statistisches Jahrbuch 1984, hrsg. vom Statistischen Bundesamt, Wiesbaden, Abschnitt 15.9 (S. 350).

5 Statistisches Jahrbuch 1984, Abschnitt 15.4.2. (S. 341).

strakt gefährliche Verkehrsverstöße handelt. Der mit der Entkriminalisierung namentlich der folgenlosen Verstöße gegen Verkehrsvorschriften *auch* verfolgte Zweck einer Entlastung der Strafgerichte ist also sicher nicht in wünschenswertem Maße eingetreten. Die Reformüberlegungen bewegen sich überwiegend auf prozessualem Gebiet und zielen vor allem darauf ab, der Überlastung der Gerichte mit Bußgeldverfahren durch verschärfte Anforderungen an Einsprüche gegen Bußgeldbescheide der Verwaltungsbehörden entgegenzuwirken[6]. Darauf kann hier nicht eingegangen werden. Neben prozessualen Änderungen ist es aber dringend geboten, auch das materielle Ordnungswidrigkeitenrecht auf entbehrliche Bußgeldvorschriften hin zu durchforsten[7].

Zweitens sei an die erheblichen rechtlichen Schwierigkeiten erinnert, welche die Gerichte bei der Anwendung von Gefährdungstatbeständen erfahrungsgemäß immer wieder haben. Ich möchte nur auf den Gefahrbegriff des konkreten Gefährdungsdelikts hinweisen, der zwar bei den praktisch bedeutsamen Straßenverkehrsdelikten 1964 von dem unglücklichen Element der Gemeingefahr befreit wurde, der aber, wie die Rechtsprechung zeigt, immer noch seine Tücken hat[8]. Schließlich stoßen, drittens, bei Kriminalisierungen im Vorfeld der Rechtsgutsverletzung zwei gegenläufige kriminalpolitische Anliegen aufeinander: einmal das Bestreben, das Strafrecht so einzusetzen, daß es schon gar nicht zu Rechtsgutsverletzungen kommt, zum anderen die Absicht, dem Strafrecht die Rolle einer ultima ratio zuzuweisen[9].

2. a) Wie faszinierend der Gedanke ist, mit strafrechtlichen Sanktionen nicht abzuwarten, bis es zu handfesten Rechtsgutsverletzungen gekommen ist, und wie groß die Gefahr ist, daß demgegenüber der ultima-ratio-Gedanke zurücktritt, zeigt sich an dogmatisch verschiedenartigen Bestrebungen in Rechtsprechung und Literatur, sogar eindeutige Verletzungsdelikte in Gefährdungsdelikte umzubiegen.

6 Vgl. dazu z. B. die Beratungen des Arbeitskreises VII auf dem 19. Deutschen Verkehrsgerichtstag 1981: „Möglichkeiten zur Entlastung der Gerichte bei Bagatelldelikten". Siehe auch den Tagungsbericht von *Salger*, DRiZ 1981, 137f., sowie *Göhler*, in: Deutscher Verkehrsgerichtstag 1963–82. Eine Dokumentation, S. 77ff., insbesondere S. 89ff. — Ob das G zur Änderung des OWiG, des StVG und anderer Gesetze vom 7. 7. 1986 (BGBl. I S. 977) zu einer wesentlichen Entlastung der Gerichte beitragen wird, wird bezweifelt.

7 Dazu *Weber* (Anm. 3), S. 320ff.

8 Vgl. z. B. RGSt. 10, 173, 176; BGHSt. 8, 28, 31; 18, 271, 272f.; BGH JZ 1985, 399.

9 Vgl. dazu z. B. *Baumann/Weber*, Allg. Teil, 9. Aufl. 1985, § 3 III 2 (S. 29) m. w. N.

Praktisch besonders bedeutsam ist die Bewertung der Vermögens*gefährdung* als Vermögens*schaden* i. S. des Betrugstatbestandes (§ 263 StGB)[10]. Sie hat wegen der Identität des Schadensbegriffes bei den Vermögensdelikten zwangsläufig Auswirkungen auf die Erpressung (§ 253 StGB) und die Untreue (§ 266 StGB). Da die Gleichstellung der Vermögensgefährdung mit dem Vermögensschaden häufig auf eine Identifikation von Versuch und Vollendung hinausläuft, ist sie bei der Untreue besonders bedenklich, da der Versuch dieses Delikts vom Gesetzgeber nicht unter Strafe gestellt wurde[11]. Im Hinblick auf § 263 StGB ist in diesem Zusammenhang auch auf die Zweckverfehlungstheorie hinzuweisen, die ebenfalls dazu dient, Täuschungshandlungen mit zweifelhaftem Schadenserfolg als Betrug erfassen zu können[12]. Neben dem Spendenbetrug bildet die Subventionserschleichung das praktisch wichtigste Beispiel für die Anwendung dieser Lehre. Die Anfechtbarkeit der Zweckverfehlungstheorie war für den deutschen Strafgesetzgeber *ein* maßgebender Grund für die Schaffung des Sondertatbestandes des Subventionsbetruges in § 264 StGB, der bezeichnenderweise als abstraktes Gefährdungsdelikt ausgestaltet ist; dazu näher unten III 2a, bb.

Auch bei der Strafvereitelung nach § 258 Abs. 1 StGB ist in der Rechtsprechung die Tendenz zu beobachten, Versuchstaten der Vollendungsstrafbarkeit zu unterstellen. Die Gerichte neigen nämlich dazu, auch ganz kurzfristige Verzögerungen der Durchsetzung des staatlichen Strafanspruches als gelungene Vereitelung zu werten[13], so daß für den in § 258 Abs. 4 StGB strafbedrohten Versuch kein nennenswerter Anwendungsbereich mehr verbleibt[14].

Als weiteres Beispiel für die Befrachtung von Verletzungsdelikten mit Gefährdungselementen sei auf die Risikoerhöhungslehre hingewiesen, mit deren Hilfe trotz zweifelhaften Rechtswidrigkeitszusammenhanges eine Erfolgszurechnung im Sinne der fahrlässigen Verletzungsdelikte erreicht werden soll[15].

Der Vollständigkeit halber sei vermerkt, daß die Risikoerhöhungslehre bei Verletzungsdelikten umgekehrt auch mit haftungsbegrenzenden Gefahrüberlegungen argumentiert: Ein für die Rechts-

10 Dazu und zu den damit in den Betrugstatbestand hineingetragenen Spannungen z. B. *Arzt/Weber*, Bes. Teil, LH 3, 2. Aufl. 1986, Rdn. 448 ff.

11 Demgegenüber führt die Vermögensgefährdung beim Wucher eindeutig zur Tatvollendung, weil in § 302a Abs. 1 StGB über das Gewährenlassen von Vermögensvorteilen hinaus auch das Versprechenlassen erfaßt ist.

12 Siehe dazu (kritisch) z. B. *Arzt/Weber* (Anm. 10), Rdn. 493 ff.

13 Vgl. OLG Stuttgart NJW 1976, 2084: Verzögerung um etwa 10 Tage.

14 Siehe aber auch BGH NJW 1959, 495: Verzögerung um 6 Tage nur Versuch.

15 Vgl. zu dieser Lehre kritisch *Baumann/Weber*, Allg. Teil., § 17 III 4 (S. 231) und § 19 III 2c (S. 273), jeweils m. w. N.

gutsverletzung ursächlich gewordenes Verhalten soll strafrechtliche Haftung nur dann auslösen, wenn dieses Verhalten eine Gefahr für das verletzte Rechtsgut begründet oder erhöht hat[16].

Eine sicher legitime strafbarkeitseinschränkende Wirkung hat der Gefahrgedanke hinsichtlich der Zurechenbarkeit schwerer Tatfolgen bei den erfolgsqualifizierten Delikten, namentlich des Todes des Opfers bei der Körperverletzung mit Todesfolge: Aus Sinn und Zweck des § 226 StGB ergibt sich, „daß hier eine engere Beziehung zwischen der Körperverletzungshandlung und dem tödlichen Erfolg gefordert ist als ... nach der Bedingungstheorie ... Entgegengewirkt werden sollte mit ... der Vorschrift der der Körperverletzung anhaftenden spezifischen *Gefahr* des Eintritts des qualifizierenden Erfolges"[17].

b) Im Zusammenhang mit den Verletzungsdelikten ist weiter darauf aufmerksam zu machen, daß sich im deutschen Strafrecht eine ganze Reihe qualifizierender Vorschriften findet, in denen nicht erst ein schwerer Erfolg, sondern bereits die Herbeiführung der Gefahr eines solchen Erfolges zur Strafschärfung führt. Genannt sei etwa die Qualifikation des Widerstandes gegen Vollstreckungsbeamte (§ 113 Abs. 2 Nr. 2 StGB), der Abtreibung (§ 218 Abs. 2 Nr. 2 StGB) und des Raubes (§ 250 Abs. 1 Nr. 3 StGB) durch den Eintritt einer Lebens- oder Leibesgefahr.

Im Rahmen von Qualifikationen bedient sich der deutsche Gesetzgeber im übrigen auch der Gemeingefahr, die als straf*begründendes* Tatbestandsmerkmal nur noch in den praktisch wenig bedeutsamen Überschwemmungstatbeständen der §§ 312—314 StGB enthalten ist. So wirkt die Herbeiführung einer Gefahr für die Gesundheit vieler Menschen qualifizierend beim Mißbrauch ionisierender Strahlen (§ 311 a Abs. 2 StGB) und beim Inverkehrbringen schädlicher Arzneimittel (§ 95 Abs. 3 Nr. 1 ArzneimittelG), und ein besonders schwerer Fall des Bankrotts liegt nach § 283a Nr. 2 StGB in der Regel u. a. dann vor, wenn der Täter wissentlich viele Personen in die Gefahr des Verlustes ihrer ihm anvertrauten Vermögenswerte bringt. Mit Einschränkungen ist hier auch das Mordmerkmal der Tötung mit gemeingefährlichen Mitteln (§ 211 Abs. 2 StGB) zu nennen[18].

16 Siehe dazu insbesondere *Otto*, Allg. Teil, 2. Aufl. 1982, § 6 I 2d und II 4c; *ders.*, Kausaldiagnose und Erfolgszurechnung im Strafrecht, Festschrift für Maurach, 1972, S. 91; *ders.*, Risikoerhöhungsprinzip statt Kausalitätsgrundsatz als Zurechnungskriterium bei Erfolgsdelikten, NJW 1980, 417. Kritisch dazu *Baumann/Weber*, Allg. Teil, § 17 III 4.

17 BGH NJW 1971, 152; vgl. weiter BGHSt. 31, 96, 98ff.; 32, 25.

18 Siehe zur Auslegung dieses Merkmals z. B. *Arzt/Weber*, Bes. Teil, LH 1, 2. Aufl. 1981, Rdn. 122.

Ich kann auf derartige Gefahrqualifikationen nicht näher eingehen, sondern muß mich im folgenden auf diejenigen Tatbestände beschränken, in denen die Gefahr *strafbegründend* wirkt.

3. Bevor auf einzelne Probleme solcher Vorfeldtatbestände eingegangen wird, scheinen mir noch einige Hinweise auf Verbindungslinien zwischen der versuchten Straftat und den Gefährdungsdelikten geboten:

a) Zwar ist die durchgehende Versuchsstrafbarkeit erst ein Kennzeichen moderner Strafrechte[19]. Jedoch wurden in älteren Rechten dem Versuch vergleichbare Strafbarkeitsvorverlagerungen mit Regelungen erreicht, die wir heute als Gefährdungstatbestände bezeichnen würden. Wie zahlreiche Quellen belegen, wurde im germanischen und im mittelalterlichen deutschen Recht die objektive Gefährlichkeit bestimmter Handlungen nicht nur zur Verschärfung der angedrohten Rechtsfolgen[20], sondern auch zur Strafbegründung herangezogen[21]. Beispielshalber seien neben der Brandstiftung, deren Gemeingefährlichkeit mit dem Anwachsen der Städte im späten Mittelalter zunehmend erkannt wurde, das Schwert-, Messer- und Steinzücken sowie das verborgene Tragen von Waffen genannt. Einschlägige Bestimmungen hatten im wesentlichen die Funktion der Verpönung von Versuchstaten, für die es noch keine allgemeinen Strafbarkeitsregelungen gab[22].

Für das geltende deutsche Recht ist zu vermerken, daß die Straflosigkeit des Versuchs der einfachen Körperverletzung (§ 223 StGB) kompensiert wird durch zahlreiche (Gesundheits-)Gefährdungstatbestände im Nebenstrafrecht, etwa im Lebensmittel[23]- und Arzneimittelrecht[24] sowie im Arbeitsschutzrecht[25].

Überdies enthält das deutsche Strafgesetzbuch in den §§ 221 (Aussetzung) und 229 (Vergiftung) Vorschriften, denen in der Praxis *auch* die Funktion der Bestrafung versuchter Tötungen zukommt, die in ihren subjektiven Voraussetzungen nicht mit der für eine Verurteilung nach §§ 212, 22 StGB erforderlichen Sicherheit nachweisbar sind[26].

19 Siehe z. B. *Baumann/Weber*, Allg. Teil, § 32 I 1.

20 So z. B. bei der Körperverletzung die Tatbegehung mit bewehrter oder bewaffneter Hand; siehe *His*, Das Strafrecht des deutschen Mittelalters, II. Teil, 1920, S. 97, 100.

21 Siehe dazu näher *His* (Anm. 20), I. Teil, 1920, S. 171 ff.

22 Vgl. *His* (Anm. 20), I. Teil, S. 168 ff.

23 §§ 51 ff. Lebensmittel- und BedarfsgegenständeG.

24 §§ 95 ff. ArzneimittelG.

25 Vgl. z. B. § 25 Arbeitszeitordnung, § 58 JugendarbeitsschutzG und § 21 MutterschutzG.

26 Siehe dazu *Arzt/Weber*, Bes.Teil, LH 1, Rdn. 315, und LH 2, 1983, Rdn. 405.

b) Gerade im Hinblick auf solche Verschränkungen von Versuchs- und Gefährdungsstrafbarkeit wäre es verlockend, näher auf die Strafbegründung des Versuchs einzugehen. Bekanntlich führt die die deutsche Judikatur beherrschende, im Schrifttum herrschende und den §§ 22ff. StGB zugrundeliegende subjektive Versuchstheorie[27] zur grundsätzlichen Strafbarkeit auch des untauglichen Versuchs. Damit wird der historisch sicher bestehende Zusammenhang zwischen objektiver Rechtsgutsgefährdung und Versuchsstrafbarkeit (siehe a) dogmatisch aufgelöst. Eine Auseinandersetzung mit den diese Diskrepanz vermeidenden objektiven Versuchstheorien, die bis 1932 in der deutschen Strafrechtswissenschaft herrschend waren und die nach *Spendel*[28] nun auch von *Jakobs*[29] Zuspruch erfahren, kann jedoch im Rahmen dieses Beitrags nicht erfolgen. Vielmehr muß ich mich auf die mehr schlagwortartige Wiedergabe einiger Argumente beschränken, die m. E. davor warnen sollten, die subjektive Versuchstheorie vorschnell über Bord zu werfen: (1) Schwierigkeiten bei der Abgrenzung von absolut und nur relativ untauglichem Versuch. (2) Der auf Rechtsgutsverletzung gerichtete Wille zeigt nicht nur die *Täter*gefährlichkeit, sondern begründet auch die *Tat*gefährlichkeit mit. Das Verhalten eines Schützen, der mit seinem Gewehr in bewohntem Gebiet herumballert, erscheint auch objektiv gefährlicher, wenn dies mit Tötungsvorsatz geschieht. Stärker als *Jakobs*[30] halte ich den Planungszusammenhang durchaus für ein legitimes Strafwürdigkeitskriterium bei der Erfassung von Handlungen im Vorfeld der Rechtsgutsverletzung. (3) Kriterien der objektiven konkreten Tatgefährlichkeit müssen zwangsläufig versagen beim Versuch abstrakter Gefährdungsdelikte, auf dessen Strafbarkeit m. E. nicht verzichtet werden kann (Beispiel: Brandstiftung nach § 306 StGB). (4) Im Hinblick auf die Gefährlichkeit eines Täters, der z. B. durch ein Versehen — also nicht infolge groben Unverstandes i. S. von § 23 Abs. 3 StGB — seinem Opfer Puderzucker statt Gift verabreicht, erscheint die (repressive) Reaktion mit Strafe weitaus berechenbarer als der (präventive) Freiheitsentzug aufgrund der Unterbringungsgesetze der Bundesländer.

Im übrigen sollte bei allem Streit über die Strafwürdigkeit untauglicher Versuche gesehen werden, daß sie schon heute in den sel-

27 Vgl. die Nachweise bei *Baumann/Weber*, Allg. Teil, § 32 II 1 (S. 472 Fn. 11) und § 33 IV 3.

28 *Spendel*, Kritik der subjektiven Versuchstheorie, NJW 1965, 1881; *ders.*, Zur Neubegründung der objektiven Versuchstheorie, Festschrift für Stock, 1966, S. 89; jeweils auch mit Nachweisen früherer Vertreter dieser Auffassung.

29 *Jakobs* ZStW 97 (1985), S. 758ff.

30 Anm. 29.

tensten Fällen tatsächlich verfolgt werden, weil sie so gut wie nie zur Kenntnis der Strafverfolgungsbehörden gelangen. Kriminalstatistisch dürfte sich also eine Hinwendung zur objektiven Versuchstheorie kaum bemerkbar machen.

II. Unternehmensdelikte und vergleichbare Strafbarkeitsvorverlagerungen

1. Echte Unternehmensdelikte

a) Nach der Legaldefinition in § 11 Abs. 1 Nr. 6 StGB ist das Unternehmen einer Tat deren Versuch und deren Vollendung. Die Unternehmenstatbestände weisen also, was ihre strafbegründende Wirkung anlangt, keine Besonderheiten gegenüber den bereits genannten Möglichkeiten der Erfassung rechtsgutsbeeinträchtigender Verhaltensweisen auf: Sie umfassen lediglich als gesetzestechnische Einheit die vollendete und die versuchte Straftat.

Nach den Reformen des deutschen Strafrechts in den 60er und 70er Jahren finden sich in unserem Strafgesetzbuch noch die folgenden Unternehmensdelikte[31]:

§§ 81 und 82 StGB:	Hochverräterische Unternehmen gegen den Bund und ein Land,
§ 131 Abs. 1 Nr. 4 StGB:	Unternehmen der Ein- oder Ausfuhr gewaltverherrlichender Schriften,
§ 184 Abs. 1 Nr. 4, 8, 9, Abs. 3 Nr. 3 StGB:	Unternehmen der Ein- oder Ausfuhr pornographischer Schriften,
§ 310b Abs. 1 StGB:	Unternehmen der Person- und Sachgefährdung durch Freisetzen von Kernenergie,
§ 311a StGB:	Unternehmen des Mißbrauchs ionisierender Strahlen in Gesundheitsschädigungsabsicht,
§ 316a StGB:	Unternehmen eines räuberischen Angriffs auf Kraftfahrer,
§ 316c Abs. 1 Nr. 2 StGB:	Angriff auf den Luftverkehr durch das Unternehmen, eine Explosion oder einen Brand herbeizuführen,

31 Die früher z. B. noch in §§ 114 (Beamtennötigung) und 122 (Gefangenenmeuterei) StGB enthaltenen Unternehmenstatbestände sind mittlerweile weggefallen bzw. wurden tatbestandlich anders gefaßt; vgl. die jetzige Regelung der Gefangenenmeuterei in § 121 StGB, die in Absatz 1 die Vollendung erfaßt und in Absatz 2 den Versuch unter Strafe stellt.

§ 357 StGB: Unternehmen des Verleitens eines Untergebenen zu einer rechtswidrigen Tat im Amt.

Frühere Streitfragen über die Reichweite des Unternehmens haben sich durch die erwähnte Legaldefinition im Allgemeinen Teil des StGB 1975[32] erledigt[33]. Diese eindeutige, auf den Versuchsbegriff des § 22 StGB verweisende Regelung steht m. E. auch der Entwicklung eines eigenständigen Versuchsbegriffs für die Unternehmensdelikte entgegen[34]. Wenn man daran denkt, den ungefährlichen Versuch noch weitergehend als in § 23 Abs. 3 StGB bereits vorgesehen straflos zu lassen[35], so müssen sich solche Überlegungen auf den Versuch schlechthin erstrecken und dürfen nicht auf das Unternehmen beschränkt werden. Vor einer Privilegierung des Unternehmens, etwa dergestalt, daß nur Vesuche eines gewissen Tauglichkeitsgrades strafbar sind, sollte auch das gesetzgeberische Anliegen warnen, den Täter eines Unternehmens eher schlechter zu stellen als den schlichten Versuchstäter.

b) Die selbständige Bedeutung von Unternehmenstatbeständen liegt damit nicht bei den Rechtsfolge*voraussetzungen,* denn auch dort, wo der Versuch kraft der Verbrechensnatur des fraglichen Delikts nicht ohnehin strafbar ist (vgl. § 23 Abs. 1 StGB), könnte der Gesetzgeber die mit dem Unternehmen verbundene Strafbarkeitsvorverlegung ohne weiteres genauso durch die ausdrückliche Pönalisierung des Versuchs erreichen[36]. Eigenständige Bedeutung haben die Unternehmenstatbestände vielmehr ausschließlich auf der Rechts*folgenseite:* Zum einen kommt dem Täter die in § 23 Abs. 2 StGB für den Versuch vorgesehene fakultative Strafmilderung nicht zugute, zum anderen wird ihm die Möglichkeit des strafbefreienden Rücktritts vom Versuch (§ 24 StGB) abgeschnitten. Freilich ist jede dieser beiden Rechtsfolgen des Unternehmensdelikts erheblich relativiert: Was die Strafzumessung anlangt, so ist gemäß § 46 Abs. 2 StGB, namentlich unter dem Gesichtspunkt der „verschuldeten Auswirkun-

32 Die aus § 46a StGB a. F., der durch das 8. StrafrechtsänderungsG vom 25. 6. 1968 (BGBl. I S. 709) eingefügt worden war, übernommen wurde.

33 Es ging vor allem um die Frage, wie weit der Bereich des Unternehmens zu ziehen sei, „ob er neben der Vollendung das gesamte Gebiet des Versuchs oder nur die ,unmittelbar auf Vollendung gerichteten Versuchshandlungen' umfaßte oder — umgekehrt — auch noch die dem eigentlichen Versuchsbereich vorangehenden Vorbereitungshandlungen"; so *Schröder,* Die Unternehmensdelikte, Festschrift für Kern, 1968, S. 457, 458 m. w. N.

34 A. A. *Burkhardt,* Das Unternehmensdelikt und seine Grenzen, JZ 1971, 352, 356 ff.

35 Siehe zu solchen Bestrebungen oben I 3b.

36 So geschehen bei der Gefangenenmeuterei; siehe oben Anm. 31.

gen der Tat", zu berücksichtigen, ob materiell Tatvollendung oder nur Versuch vorliegt. Vor allem bei den Unternehmensvorschriften, die keine erhöhte Mindeststrafe vorsehen[37], wird dies dazu führen, daß bei der Strafbemessung im Ergebnis doch § 23 Abs. 2 StGB angewandt wird. Bei den Verbrechensvorschriften der §§ 81, 82, 311a Abs. 1 StGB wird die Prüfung naheliegen, ob beim mißlungenen Unternehmen nicht ein — in diesen Bestimmungen jeweils vorgesehener — minder schwerer Fall vorliegt.

Was den Rücktritt betrifft, so sehen die meisten Unternehmensvorschriften spezielle Regelungen der tätigen Reue vor[38], die allerdings teilweise unterschiedlich ausgestaltet sind und gegenüber der Normierung des Rücktritts vom Versuch in § 24 StGB in der Regel an strengere Voraussetzungen gebunden sind und keine zwingende Strafbefreiung, teilweise sogar nur Strafmilderung, vorsehen. Diese Regelungen erscheinen fast durchweg sachgerecht, wenn man sich Klarheit darüber verschafft, was den Gesetzgeber dazu bewogen hat, die jeweilige Straftat als Unternehmensdelikt auszugestalten. Dies ist m. E. bislang nicht mit der nötigen differenzierenden Sorgfalt geschehen, womit auch nicht überzeugende Pauschallösungen zu erklären sind, was die entsprechende Anwendbarkeit von Rücktrittsregelungen auf solche Unternehmensdelikte anlangt, bei denen eine ausdrückliche Rücktrittsvorschrift fehlt[39].

Ein erster legitimer Grund für die Schaffung von Unternehmenstatbeständen scheint mir die weitgehende Unmöglichkeit für den Täter zu sein, das bis in den Versuchsbereich vorangetriebene Geschehen und die daraus resultierenden Gefahren noch zu beherrschen. So liegen die Dinge bei den Hochverratsdelikten, deren Erfassung in den Unternehmenstatbeständen der §§ 81 und 82 StGB gern mit den geflügelten Worten erklärt wird „Vollendet ist die Verfassungsänderung bekanntlich eine glorreiche Tat" und „Entworfen bloß, ist's ein gemeiner Frevel, vollführt, ist's ein unsterblich Unternehmen, und wenn es glückt, so ist es auch verziehn"[40]. Hinzu kommt folgende Überlegung: Hochverrat begeht nicht ein einzelner; er ist ihm allein gar nicht möglich. Nur mehrere, die arbeitsteilig tätig werden, ohne daß sie freilich Tatbeteiligte i. S. der §§ 25 ff. StGB sein

37 § 131 Abs. 1 Nr. 4, § 184 Abs. 1 Nr. 4, 8, 9 und Abs. 3 Nr. 3 StGB.

38 Vgl. §§ 83 a StGB (für den Hochverrat), 311c StGB (für die Explosions- und Strahlungsdelikte), 316a Abs. 2 StGB (für den räuberischen Angriff auf Kraftfahrer) und 316c Abs. 4 StGB (für den Angriff auf den Luftverkehr).

39 Vgl. einerseits *Schröder* (Anm. 33), S. 463: analoge Anwendung der §§ 83a, 316a Abs. 2 StGB auf alle Unternehmensdelikte, für die kein Rücktritt vorgesehen ist; andererseits *Vogler*, in: LK, 10. Aufl., § 24 Rdn. 213.

40 Vgl. *Frank*, StGB, 18. Aufl. 1931, § 82 Bem. IV; *Schröder* (Anm. 33), S. 457 Fn. 1.

müßten, können einigermaßen erfolgversprechend darauf hinarbeiten, den Bestand der Bundesrepublik Deutschland zu beeinträchtigen oder deren verfassungsmäßige Ordnung zu ändern (§ 81 Abs. 1 Nr. 1 und 2 StGB). Sind aber bei ernstzunehmenden hochverräterischen Bestrebungen mehrere beteiligt, die keinen näheren Kontakt zueinander zu haben brauchen, so hat der einzelne, der das Vorhaben bis ins Stadium des Versuchs mitbetrieben hat, nur noch beschränkte Möglichkeiten, den weiteren Ablauf der Dinge zu hindern; bloßes Nichtweiterhandeln wird dazu kaum je geeignet sein. Die Gefahr des nicht mehr beherrschbaren Weiterwirkens des einmal in Gang gesetzten Geschehens rechtfertigt es, den Versuch der Vollendung gleichzustellen und damit die Rücktrittsmöglichkeit nach § 24 StGB abzuschneiden und für den strafbefreienden Rücktritt die erhöhten Anforderungen des § 83a StGB zu stellen, die sogar noch über die schon erschwerten Rücktrittsvoraussetzungen des § 24 Abs. 2 StGB bei Beteiligung mehrerer an der versuchten Tat hinausgehen, nämlich Gefahrabwendung verlangen.

Auf dem Gedanken der weitgehenden Unmöglichkeit für den Täter, das bis in den Versuchsbereich vorangetriebene Geschehen noch zu beherrschen, beruhen auch die Unternehmenstatbestände der §§ 310b Abs. 1 und 311a StGB (Kernenergie-Explosion und Strahlenmißbrauch). Hier resultiert die Gefahr, daß dem Handelnden das Geschehen aus der Hand gleitet, allerdings nicht typischerweise auf der Mitwirkung anderer an dem Unternehmen, sondern aus der Schwierigkeit als solcher, beim Freisetzen von Kernenergie und beim Umgang mit ionisierenden Strahlen auch nur einigermaßen sicher zu bestimmen, wann die Explosion eintritt oder die schadenbringende Strahlung freigesetzt wird. Namentlich für das Strahlungsdelikt könnte man sagen, Versuch und Vollendung seien überhaupt nicht scharf voneinander abzugrenzen, weil nicht zuverlässig festzustellen ist, ob Strahlen bereits ausgetreten sind oder nicht. Mit der Ausgestaltung dieser Straftaten als Unternehmensdelikte wird dem Täter zu Recht auch der Einwand abgeschnitten, er habe die Explosion bzw. die Freisetzung von Strahlen *jetzt* noch gar nicht gewollt, so daß sich das Problem der erheblichen Abweichung des tatsächlichen vom vorgestellten Kausalverlauf nicht stellt. Die beiden genannten Unternehmensdelikte sind also bereits im Versuchsstadium mit derart unberechenbaren Gefahren behaftet, daß es völlig richtig ist, wenn in § 311c Abs. 1 StGB der tätigen Reue nur strafmildernde Wirkung (gemäß § 49 Abs. 2 StGB) beigelegt wird, vollständige Strafaufhebung also ausgeschlossen ist.

Der in § 316a StGB erfaßte räuberische Angriff auf Kraftfahrer enthält zwar in erster Linie ein Delikt im Vorfeld von Raub und Erpressung. Zugleich wird jedoch häufig bereits durch den versuchten Angriff eine Beeinträchtigung der Sicherheit des Straßenverkehrs, z. B. durch naheliegende verkehrsgefährdende Reaktionen des überfallenen Kraftfahrers, herbeigeführt[41]. Diese latente (Mit-)Gefährdung der Verkehrssicherheit rechtfertigt die Ausgestaltung der Straftat als Unternehmensdelikt. Sie dürfte auch der Grund für die restriktive Auslegung der Rücktrittsvorschrift in § 316a Abs. 2 StGB durch die Rechtsprechung sein, die den „Erfolg" nicht erst im Raub bzw. in der räuberischen Erpressung erblickt, sondern bereits im vollendeten Angriff auf den Kfz-Führer oder den Mitfahrer[42].

Noch deutlicher tritt die Beeinträchtigung der Sicherheit des Verkehrs, hier des zivilen Luftverkehrs, beim Unternehmensdelikt nach § 316c StGB hervor. Folgerichtig kann hier der Rücktritt nach § 316c Abs. 4 StGB nicht zur völligen Strafbefreiung, sondern nur zur Strafmilderung (nach § 49 Abs. 2 StGB) führen.

Ein zweiter Grund, der zur Schaffung von Unternehmenstatbeständen berechtigt, ist der Umstand, daß das geschützte Rechtsgut bereits durch Versuchshandlungen derart beeinträchtigt wird, daß eine Gleichstellung von Versuch und Vollendung geboten erscheint. Dies ist der Fall beim Unternehmen der Verleitung eines Untergebenen zu einer Straftat (§ 357 StGB)[43], für das eine Rücktrittsregelung vollständig fehlt. Dies ist mit dem durch die Straftaten im Amt geschützten Rechtsgut der Ordnungsmäßigkeit oder Reinheit der

41 Vgl. *Schäfer*, in: LK, § 316a Rdn. 3, mit Hinweisen auf die Entstehungsgeschichte: Tatbestand, der „gewissermaßen auf der Nahtstelle zwischen den Vermögens- und Verkehrsdelikten liegt".

42 Siehe insbesondere BGHSt. 10, 320; a. A. — Erfolg ist erst der Raub usw. — teilweise das Schrifttum; siehe z. B. *Cramer*, in: *Schönke/Schröder*, StGB, 22. Aufl. 1985, § 316a Rdn. 11 m. w. N.

43 Die Fassung des § 357 Abs. 1 StGB ist insofern merkwürdig, als neben dem Unternehmen des Verleitens, das ja nach der Definition in § 11 Abs. 1 Nr. 6 StGB auch das vollendete Verleiten umfaßt, als Tathandlung nochmals ausdrücklich die (vollendete) Verleitung genannt ist. Möglicherweise ist dies darauf zurückzuführen, daß die 1. Alternative (vollendetes Verleiten) ein *unechtes* Amtsdelikt enthält (mit der Folge der Anwendung von § 28 Abs. 2 StGB auf Beteiligte), die 2. Alternative (Unternehmen des Verleitens) hinsichtlich der Erfassung des Versuchs ein *echtes* Amtsdelikt, jedenfalls im Hinblick auf die versuchte Anstiftung zu Vergehen (Anwendung von § 28 Abs. 1 StGB). Vgl. zur Frage „echtes oder unechtes Amtsdelikt?" *Busch*, in: LK, 9. Aufl. 1977, § 357 Rdn. 8.
In §§ 33 und 34 WehrstrafG werden das erfolgreiche und das erfolglose Verleiten eines militärischen Untergebenen in zwei getrennten Tatbeständen erfaßt und wird in § 34 Abs. 2 WehrstrafG der strafbefreiende Rücktritt von der versuchten Verleitung ermöglicht.

Amtsführung erklärbar. Dieses Rechtsgut wird nämlich nicht erst dann spürbar beeinträchtigt, wenn die Verleitung Erfolg hat, sondern bereits dann, wenn der Vorgesetzte sein Ansinnen an den Untergebenen heranträgt; denn bereits dadurch weicht er vom rechten Weg, der ordnungsmäßigen Amtsführung, ab und korrumpiert das Vertrauen des Untergebenen in die Integrität seines Vorgesetzten. Dies wird bestätigt durch einen Blick auf die klassischen Amtsdelikte, die Vorteilsannahme und die Bestechlichkeit (§§ 331, 332 StGB). Auch dort führt nicht erst die Annahme des Vorteils zur Vollendungsstrafbarkeit, sondern bereits der Annahme vorgelagerte Handlungen wie das Fordern und das Sichversprechenlassen, eben weil bereits damit das Vertrauen in die Unkäuflichkeit von Diensthandlungen — ein wichtiger Unterfall der Reinheit der Amtsführung — erschüttert wird. Folgerichtig fehlen für die Bestechungsdelikte Vorschriften über den Rücktritt vom vollendeten Delikt, und auch beim (materiellen) Verletzungsversuch nach § 357 StGB wäre eine Rücktrittsmöglichkeit wegen der hier genauso massiven Rechtsgutsbeeinträchtigung verfehlt. § 357 StGB enthält also m. E. ein Unternehmensdelikt, auf das auch die Rücktrittsregelungen in den §§ 83a, 316a Abs. 2 StGB — entgegen *Schröder*[44] — nicht entsprechend anwendbar sind.

Mit sachlich überzeugenden Gründen nicht erklärbar sind dagegen die Unternehmenstatbestände des § 131 Abs. 1 Nr. 4 sowie des § 184 Abs. 1 Nr. 4, 8, 9 und Abs. 3 Nr. 3 StGB, die jeweils das Unternehmen der Ein- oder Ausfuhr gewaltverherrlichender bzw. pornographischer Schriften unter Strafe stellen. Noch unverständlicher ist es, daß für diese Taten keine Rücktrittsmöglichkeit vorgesehen ist. Wie ungereimt dies ist, zeigt ein Vergleich z. B. mit dem Kriegswaffengesetz[45] und dem Betäubungsmittelgesetz, die es mit sehr viel mißbilligenswerteren Handlungen zu tun haben, aber gleichwohl tatbestandlich (in § 16 Abs. 1 Nr. 4 bzw. in § 29 Abs. 1 Nr. 1) lediglich die vollendete Ein- und Ausfuhr unter Strafe stellen, also dem Versuchstäter ungeschmälert den Rücktritt nach § 24 StGB offenhalten[46]. Als Erklärung, nicht Rechtfertigung, für die demgegenüber überzogene Regelung in §§ 131 und 184 StGB bleibt eigentlich nur die folgende: In Gestalt des Ausstellens, Anbietens und dgl. erfassen beide Tatbestände der Sache nach bereits Versuchshandlungen des Vertreibens und Überlassens der inkriminierten Schriften, so daß insoweit kein

44 (Anm. 33), S. 463.

45 AusführungsG zu Artikel 26 Abs. 2 des Grundgesetzes (Gesetz über die Kontrolle von Kriegswaffen) vom 20. 4. 1961, BGBl. I S. 444.

46 Darüber hinaus ist in § 16 Abs. 5 KriegswaffenG sogar die Möglichkeit des strafbefreienden Rücktritts vom vollendeten Delikt vorgesehen.

Bedürfnis mehr für eine — im Hinblick auf die Vergehensnatur der Delikte an sich erforderliche (§ 23 Abs. 1 StGB) — Anordnung der Versuchsstrafbarkeit bestand. Eine eigene Regelung der Versuchsstrafbarkeit für die Ein- und Ausfuhr erschien offenbar gesetzestechnisch zu umständlich, so daß man insoweit den Weg der Unternehmensstrafbarkeit gewählt hat. Daß dies nicht zum Ausschluß des Rücktritts führen darf, wenn das Unternehmen materiell nur bis zum Versuchsstadium gediehen ist, scheint mir auf der Hand zu liegen. Insoweit ist also in der Tat eine analoge Anwendung der Rücktrittsvorschriften in §§ 83a, 316a Abs. 2 StGB zu befürworten, und zwar sogar mit der verstärkten Wirkung einer zwingenden völligen Strafaufhebung[47]. Dies hat die m. E. begrüßenswerte Wirkung, daß das Schicksal des reuigen Täters dem weitgehend freien Ermessen des Richters bei einer prozessualen Lösung über die §§ 153, 153a StPO entzogen wird.

2. *Unechte Unternehmensdelikte und vergleichbare Erscheinungen (Vorbereitungstatbestände und Absichtsdelikte ohne Rechtsgutsverletzung)*

a) Unechte Unternehmensdelikte

Neben den echten Unternehmensdelikten enthält das Strafgesetzbuch der Bundesrepublik Deutschland einige Tatbestände, für deren formelle Vollendung ebenfalls nicht die Herbeiführung eines tatbestandlichen Erfolges erforderlich ist, sondern die Vornahme einer Handlung mit Erfolgstendenz genügt. Der Sache nach wird hier — wie bei den echten Unternehmensdelikten — bereits der Versuch als formell vollendete Tat gewertet; sie werden deshalb als unechte Unternehmensdelikte bezeichnet. Als Beispiele werden gewöhnlich der tätliche Angriff auf den Vollstreckungsbeamten in § 113 Abs. 1 StGB, das Hilfeleisten bei der sachlichen Begünstigung nach § 257 Abs. 1 StGB sowie das Dem-Wilde-Nachstellen in § 292 StGB genannt. Auch für die unechten Unternehmensdelikte stellen sich die beiden schon bekannten Fragen: (1) Sind auf diese Handlungen uneingeschränkt die Versuchsgrundsätze zu übertragen, d. h. sind auch völlig erfolgsuntaugliche Aktivitäten tatbestandsmäßig erfaßt? (2) Da bei den unechten Unternehmenstatbeständen spezielle Rücktritts-

[47] Darüber hinaus ist für die übrigen Vorfeldhandlungen der §§ 131 und 184 StGB ebenfalls die Möglichkeit des Rücktritts entsprechend den genannten Bestimmungen zu erwägen. Darauf kann hier im einzelnen jedoch nicht eingegangen werden. Gegen Analogie de lege lata *Berz,* Formelle Tatbestandsverwirklichung und materialer Rechtsgüterschutz, 1986, S. 132; für Rücktrittsmöglichkeit de lege ferenda S. 132, 141.

vorschriften fehlen, stellt sich die Frage, ob einschlägige für echte Unternehmensdelikte getroffene Regelungen analog anwendbar sind.

Zu (1): Heute besteht weitgehende Einigkeit darüber, daß die Legaldefinition in § 11 Abs. 1 Nr. 6 StGB nicht ohne weiteres auf die unechten Unternehmensdelikte übertragen werden darf[48]. Das bedeutet, daß die allgemeinen Versuchslehren, namentlich über die prinzipielle Strafbarkeit auch des untauglichen Versuchs, nicht uneingeschränkt gelten. Vielmehr ist die Frage, welche Tauglichkeitsanforderungen zu stellen sind, jeweils durch Auslegung der entsprechenden Vorschrift zu ermitteln. Diese tatbestandsbezogene Interpretation kann hier nicht für alle genannten Vorschriften erfolgen. Ich möchte nur zum Hilfeleisten bei der Begünstigung (§ 257 StGB) bemerken, daß m. E. auch die Parallele zur Beihilfe (§ 27 StGB), bei der der Versuch überhaupt nicht strafbar ist, für die Richtigkeit der h. M.[49] spricht, solche Tathandlungen aus dem Anwendungsbereich der Vorschrift herauszunehmen, die zwar von der Tendenz der Hilfeleistung getragen sind, die aber deshalb völlig nutzlos sind, weil objektiv überhaupt keine Vortat begangen wurde oder weil der Täter nur irrig annimmt, der Gegenstand, auf den sich die Hilfeleistung bezieht, stamme aus der rechtswidrigen Vortat[50].

Zu (2): Auch die Rücktrittsproblematik bei den unechten Unternehmensdelikten kann im Rahmen dieser Arbeit nicht für alle einschlägigen Tatbestände behandelt werden. Wie wiederum das Beispiel der Begünstigung (§ 257 StGB) zeigt, ist es jedoch unzutreffend, aus dem Fehlen ausdrücklicher Vorschriften zu schließen, daß der Rücktritt vom materiell nur in Gestalt eines Versuchs vorliegenden unechten Unternehmen generell ausgeschlossen ist[51]. Übersendet z. B. der Begünstiger dem Vortäter Geld, damit dieser den gestohlenen Schmuck ins Ausland bringen kann, fängt er jedoch die Sendung ab, bevor sie den Empfänger erreicht[52], so ist zwar das Delikt nach § 257 StGB vollendet, da ein Erfolgseintritt hierfür nicht erforderlich ist. Jedoch ist dem Täter Straffreiheit in analoger Anwendung der

48 Vgl. z. B. *Vogler*, in: LK, vor § 22 Rdn. 95 m. w. N.

49 Siehe z. B. BGHSt. 4, 221, 224; *Arzt/Weber*, Bes. Teil, LH 4, 1980, Rdn. 275–278 m. w. N.

50 Zur ähnlich liegenden Problematik des Absetzens und der Absatzhilfe bei der Hehlerei (§ 259 Abs. 1 StGB) siehe z. B. *Arzt/Weber*, Bes.Teil, LH 4, Rdn. 311.

51 So aber z. B. *Vogler*, in: LK, § 24 Rdn. 213 m. w. N. dieser Auffassung in Fn. 202; a. A. z. B. *Eser*, in: *Schönke/Schröder*, § 11 Rdn. 67 m. w. N.

52 Fall in Anlehnung an *Schröder* (Anm. 33), S. 468.

§§ 83a, 316a Abs. 2 StGB zuzubilligen[53]. Die griffigere Rücktrittslösung ist auch hier dem prozessualen Weg über die Opportunität der §§ 153, 153a StPO vorzuziehen, auf dem die Praxis wohl zum selben Ergebnis gelangen würde.

b) Vorbereitungsdelikte

Eine über den Versuchsbereich und damit auch über das Unternehmen hinausgreifende Strafbarkeitsvorverlegung wird mit den Vorbereitungstatbeständen erzielt. Sie erfassen Verhaltensweisen, mit denen der Täter noch nicht in das Stadium des unmittelbaren Ansetzens zur Tatbestandsverwirklichung i. S. des § 22 StGB eintritt. Beispiele bilden die §§ 149, 152a Abs. 1 Nr. 2 und 275 StGB (Vorbereitung besonders gefährlicher Fälschungsdelikte), § 234a Abs. 3 StGB (Vorbereitung einer Verschleppung), § 311 b StGB (Vorbereitung von Explosions- und Strahlungsverbrechen) sowie § 316c Abs. 3 StGB (Vorbereitung eines Angriffs auf den Luftverkehr).
Jakobs[54] ist grundsätzlich zuzustimmen, wenn er die Auffassung vertritt, die Sanktionierung von Vorbereitungshandlungen sei nur dann legitim, wenn sie die Schadensneigung objektiv in sich trügen. Die Rechtsgutsgefährdung dürfe nicht daraus erschlossen werden, was der Täter vorhabe. Dies leuchtet auch dann ein, wenn man den Planungszusammenhang nicht so weitgehend wie *Jakobs* aus der Beurteilung der Strafwürdigkeit eliminieren möchte (dazu auch oben I 3b). Denn die Vorbereitungshandlung ist — anders als die Verwirklichungshandlung des Versuchs — auch nach dem Täterplan von der Deliktsvollendung noch derart weit entfernt, daß das Wollen des Täters fehlendes Gefährdungsunrecht nicht zu ersetzen vermag. Allerdings bestehen m. E. keine Bedenken, bei objektiv begründetem Gefährdungsunrecht das weitere Wollen des Täters sanktionsverschärfend zu berücksichtigen, also z. B. die (absichtslose) Herstellung von zur Geldfälschung geeigneten Sachen, die in § 127 OWiG als Ordnungsunrecht erfaßt ist, in § 149 StGB zu kriminellem Unrecht aufzuwerten, wenn der Täter mit Geldfälschungsvorsatz handelt. Wie die §§ 203 Abs. 5, 243 Abs. 1 Satz 2 Nr. 3, 260, 292 Abs. 3 und 302a Abs. 2 Satz 2 Nr. 2 StGB zeigen, wird die Täterplanung auch ansonsten strafschärfend herangezogen.

53 So auch *Stree*, in: *Schönke/Schröder*, § 257 Rdn. 27 m. w. N. und dem überzeugenden Hinweis auf die Möglichkeit des Rücktritts nach § 24 StGB vom Versuch der (als Erfolgsdelikt ausgestalteten) Strafvereitelung (§ 258 Abs. 1 StGB) bei vergleichbarer Sachverhaltsgestaltung.

54 ZStW 97 (1985), S. 767ff.

Ein wichtiges Indiz für die Gefährlichkeit und damit Strafwürdigkeit von Vorbereitungshandlungen scheint mir die Möglichkeit zu sein, daß sich Dritte die vorhandenen Vorrichtungen und dgl. für kriminelle Zwecke zunutze machen, was in den genannten Fällen — mit Ausnahme des § 234a Abs. 3 StGB[55] — zweifelsfrei zu bejahen ist. Dabei läßt sich als Argument für die Strafwürdigkeit namentlich die Ingerenzhaftung des Täters im Hinblick auf eine später ohne sein weiteres Zutun herbeigeführte Rechtsgutsverletzung anführen: Ist die Gefahrschaffung derart, daß sie den Verursacher rechtlich zur Erfolgsabwendung verpflichtet, so erscheint es legitim, schon die Gefahrschaffung als solche unter Strafe zu stellen. Dies gilt um so mehr, als Unterlassungsstrafbarkeit des Gefahrverursachers trotz Rechtspflicht zur Erfolgsabwendung häufig daran scheitern dürfte, daß für den Pflichtigen im entscheidenden Stadium mangels Kenntnis der zur Verletzung führenden Vorgänge keine Möglichkeit zum rettenden aktiven Tun mehr bestehen wird[56]. Bei der Vorbereitung von Explosions- und Strahlungsverbrechen (§ 311 b StGB), z. B. der Herstellung und Verwahrung von Sprengstoff, besteht auch die Gefahr, daß unbeteiligte Dritte, die keinerlei kriminelle Zwecke verfolgen, z. B. Jugendliche, die auf das Gelände eines Bombenbastlers gelangen, selbst verletzt werden oder andere verletzen. Der Gedanke der Verantwortlichkeit für Gefahrschaffung läßt sich auch den einschlägigen Rücktrittsbestimmungen entnehmen, die durchweg Gefahrabwendung verlangen; vgl. §§ 149 Abs. 2 Nr. 1, 275 Abs. 2, 311 c, 316c Abs. 4 StGB[57].

Die vom Täter geschaffene und nur noch schwer beherrschbare Gefahr, daß andere ohne sein eigenes weiteres Tun zur Rechtsgutsverletzung schreiten, legitimiert auch die Strafbarkeit der versuchten Anstiftung zu einem Verbrechen nach § 30 Abs. 1 StGB und der in § 30 Abs. 2 StGB gleichgestellten Fälle der versuchten Teilnahme. Die Parallele zu den zuvor dargestellten Vorbereitungsdelikten i. e. S. tritt vor dem Hintergrund der zu § 30 StGB u. a. vertretenen Vorbereitungstheorie besonders deutlich hervor[58]. Auch hier bringt die Rücktrittsvorschrift des § 31 Abs. 1 Nr. 1 StGB den Gedanken der

55 Hier ist die weite Strafbarkeitsvorverlegung zusätzlich bedenklich, weil — im Gegensatz zu den anderen genannten Vorschriften — eine Rücktrittsklausel fehlt. Dieses Manko ist durch eine entsprechende Anwendung des § 31 StGB auszugleichen; vgl. BGHSt. 6, 85.

56 Siehe zur Ablehnung eines tatbestandsmäßigen Unterlassens, wenn keine Möglichkeit zum Tätigwerden besteht, *Baumann/Weber*, Allg. Teil, § 16 II 4 b.

57 In § 316c Abs. 4 StGB sollte bei Gefahrabwendung (= Unschädlichmachung von Sprengstoff und dgl.) gleichfalls völlige Straffreiheit gewährt werden können.

58 Vgl. dazu *Baumann/Weber*, Allg. Teil, § 37 IV 4 b, α m. w. N.

Gefahrverursachung zum Ausdruck. Da durch das Sichbereiterklären zu einem Verbrechen nicht die Gefahr heraufbeschworen wird, daß Dritte zur Deliktsausführung schreiten, vielmehr die Entscheidung über die Tatverwirklichung allein dem sich bereit Erklärenden anheimgegeben ist, postuliert § 31 Abs. 1 Nr. 2 StGB konsequent keine Pflicht zur Gefahrbeseitigung, sondern läßt für den strafbefreienden Rücktritt die Aufgabe des Vorhabens genügen.

Über die allgemeine Vorschrift des § 30 Abs. 1 StGB hinaus stellen einzelne Vorschriften im Besonderen Teil des deutschen StGB die versuchte Anstiftung zu Vergehen unter Strafe. Neben dem — bereits oben II 1 b als sachgerecht dargestellten — Unternehmen der Verleitung eines Untergebenen zu einer Straftat (§ 357 StGB) gilt dies für den Friedensstörungstatbestand des § 111 Abs. 2 StGB sowie für § 159 StGB (versuchte Anstiftung zur uneidlichen Falschaussage und zur falschen Versicherung an Eides Statt).

§ 111 (Abs. 2) StGB wird von der h. M.[59] mit der Steigerung der Gefährlichkeit der öffentlichen Aufforderung gegenüber der „normalen" Anstiftung gerechtfertigt: Hervorrufung der Gefahr, daß die Haupttat von einem oder gar mehreren Tätern begangen wird, auf die der Auffordernde keinen Einfluß mehr hat. Demgegenüber dürfte der Unrechtsgehalt mehr bei dem in der öffentlichen Begehungsweise liegenden provokatorischen Angriff auf die Rechtsgeltung liegen[60]. Beide Auffassungen schließen es jedenfalls aus, dem Täter eine Rücktrittsmöglichkeit zuzubilligen. Vom Standpunkt des Rechtsgüterschutzes kriminalpolitisch nicht hinreichend begründen läßt sich dagegen die Pönalisierung der versuchten Anstiftung in § 159 StGB, nachdem der täterschaftlich begangene Versuch dieser Delikte straflos ist[61].

c) Absichtsdelikte mit Versuchs- oder Vorbereitungscharakter

Über die vorstehend behandelten eigenständigen Vorbereitungstatbestände hinaus enthält das deutsche StGB Absichtsdelikte, in denen bestimmte Tathandlungen uneingeschränkt der Vollendungsstrafbarkeit unterstellt werden, obwohl sie der Sache nach lediglich Versuchs- oder Vorbereitungshandlungen zur eigentlichen

59 Vgl. z. B. *Horn*, in: SK, § 111 Rdn. 2 m. w. N.

60 In diesem Sinne insbesondere *Arzt/Weber*, Bes.Teil, LH 5, 1982, Rdn. 84. Bedenken gegen die h. M. auch bei *Schroeder*, Die Straftaten gegen das Strafrecht, 1985, S. 28.

61 Dazu näher *Arzt/Weber*, Bes. Teil, LH 5, Rdn. 363—366 (auch zu dem — nicht überzeugenden — Versuch in BGHSt. 24, 38, den Anwendungsbereich der Vorschrift durch für die Versuchsbestrafung ansonsten irrelevante Tauglichkeitskriterien einzuschränken).

Rechtsgutsverletzung sind. Beispiele bilden § 267 StGB (Urkundenfälschung) und § 146 StGB (Geldfälschung), soweit sie das Herstellen und Verfälschen von Urkunden bzw. Geld gleichermaßen wie das eigentlich rechtsgutsbeeinträchtigende Gebrauchmachen unter Strafe stellen. — Die folgenden Überlegungen gelten dagegen *nicht* für solche Absichtsdelikte, mit deren Begehung bereits eine Rechtsgutsverletzung herbeigeführt wurde, in denen also die Absicht keine unrechtsbegründende Wirkung hat, sondern lediglich das spezifische Strafunrecht[62] konstituiert, wie insbesondere die Zueignungsabsicht beim Diebstahl, § 242 StGB.

Daß diese Strafbarkeitsvorverlagerung bei der Geldfälschung nicht zu beanstanden ist, folgt aus der obigen Stellungnahme zum echten Vorbereitungstatbestand des § 149 StGB: Bestehen wegen der objektiven Gefährlichkeit der die Fälschung vorbereitenden Maßnahmen keine Bedenken gegen die Strafbarkeitsvorverlegung in § 149 StGB, so gilt das natürlich um so weniger im Hinblick auf die in § 146 Abs. 1 Nr. 1 und 2 StGB erfaßten Handlungen, denn sie liegen in noch gefährlicherer Nähe zum rechtsgutsverletzenden Inverkehrbringen als die Herstellung von Geldfälschungsvorrichtungen und dgl. i. S. von § 149 StGB. Im übrigen wäre der Annahme zu widersprechen, das Nachmachen von Geld weise gegenüber dem Inverkehrbringen stets einen geringeren Unrechtsgehalt auf. Dies ist sicher nicht der Fall bei der professionellen Falschgeldherstellung im großen Stil. Sie weist sogar einen höheren Unrechtsgehalt auf als das Inverkehrbringen der Falsifikate durch zahlreiche kleine Verteiler.

Nicht so klar liegen die Dinge bei der Urkundenfälschung (§ 267 StGB). Bei ihr läßt sich — entsprechend der vorstehenden Argumentation zur Geldfälschung — die Strafwürdigkeit der Herstellung und des Verfälschens nur im Hinblick auf amtliche Ausweise eindeutig bejahen, denn insoweit sind — wie in § 149 StGB — in § 275 StGB noch weiter im Vorfeld liegende Vorbereitungshandlungen legitimerweise unter Strafe gestellt. Im übrigen ist gegen die Strafwürdigkeit der beiden ersten in § 267 Abs. 1 StGB umschriebenen Tathandlungen die geringere Gefährlichkeit der hergestellten Falsifikate gegenüber dem Falschgeld ins Feld zu führen: Falschgeld kann von jedem, dem es in die Hände fällt, erfolgversprechend verwendet werden. Gefälschte Urkunden dagegen werden in der Regel nur für ganz bestimmte Inhaber brauchbar sein, häufig nur für den Hersteller des Falsifikats. Darüber hinaus pflegen unechte Urkunden — anders als

62 Siehe dazu näher *Günther*, Strafrechtswidrigkeit und Strafunrechtsausschluß, 1983, sowie *meine* Rezension, JZ 1984, 276.

Falschgeld — nicht massenweise hergestellt zu werden, so daß der Hersteller in der Regel die Kontrolle darüber behalten wird, was mit den Fälschungen weiter geschieht.

Unter diesen Umständen erscheint es in der Tat naheliegend, mit *Jakobs*[63] auf die isolierte Pönalisierung der Herstellungs- und Verfälschungsalternative des § 267 Abs. 1 StGB zu verzichten und die Urkundenfälschung entsprechend dem Rechtszustand vor 1943[64] wieder als zweiaktiges Delikt auszugestalten, also für die Vollendung Gebrauchmachen zu verlangen. Dem Fälscher, der freiwillig vom Gebrauch des Falsifikats absieht, käme dann der strafbefreiende Rücktritt vom Versuch (§ 24 StGB) zugute[65].

Falls auf die selbständige Pönalisierung des Herstellens einer unechten und des Verfälschens einer echten Urkunde in § 267 Abs. 1 StGB nicht ganz verzichtet wird, sollte für diese beiden Begehungsalternativen der Urkundenfälschung jedenfalls eine weitreichende Rücktrittsmöglichkeit entsprechend § 149 Abs. 2 und 3 StGB geschaffen werden. Das Interesse der Allgemeinheit an der Verhinderung gravierender Rechtsgutsbeeinträchtigungen ist so groß, daß dem Fälscher die Chance gegeben werden muß, durch Aufgabe seines Vorhabens und Unschädlichmachen der Falsifikate Straffreiheit zu erlangen. Für das geltende Recht ist eine entsprechende Anwendung der genannten Rücktrittsregelung zu befürworten[66]. Auch hier habe ich im übrigen den Eindruck, daß die Praxis bereits jetzt über die §§ 153, 153a StPO zum selben Ergebnis gelangt.

Dieselben Erwägungen wie für die Urkundenfälschung gelten naturgemäß für das Herstellen und das Verfälschen technischer Aufzeichnungen i. S. von § 268 Abs. 1 Nr. 1 StGB.

Weitgehende Einigkeit herrscht darüber, daß das Absichtsdelikt des § 265 StGB (Versicherungsbetrug) in seiner gegenwärtigen Gestalt nicht aufrechterhalten werden sollte. Die Reformvorschläge zielen entweder auf völlige Streichung des § 265 StGB ab, mit der Begründung, die Versicherungsgesellschaften und damit auch die Versichertengemeinschaft[67] seien ausreichend durch § 263 StGB ge-

63 ZStW 97 (1985), S. 757.

64 Bis zur Verordnung vom 29. 5. 1943, RGBl. I S. 341, Art. 11.

65 Zur Versuchsstrafbarkeit und zu den Rücktrittsmöglichkeiten im früheren Recht siehe im einzelnen *von Olshausen*, Kommentar zum StGB, 11. Aufl. 1927, § 267 Anm. 42a und § 268 Anm. 7.

66 In diesem Sinne z. B. auch *Eser*, in: *Schönke/Schröder*, § 24 Rdn. 116; a. A. z. B. *Vogler*, in: LK, § 24 Rdn. 214.

67 Siehe zum überindividuellen Rechtsgut des § 265 StGB z. B. BGHSt. 25, 261. Weitere Nachweise bei *Arzt/Weber*, Bes. Teil, LH 2, 1983, Rdn. 190 Fn. 40.

schützt, einer Strafbarkeitsvorverlegung über den Versuchsbeginn i. S. der §§ 263, 22 StGB hinaus, der mit der Schadensmeldung bei der Versicherung einsetzt, bedürfe es nicht und das unter Umständen im Versicherungsbetrug liegende Brandstiftungsunrecht werde durch die §§ 306ff. StGB ausreichend erfaßt[68]. Oder es wird eine Ausgestaltung des Tatbestandes gefordert, die den heutigen Realitäten im Versicherungswesen gerecht wird, insbesondere durch Einbeziehung anderer wichtiger(er) Versicherungszweige in den Schutzbereich der Norm sowie durch die Erfassung weiterer im Vorfeld des § 263 StGB angesiedelter strafwürdiger Manipulationen neben der betrügerischen Herbeiführung des Versicherungsfalles, wie z. B. der betrügerischen Gestaltung des Versicherungsvertrages und des betrügerischen Vortäuschens des Versicherungsfalles[69].

Der Grund dafür, daß sich § 265 StGB in seiner jetzigen Gestalt so lange halten konnte, ist wohl darin zu erblicken, daß im Inbrandsetzen von Sachen sowie im Stranden- und Sinkenmachen von Schiffen objektiv leicht feststellbare Erfolgsherbeiführungen liegen, die es verlockend erscheinen lassen, daran einen Gefährdungstatbestand anzuknüpfen, und zwar ohne Rücksicht darauf, ob die Tathandlung als solche für das geschützte Rechtsgut gefährlich ist, was gerade bei der Brandstiftung im Hinblick auf den von § 265 StGB verfolgten Vermögensschutz nicht der Fall ist. Die Brandstiftung ist per se allenfalls gefährlich für menschliches Leben und menschliche Gesundheit, nicht aber für das Vermögen der Versicherungsgesellschaft; insoweit sind weitere Schritte des Täters erforderlich, um eine Gefährdung herbeizuführen, insbesondere die Schadensmeldung. Unrechtskonstituierend für den Versicherungsbetrug ist allein die betrügerische Absicht.

Nachdem § 265 StGB als geltendes Recht zu akzeptieren ist, muß versucht werden, die in der gegenüber §§ 263, 22 StGB weitreichenden Strafbarkeitsvorverlegung liegenden Unbilligkeiten durch die Anerkennung von — im Gesetz nicht ausdrücklich vorgesehenen — Rücktrittsmöglichkeiten tunlichst auszuräumen. Im Hinblick auf den engen Zusammenhang des Versicherungsbetruges mit der Brandstiftung — die Tathandlung „Inbrandsetzen" ist bei beiden Delikten identisch — ist jedenfalls § 310 StGB auf den Versicherungsbetrug

68 In diesem Sinne insbesondere der Alternativ-Entwurf, Besonderer Teil: Straftaten gegen die Wirtschaft, 1977, S. 125. Gegen eine — noch ausgeweitete — selbständige Vorschrift gegen den Versicherungsbetrug auch *Ranft* Jura 1985, 393, 402.

69 In diesem Sinne insbesondere *Geerds,* Versicherungsmißbrauch (§ 265 StGB), Festschrift für Welzel, 1974, S. 841; *ders.,* Lebensversicherungsmedizin 1982, 26, 31f., jeweils m. w. N.

entsprechend anzuwenden[70]. Darüber hinaus ist daran zu denken, dem Täter des § 265 StGB Straffreiheit zuzubilligen, wenn er freiwillig davon absieht, seine bei der Inbrandsetzung vorliegende betrügerische Absicht zu verwirklichen. Im Hinblick auf die hohe Strafdrohung in § 265 StGB (Verbrechen) dürfte sich dieses Anliegen in der Praxis allerdings kaum durchsetzen lassen. Gerade dies zeigt aber nochmals, wie ungereimt § 265 StGB mit seiner weiten Vorverlagerung der Vollendungsstrafbarkeit ist. Sie nimmt dem Täter jeden Anreiz, von der Verwirklichung seiner betrügerischen Absicht abzusehen, erst recht natürlich den Anreiz dafür, vom Betrugsversuch (§§ 263, 22 StGB) gegenüber der Feuerversicherung nach § 24 StGB zurückzutreten. Angesichts der die Strafdrohung des § 263 StGB weit übersteigenden Strafdrohung des § 265 StGB (im Normalfall Mindeststrafe von einem Jahr Freiheitsstrafe) ist der Rücktritt vom Betrugsversuch absolut unattraktiv. Dieser Befund spricht zusätzlich für die im Alternativ-Entwurf erhobene Forderung der Streichung von § 265 StGB.

III. Gefährdungsdelikte i. e. S.

1. Verzicht auf den Rechtsgutsverletzungswillen

Die bisher behandelten Instrumente zur Pönalisierung von Verhaltensweisen im Vorfeld der Rechtsgutsverletzung — Versuch, Unternehmensdelikte, Vorbereitungsdelikte sowie bestimmte Absichtsdelikte — sind dadurch gekennzeichnet, daß der Täter im Regelfall eine Rechtsgutsverletzung anstrebt.

Auf diesen Rechtsgutsverletzungswillen verzichtet der Gesetzgeber bei den Gefährdungstatbeständen i. e. S. Auf das, was der Täter weiter vorhat, auf den Planungszusammenhang, kommt es überhaupt nicht an. Vielmehr tritt beim abstrakten Gefährdungsdelikt Strafbarkeit mit der Vornahme der vom Gesetzgeber als typischerweise gefährlich eingestuften Handlung ein; beim konkreten Gefährdungsdelikt ist zusätzlich Gefahrverursachung[71] erforderlich, wobei sich der Vorsatz nur auf die Herbeiführung der Gefahr, nicht aber einer Rechtsgutsverletzung zu beziehen braucht[72].

70 Siehe dazu *Arzt/Weber*, Bes. Teil, LH 2, Rdn. 187 m. w. N.

71 Auf den Gefahrbegriff des konkreten Gefährdungsdelikts kann im Rahmen dieser Untersuchung nicht näher eingegangen werden; vgl. dazu z. B. *Arzt/Weber*, Bes. Teil, LH 2, Rdn. 64 ff. m. w. N.

72 Zur Möglichkeit eines selbständigen, vom Verletzungsvorsatz gelösten Gefährdungsvorsatzes siehe z. B. BGHSt. 22, 67, 73 f.; 26, 176, 179; *Arzt/Weber*, Bes. Teil, LH 2, Rdn. 98; *Küper*, NJW 1976, 543, 546 Fn. 27. A. A. *Horn*, in: SK, vor § 306 Rdn. 13; *ders.*, Konkrete Gefährdungsdelikte, 1973, S. 204 ff.

Daß auch der Gesetzgeber von der Möglichkeit eines Gefährdungsvorsatzes ohne zugleich vorliegenden Verletzungsvorsatz ausgeht, zeigt die Strafbedrohung des Versuchs verschiedener konkreter Gefährdungsdelikte, etwa in §§ 315 Abs. 2, 315b Abs. 2 und 315c Abs. 2 StGB. Wäre der Gefährdungsvorsatz ohne Verletzungsvorsatz nicht denkbar, so hätte auf die genannten Vorschriften verzichtet werden können, denn die versuchte Tötung ist bereits in §§ 212, 22 StGB, die versuchte Sachbeschädigung in §§ 303 Abs. 2, 22 StGB unter Strafe gestellt[73]. Der Zusammenhang mit irgendwelchen kriminellen Planungen des Täters wird vollends aufgehoben beim fahrlässigen Gefährdungsdelikt, das im deutschen Straf- und Ordnungswidrigkeitenrecht einen breiten Raum einnimmt; nahezu alle Gefährdungstatbestände können auch fahrlässig erfüllt werden. Diese weitgehende Fahrlässigkeitspönalisierung leuchtet insbesondere beim konkreten Gefährdungsdelikt ein. Denn in aller Regel wird es dem Täter nicht darauf ankommen, Rechtsgüter in Gefahr zu bringen. Er wird zwar nicht selten die abstrakt gefährliche Handlung bewußt und gewollt vornehmen, z. B. trotz Alkoholgenusses sein Kraftfahrzeug steuern. Aber er will auf der Trunkenheitsfahrt nicht andere Verkehrsteilnehmer in Gefahr bringen. Dieser häufigen Situation tragen im deutschen Strafrecht die sog. Vorsatz-Fahrlässigkeitskombinationen Rechnung, wie sie sich beispielsweise in § 315c Abs. 3 Nr. 1 StGB finden[74]. Andere Verkehrsverstöße, z. B. Vorfahrtsverletzungen, erfolgen in der Regel fahrlässig, jedenfalls nicht nachweisbar vorsätzlich, so daß durchweg auch das in jeder Hinsicht fahrlässig begangene konkrete Gefährdungsdelikt unter Strafe gestellt ist; vgl. z. B. § 315c Abs. 3 Nr. 2 StGB[74].

2. *Gesetzgeberische Gründe für die Schaffung von Gefährdungstatbeständen*

Was den Gesetzgeber im einzelnen zur Einführung von Gefährdungstatbeständen bewogen hat, ist m. E. einer monokausalen Erklärung in den seltensten Fällen zugänglich. Wenn also im folgenden einige Hauptgründe für die Schaffung von Gefährdungstatbeständen angeführt werden, so versteht es sich, daß daneben auch andere Erwägungen, unter Umständen auch mehrere der genannten Gründe, eine Rolle gespielt haben können.

[73] Selbständige Bedeutung hätten die angeführten Versuchsvorschriften dann nur für die Körperverletzung, denn insoweit ist jedenfalls das versuchte Grunddelikt (§ 223 StGB) straflos.

[74] Weitere Hinweise bei *Arzt/Weber*, Bes.Teil, LH 2, Rdn. 101 f.

a) Legitime Gründe

aa) Die Verantwortlichkeit des Täters für einen eingetretenen Verletzungserfolg ist trotz stark schadensgeneigten Verhaltens nicht sicher feststellbar

Eine ganze Reihe von Gefährdungstatbeständen beruht mehr oder weniger deutlich auf dem Bestreben, eine Bestrafung von Verhaltensweisen zu ermöglichen, deren Eignung für Rechtsgutsverletzungen naheliegt, deren Kausalität für einen tatsächlich eingetretenen Verletzungserfolg aber einem von mehreren Tatbeteiligten nicht nachgewiesen werden kann.

Den klassischen Tatbestand dieser Art enthält § 227 StGB, die Beteiligung an einer Schlägerei oder an einem gemeinschaftlich unternommenen Angriff, die den Tod eines Menschen oder eine schwere Körperverletzung (i. S. von § 224 StGB) zur Folge haben. Objektiv und subjektiv wird nach h. M.[75] die schwere Folge aus dem Zurechnungszusammenhang herausgenommen und als objektive Bedingung der Strafbarkeit ausgestaltet, so daß das Tatunrecht nur noch durch einen Gefährdungstatbestand begründet wird. Wenn man davon absieht, daß dort nicht in jedem Falle eine Rechtsgutsverletzung einzutreten braucht, beruht auch § 323a StGB, der Vollrauschtatbestand, auf diesem Gedanken. Dort ist nach h. M.[76] die im Zustand des schuldausschließenden Rausches begangene rechtswidrige Tat ebenfalls objektive Strafbarkeitsbedingung.

Ob die Einordnung der schweren Folge in § 227 StGB und der rechtswidrigen Tat in § 323a StGB als objektive Strafbarkeitsbedingung hingenommen werden kann, erscheint allerdings unter dem Gesichtspunkt des Schuldprinzips fraglich. Jedenfalls beim Vollrauschtatbestand des § 323a StGB läßt sich der unrechtskonstituierende Charakter der rechtswidrigen Rauschtat m. E. nicht leugnen, so daß der Täter nur bestraft werden kann, wenn er seine Neigung zu kriminellen Fehlleistungen im Rausch zumindest hätte kennen können. § 323a StGB ist damit im Gegensatz zur h. M. kein abstraktes, sondern ein (konkretes) Gefährdungsdelikt eigener Art[77]. Dem-

[75] Vgl. z. B. *Arzt/Weber*, Bes. Teil, LH 2, Rdn. 24, sowie LH 1, 2. Aufl. 1981, Rdn. 311 f.

[76] Vgl. z. B. BGHSt. 1, 124, 125; 16, 124, 125; 20, 284, 285; *Blei*, Bes.Teil, 12. Aufl. 1983, § 94 I; *Dreher/Tröndle*, § 323a Rdn. 1, 9; *Horn*, in: SK, § 323a Rdn. 2; *Lackner*, § 323a Anm. 1, 3a; *Lay*, in: LK, 9. Aufl. 1977, § 330a Rdn. 11; *Otto*, Bes.Teil, 2. Aufl. 1984, § 81 II 2; *Wessels*, Bes. Teil, Bd. 1, 9. Aufl. 1985, § 23 I 1, 3.

[77] Dazu näher *Arzt/Weber*, Bes. Teil, LH 2, Rdn. 426 f. und 449. Anschaulich *Spendel*, in: LK, § 323a Rdn. 66: „*Objektiv* ein Gefährdungsdelikt mit *konkretem* ,Verletzungs*erfolg*' und *subjektiv* ein Gefährdungsdelikt mit *generellem* Gefährdungs*vorsatz* oder genereller Gefährdungs*fahrlässigkeit*".

gegenüber weist die Beteiligung an einer Schlägerei durchaus einen selbständigen strafwürdigen Unrechtsgehalt auf, so daß ich insoweit die Bedenken von *Hirsch*[78] gegen die h. M. nicht uneingeschränkt teilen kann.

Eine nicht zu beanstandende Indizwirkung hat bei den als abstrakte Gefährdungsdelikte ausgestalteten Konkursstraftaten (§§ 283ff. StGB)[79] die objektive Strafbarkeitsbedingung der Konkurseröffnung usw. Denn durch den Eintritt dieser Bedingung wird die Gefährlichkeit der wirtschaftlichen Krisensituation des Schuldners für das Gläubigervermögen derart erhärtet, daß die Bankrotthandlungen zweifelsfrei strafwürdig erscheinen[80].

bb) Schwierige Feststellung eines Verletzungserfolges

Eine ganze Reihe nicht zu beanstandender Gefährdungstatbestände ermöglicht eine Bestrafung von Handlungen, bei denen aus verschiedenen Gründen zweifelhaft ist, ob sie eine Rechtsgutsverletzung herbeigeführt haben.

Ob ein Landesverrat (§ 94 StGB) oder das sonstige Offenbaren von Staatsgeheimnissen (§§ 95ff. StGB) tatsächlich einen schweren Nachteil für die äußere Sicherheit der Bundesrepublik Deutschland herbeigeführt hat, ist im Hinblick auf die unübersehbar zahlreichen Umstände und Überlegungen, die das Verhalten anderer Staatsführungen beeinflussen, kaum einmal nachzuweisen. Keiner der einschlägigen Tatbestände verlangt demgemäß einen derartigen Erfolgseintritt, und bereits die Definition des Staatsgeheimnisses in § 93 Abs. 1 StGB begnügt sich für die Begründung der Geheimhaltungspflicht mit der *Gefahr* eines schweren Nachteils für die äußere Sicherheit der Bundesrepublik im Falle der Preisgabe von Tatsachen und dgl.

Die in den abstrakten Gefährdungstatbeständen der §§ 153ff. StGB unter Strafe gestellten Aussagedelikte schützen die Rechtspflege gegen Beeinträchtigungen der Wahrheitsfindung durch Falschaussagen. Es ist jedoch häufig nur schwer festzustellen, ob

78 In: LK, § 227 Rdn. 1, 15.

79 Wobei der Abstraktionsgrad in den einzelnen Tatbeständen unterschiedlich hoch ist, sehr hoch bei der in § 283b StGB erfaßten Verletzung der Buchführungspflicht, weniger hoch z. B. bei den in § 283 Abs. 1 Nr. 1 StGB umschriebenen Bankrotthandlungen. Zu Versuchen der Einordnung der verschiedenen Konkursstraftaten in das gängige Deliktstypensystem siehe *Dreher/Tröndle*, vor § 283 Rdn. 4.

80 Jedenfalls dann, wenn man die Strafbarkeit davon abhängig macht, daß sich ein Zusammenhang zwischen Bankrotthandlung und objektiver Strafbarkeitsbedingung (z. B. Konkurseröffnung) nicht ausschließen läßt. Vgl. in diesem Sinne insbesondere *Tiedemann*, NJW 1977, 777, 783, sowie *ders.*, in: LK, vor § 283 Rdn. 90–92.

eine gerichtliche Entscheidung falsch ist. Selbst wenn aber die Unrichtigkeit des Urteils zweifelsfrei feststeht, kann doch die Kausalität einer einzelnen Falschaussage für das Fehlurteil zweifelhaft sein; denn in der Regel ist die Entscheidung nicht auf ein einziges Beweismittel gestützt, sondern sind in die Beweiswürdigung noch weitere Umstände einbezogen, deren Gemengelage in einem letztlich nicht rational nachvollziehbaren Vorgang zur richterlichen Überzeugungsbildung führt. Folgerichtig knüpfen die §§ 153ff. StGB die Strafbarkeit bereits an die falsche Angabe als solche an, und konsequenterweise schließt § 158 Abs. 2 StGB den Rücktritt nicht erst dann aus, wenn es zu einer der Wahrheitsfindung abträglichen Verwertung der Falschaussage gekommen ist, sondern schon dann, wenn die Aussage überhaupt verwertet worden ist.

Schließlich sei in diesem Zusammenhang noch auf die 1951 aus konkretem Anlaß ins StGB eingefügten Verschleppungs- und Verdächtigungstatbestände der §§ 234a und 241a StGB hingewiesen, die ebenfalls auf dem Gedanken beruhen, daß es häufig unklar bleibt, ob das Opfer im totalitären Machtbereich tatsächlich persönliche oder wirtschaftliche Nachteile erlitten hat[81]. Zur Fragwürdigkeit des Vorbereitungstatbestandes in § 234a Abs. 3 StGB siehe oben II 2b. Ist das wesentliche Anliegen der vorstehend genannten Tatbestände die Ausräumung von *praktischen* Schwierigkeiten beim Nachweis einer Erfolgsherbeiführung, so beruhen andere Gefährdungsvorschriften auf der schon *theoretisch-wissenschaftlichen* Zweifelhaftigkeit der Herbeiführung schädlicher Folgen durch die inkriminierten Handlungen.

So liegen die Dinge z. B. bei den Sexualdelikten, welche sich gegen die ungestörte geschlechtliche Entwicklung Minderjähriger richten, wie der sexuelle Mißbrauch von Kindern (§ 176 StGB) oder das Zugänglichmachen pornographischer Schriften für Minderjährige nach § 184 Abs. 1 Nr. 1, 2 und 5 StGB. Ob nämlich dadurch die sexuelle Entwicklung nachteilig beeinflußt wird, ist nicht nur im Einzelfall fraglich, sondern darüber hinaus ganz generell nicht wissenschaftlich gesichert[82].

Für den Gesundheitsschutz ist z. B. § 95 Abs. 1 Nr. 1 ArzneimittelG zu nennen, der Strafbarkeit bereits beim begründeten Verdacht schädlicher Wirkungen des in Verkehr gebrachten Arzneimittels

81 Vgl. zur Entstehungsgeschichte und zum geschützten Rechtsgut dieser Bestimmungen z. B. *Dreher/Tröndle*, § 234a Rdn. 1 m. w. N.

82 Dazu näher *Arzt/Weber*, Bes. Teil, LH 2, Rdn. 456ff.

eintreten läßt. § 95 AMG übernimmt übrigens teilweise die Funktion der Bestrafung eindeutig vorliegender Verletzungserfolge, unter Umständen sogar solcher schwerster Art. Die neuere Rechtsprechung des Bundesgerichtshofes zur Abgrenzung von Abtreibungs- und Tötungshandlungen im Spätstadium der Schwangerschaft[83] führt nämlich dazu, daß Verletzungen der Leibesfrucht, die dann — wie bei der Contergan-Katastrophe — schwerste Mißbildungen am geborenen Kind zur Folge haben, nicht von den Körperverletzungstatbeständen erfaßt werden, weil im Zeitpunkt der Tathandlung — Verabreichung und Einnahme des Medikaments — noch kein für die Körperverletzung geeignetes Tatobjekt vorliegt[84]. Für die Legitimität des § 95 AMG und vergleichbarer gesundheitsschützender abstrakter Gefährdungstatbestände im Lebensmittel- und Weinrecht (§§ 51, 52 Lebensmittel- und BedarfsgegenständeG, § 67 WeinG 1971) spricht neben der Bedeutung des geschützten Rechtsguts auch der Umstand, daß sich der einzelne gegen konkrete aus dem Arzneimittelgebrauch sowie dem Wein- und Lebensmittelgenuß resultierende Gesundheitsgefahren faktisch so gut wie überhaupt nicht schützen kann. Der durchschnittliche Patient ist den Anordnungen seines Arztes und den Angaben des Arzneimittelherstellers völlig ausgeliefert und hat selbst keinerlei Prüfungsmöglichkeiten. Daß selbst schwere Gifte im Wein auch von Liebhabern und Kennern dieses Getränks über längere Zeiträume hinweg nicht erkannt werden, hat der jüngste Diäthylenglykol-Skandal gezeigt. Hier handelt es sich im übrigen auch wieder um einen Fall, in dem Gefährdungsstrafbarkeit auch deshalb geboten ist, weil Rechtsgutsverletzungen im Einzelfall nur schwer oder überhaupt nicht nachweisbar sind. So dürfte sich bei einem gewohnheitsmäßigen Spätlesen-Konsumenten medizinisch nicht feststellen lassen, ob sein Leberschaden auf Glykol oder langjährigen Alkoholgenuß zurückzuführen ist. Für die Strafwürdigkeit der Beimischung dieser Chemikalie muß es deshalb ausreichen, daß die Möglichkeit einer Kausalität von Glykol für den festgestellten Gesundheitsschaden besteht.

Auch bei den meisten Tatbeständen zum Schutze der Umwelt (§§ 324ff. StGB) hat der Gesetzgeber mit Recht auf einen wissenschaftlich exakten Schadensnachweis der unter Strafe gestellten Verhaltensweisen verzichtet und sich mit deren Schadensneigung begnügt, nicht zuletzt auch im Hinblick auf die Kumulierung vieler umweltbelastender Emissionen, z. B. durch chemische Betriebe oder

83 BGHSt. 31, 348ff; 32, 195.

84 A. A. z. B. *Arzt/Weber*, Bes. Teil, LH 1, 2. Aufl. 1981, Rdn. 411 m. w. N.

Kraftwerke, deren je einzelne Kausalität für eintretende Schäden nicht zuverlässig zu ermitteln ist[85].

Daß die Pönalisierung von Handlungen trotz ungeklärter Schadensverursachung zum Schutze wichtiger Rechtsgüter des einzelnen, wie Leben und Gesundheit, oder der Allgemeinheit, wie der ökologischen Güter der Umwelt, legitim ist, dürfte nicht zweifelhaft sein. Für den Grundsatz „in dubio pro libertate" ist hier kein Platz.

Umstritten ist dagegen, ob auf diese Weise auch das Vermögen oder vergleichbare wirtschaftliche Belange geschützt werden dürfen. Angefochten ist deshalb z. B. der durch das Erste Gesetz zur Bekämpfung der Wirtschaftskriminalität 1976 ins deutsche StGB eingefügte § 264, der Subventionsbetrug, der vom Gesetzgeber u. a. damit begründet wurde, daß die ungerechtfertigte Subventionsgewährung keinen Vermögensschaden verursache, weshalb die Erschleichung solcher Leistungen nicht von dem Schädigungstatbestand des 263 StGB (Betrug) erfaßt werde. Ich halte im Ergebnis den abstrakten Gefährdungstatbestand des § 264 StGB jedenfalls im Hinblick auf das Allgemeininteresse an einer wirksamen staatlichen Wirtschaftsförderung und -lenkung nach wie vor für legitim, und zwar im wesentlichen auch hinsichtlich der Strafbedrohung leichtfertigen Verhaltens in § 264 Abs. 3 StGB. Eine nähere Auseinandersetzung mit den Problemen der strafrechtlichen Erfassung wirtschaftsdeliktischen Verhaltens, namentlich in Gefährdungstatbeständen, würde den Rahmen dieses Beitrages sprengen. Wichtig erscheint mir gerade in diesem Bereich die Herausarbeitung *konkreter* schutzwürdiger Rechtsgüter, da nur so die Schaffung immer neuer Tatbestände unter Berufung auf den Schutz diffuser Allgemeininteressen vermieden werden kann[86].

cc) Ausschaltung der dem fahrlässigen Verletzungsdelikt anhaftenden Zufallskomponente

Einen dritten wesentlichen Grund für die Schaffung von Gefährdungstatbeständen bildet im deutschen Strafrecht das Bestreben, die dem fahrlässigen Verletzungsdelikt anhaftende Zufallskomponente

85 Siehe dazu näher *Laufhütte/Möhrenschlager*, ZStW 92 (1980), S. 912, und *Arzt/Weber*, Bes. Teil, LH 2, Rdn. 30 und 358 f.

86 Vgl. in diesem Sinne z. B. die Empfehlungen des AIDP-Kolloquiums in Freiburg i. Br. (20.—23. 9. 1982), abgedruckt in: Revue Internationale de Droit Pénal, 54 (1983), S. 78; ebenso die einschlägigen Empfehlungen des AIDP-Kongresses in Kairo (1.—7. 10. 1984), abgedruckt in: ZStW 97 (1985), S. 735—738. Speziell zur kriminalpolitischen Rechtfertigung des § 264 StGB siehe insbesondere *Tiedemann*, in: LK, § 264 Rdn. 1 ff., mit umfassenden Nachweisen; neuestens *Oehler*, El fraude en las subvenciones, in: „Los delitos socioeconomicos", Madrid 1985, S. 301 ff.

auszuschalten[87]. Bei vorsätzlichen Angriffen auf hochstehende Rechtsgüter übernimmt diese Funktion das versuchte Delikt, dessen Strafwürdigkeit gerade dann offenkundig ist, wenn das angegriffene Rechtsgut ernsthaft in Gefahr gewesen und ein Verletzungserfolg nur durch einen glücklichen Zufall ausgeblieben ist. Da beim Fahrlässigkeitsdelikt ein Versuch mangels Verletzungswillens des Täters nicht denkbar ist, sind hier nur Gefährdungstatbestände in der Lage, die mit den Verletzungsdelikten zwangsläufig verbundene Zufallshaftung abzumildern[88]. Das Ausbleiben eines Verletzungserfolges beruht um so mehr auf einem Zufall, je stärker das geschützte Rechtsgut in Gefahr geraten war. Ausschluß der Zufallskomponente ist deshalb das spezifische Anliegen der konkreten Gefährdungstatbestände, deren Hauptfeld in der Bundesrepublik Deutschland das Verkehrsrecht ist; vgl. §§ 315–315c StGB[89]. Dabei ist auch die *Sachgefährdung* unter Strafe gestellt, und zwar auch bei fahrlässiger Gefahrverursachung. Das ist auffällig, denn das Verletzungsdelikt Sach*beschädigung* (§ 303 StGB) ist nur bei vorsätzlicher Begehung strafbar. Zu rechtfertigen ist diese Strafbarkeitsausdehnung im Gefährdungsbereich damit, daß ein bedeutender Sachschaden drohen muß, die Tat also aus dem Bagatellbereich herausgehoben ist, der vom Verletzungstatbestand des § 303 StGB mit erfaßt wird und in dem dort die Mehrzahl der Fälle angesiedelt ist. Weiter spielt bei den §§ 315ff. StGB die auch mit der Sachgefährdung verbundene Beeinträchtigung der Verkehrssicherheit eine Rolle. Schließlich muß gesehen werden, daß gerade im Straßenverkehrsrecht Fahrlässigkeitstatbestände in der Praxis häufig dazu dienen, nicht mit hinreichender Sicherheit nachweisbare Vorsatztaten zu erfassen[90].

Die weitreichende Strafbarkeit der fahrlässigen konkreten Gefährdung ändert naturgemäß nichts daran, daß der objektive Eintritt des Gefahrerfolges ähnlich vom Zufall abhängt wie der Eintritt eines Verletzungserfolges[91]. Ob z. B. das grob verkehrswidrige Verhalten eines Kfz-Fahrers eine konkrete Person- oder Sachgefahr herbeiführt, hängt davon ab, ob sich ein anderer Verkehrsteilnehmer, etwa

87 Bekannt ist die Feststellung von *Radbruch*: „Die Fahrlässigkeit ist verschämte Zufallshaftung"; vgl. VDA(B), Bd. V, S. 201 Fn. 2; ähnlich *Exner*, Das Wesen der Fahrlässigkeit, 1910, S. 10.

88 Dazu näher *Arzt/Weber*, Bes. Teil, LH 2, Rdn. 31 ff.

89 Siehe dazu insbesondere *Lackner*, Das konkrete Gefährdungsdelikt im Verkehrsstrafrecht, 1967.

90 Siehe zu der Vermutung, daß es zahlreiche vorsätzliche Verkehrsverstöße gibt, die von den Gerichten als Fahrlässigkeitstaten abgeurteilt werden, *Arzt/Weber*, Bes. Teil, LH 2, Rdn. 251 ff.

91 Siehe *Arzt/Weber*, Bes. Teil, LH 2, Rdn. 61.

beim Überholen vor einer unübersichtlichen Kuppe ein entgegenkommender Motorradfahrer, unglücklicherweise in der Nähe befindet. Da vom Zufall abhängige Bestrafungen allemal als ungerecht empfunden werden, halte ich es für richtig, konkrete Gefährdungen nur dann unter Strafe zu stellen, wenn das Täterverhalten ohne Rücksicht auf den eingetretenen Gefahrerfolg bereits abstrakt gefährlich und als solches mit einer Sanktion bedroht ist. Das ist z. B. bei den vom praktisch bedeutsamen § 315c StGB erfaßten Verhaltensweisen durchweg der Fall: Sämtliche dem § 315c StGB als Anknüpfungshandlungen für eine konkrete Gefährdung zugrunde liegenden Verkehrsverstöße sind bereits als abstrakt gefährliche Verhaltensweisen erfaßt, überwiegend als Ordnungswidrigkeiten[92], die alkoholbedingte Fahruntüchtigkeit sogar als Straftat in § 316 StGB. Zur Frage der Umgestaltung abstrakt hochgefährlicher Verkehrsverstöße — über § 316 StGB hinaus — von Ordnungswidrigkeiten in Straftaten siehe unten 3.

Dieses Zusammenspiel von abstrakten und konkreten Gefährdungstatbeständen hat zwei Vorteile: Einmal wird durch die Anknüpfung konkreter Gefährdungstatbestände an abstrakte Gefährdungen die Zufallshaftung gewissermaßen zugunsten des Täters umgekehrt: Das Ausbleiben der konkreten Gefährdung ist ein glücklicher Zufall. Zum anderen üben abstrakte Gefährdungstatbestände eine Warnfunktion aus, dahingehend, daß dem verbotswidrig Handelnden, in der Regel in Gestalt eines Bußgeldes, klargemacht wird, daß sein Verhalten durch einen Zufall in kriminelles Gefährdungs- oder gar Verletzungsunrecht umschlagen kann. Beides ginge verloren, würde man ins deutsche Strafrecht einen *allgemeinen*, nicht an gesetzlich umschriebene und als solche sanktionierte abstrakt gefährliche Verhaltensweisen anknüpfenden konkreten Lebensgefährdungstatbestand einführen, wie ihn Art. 129 schweiz.StGB sowie § 89 österr.StGB enthalten und wie er auch in den deutschen StGB-Entwürfen von 1927 und 1930 vorgesehen war. Die Verwerfung eines solchen Tatbestandes bereits im deutschen Entwurf 1962 ist also zu begrüßen[93].

b) Illegitime Begründungen für Gefährdungstatbestände

Ein letztes, bislang kaum beachtetes, wohl nicht einmal in aller Schärfe ins gesetzgeberische Bewußtsein getretenes Anliegen, das mit Vorfeldtatbeständen verfolgt wird, ist primär überhaupt nicht

92 Vgl. den Katalog des § 49 StVO sowie — für die Überschreitung der 0,8-Promille-Grenze — § 24a StVG.

93 Siehe dazu näher *Arzt/Weber*, Bes. Teil, LH 2, Rdn. 63 m. w. N.

strafrechtlicher, sondern präventivpolizeilicher Natur. Insbesondere haben viele abstrakte Gefährdungstatbestände des Ordnungswidrigkeitenrechts in erster Linie die Funktion, den präventiven Verwaltungszwang zu verstärken, zu erleichtern oder — für die Verwaltungsbehörden besonders bequem — zu ersetzen. Statt die Erfüllung von Mitwirkungspflichten des einzelnen gegenüber der Verwaltung zur Erleichterung der Behördentätigkeit mit den dafür zur Verfügung stehenden verwaltungsrechtlichen Zwangsmitteln durchzusetzen, setzt man auf die Schaffung von Ordnungswidrigkeitstatbeständen und die Verhängung von Geldbußen bei Pflichtverletzungen. Für die Verwaltungsbehörden hat dies den Vorteil, die Angelegenheit mit Erlaß eines Bußgeldbescheides vom Hals zu haben, denn wenn dagegen Einspruch eingelegt wird, hat sich mit der Sache die Justiz zu befassen[94]. Daß darin ein Mißbrauch des repressiven strafrechtsähnlichen Ordnungswidrigkeitenrechts liegt, sollte nicht bestritten werden. Die Forderung, auch im Ordnungswidrigkeitenrecht mit dem ultima-ratio-Grundsatz Ernst zu machen, sollte auch im Hinblick auf die begrenzten personellen Möglichkeiten der Überwachungsstellen und Verfolgungsorgane einleuchten. Sind zu viele abstrakt gefährliche Verhaltensweisen mit Bußgeld — oder gar Kriminalstrafe — bedroht, so muß ihre Verfolgung zwangsläufig höchst lückenhaft bleiben. Kaum etwas ist aber dem Ansehen der Ausübung hoheitlicher Gewalt abträglicher als die Zufälligkeit des Erwischtwerdens. Zufälligkeiten bei der Verfolgung und Ahndung abstrakter Gefährdungen beleidigen das Rechtsempfinden mit Sicherheit stärker als der Zufall des Erfolgseintritts bei den konkreten Gefährdungs- und den Verletzungsdelikten. Denn im Ausbleiben eines Gefährdungs- oder Verletzungserfolges kann man immerhin noch das heilsame Walten einer höheren Macht erblicken. Für das zufällige Ausbleiben der Strafverfolgung trotz strafbaren Verhaltens muß diese Erklärung versagen. Erst recht unerträglich ist es, wenn die Verfolgung nicht aus Zufall, sondern aus Nachlässigkeit oder gar bewußt unterbleibt. Erinnert sei an Fälle verwaltungsbehördlichen „Wohlwollens" gegenüber umweltgefährdendem Verhalten von Industriebetrieben[95].

Auch manche im Abschnitt „Straftaten gegen die öffentliche Ordnung" (§§ 123ff.) des deutschen StGB enthaltenen kriminalstraf-

94 Dazu näher *Weber*, Die Überspannung der staatlichen Bußgeldgewalt, ZStW 92 (1980), S. 313, 320ff. Zu einem Fall verfehlten repressiven Vorgehens gegen Nichterfüllung der Schulpflicht siehe LG Tübingen JZ 1984, 486, mit Anm. von *Weber*.

95 Siehe zum „Vollzugsdefizit" der Verwaltung im Umweltschutz z. B. *Mayntz* u. a., Vollzugsprobleme der Umweltpolitik, 1978.

rechtlichen Tatbestände wurden *auch* zu dem Zweck geschaffen, ein wirksames polizeiliches Einschreiten zu ermöglichen. So haben bekanntlich in der jüngsten Diskussion um die verschärfte Neufassung des Landfriedensbruchstatbestandes (§ 125 StGB)[96] zu einem nicht unwesentlichen Teil präventivpolizeiliche Argumente eine Rolle gespielt[97]. Genannt seien weiter die Organisationsdelikte nach §§ 129 und 129a StGB (Bildung krimineller und terroristischer Vereinigungen). Gäbe es diese Strafbestimmungen nicht, so wäre ein effektives polizeiliches Vorgehen gegen solche Organisationen und ihre Mitglieder auch im Hinblick auf drohende Straftaten nicht möglich. Nach Polizeirecht könnten z. B. Festnahmen nur bei unmittelbar bevorstehenden Straftaten und nur für höchstens 48 Stunden erfolgen[98]. Erst dadurch, daß die Bildung dieser Organisationen als solche unter Strafe gestellt wird, werden Verhaftungen, Durchsuchungen und Beschlagnahmen im gewünschten Umfang möglich, und zwar im Gewande repressiver strafprozessualer Zwangsmittel[99]. Die Rücktrittsvorschrift in § 129 Abs. 6 StGB (die auch für § 129a StGB gilt; siehe dessen Absatz 5), namentlich dessen Nr. 2, bestätigt das präventivpolizeiliche Anliegen dieser Tatbestände: Strafmilderung (nach § 49 Abs. 2 StGB) oder völliges Absehen von Strafe, „wenn der Täter freiwillig sein Wissen so rechtzeitig einer Dienststelle offenbart, daß Straftaten, deren Planung er kennt, noch verhindert werden können". Selbstverständlich kann eine im Vorfeld anderer Strafbestimmungen angesiedelte Strafvorschrift nicht allein mit der Begründung legitimiert werden, ohne sie seien erfolgversprechende Ermittlungen mit dem Ziel, andere Straftaten zu verhindern, nicht möglich. Vielmehr muß das inkriminierte Verhalten seine Gefährlichkeit in sich tragen. Die §§ 129, 129a StGB sollten deshalb nur nach einem „Gefährlichkeitstest" angewendet werden dürfen, der auf die Feststellung der Planung einer ersten bestimmten Tat gerichtet sein muß[100,101].

96 Gesetz zur Änderung des Strafgesetzbuches und des Versammlungsgesetzes vom 18. 7. 1985, BGBl. I S. 1511 f.

97 Siehe z. B. das Stenographische Protokoll der öffentlichen Anhörung zum Entwurf der Bundesregierung eines ... Strafrechtsänderungsgesetzes, § 125 StGB, BT-Drucks. 10/901, in der 39. Sitzung des Rechtsausschusses (Protokoll Nr. 39).

98 Vgl. z. B. Art. 16 Abs. 1 Nr. 2 i. V. m. § 19 Nr. 3 BayPolizeiaufgabenG.

99 Wie *Schroeder,* Die Straftaten gegen das Strafrecht, 1985, S. 29, darlegt, war in den Beratungen des § 129a StGB sogar ausdrücklich von einer „vorbeugenden Maßnahme" die Rede. Vgl. zur Rolle des präventivpolizeilichen Denkens bei Strafbarkeitsvorverlegungen auch *Jakobs,* ZStW 97 (1985), S. 752.

100 Siehe dazu – entgegen BGHSt. 27, 325, 328 – *Arzt/Weber,* Bes. Teil, LH 5, 1982, Rdn. 50.

101 Siehe zur rechtsstaatlich gleichermaßen problematischen Funktion der §§ 129 und 129a StGB, Schwierigkeiten des Beweises zu überwinden, wer von den Mitgliedern

3. Rechtspolitische Bemerkungen zum Verhältnis konkretes/ abstraktes Gefährdungsdelikt

Wie oben III 2a, cc ausgeführt, halte ich es zwar im Grundsatz für richtig, abstrakt gefährliche Verhaltensweisen in Bußgeldtatbeständen oder — bei stärkerer Schadensneigung — in Vergehenstatbeständen mit relativ milden Strafdrohungen zu erfassen und beim Eintritt konkreter Gefahren an diese Vorschriften — quasi als Qualifikationen — konkrete Gefährdungstatbestände mit erhöhter Strafe anzuknüpfen. Dieses System muß jedoch dann durchbrochen werden, wenn es um die strafrechtliche Bekämpfung per se für menschliches Leben und Gesundheit hochgefährlicher Handlungen geht. Für sie müssen durchweg abstrakte Gefährdungstatbestände mit beträchtlichen Strafdrohungen geschaffen werden, denn ihr Unrechtsgehalt ist so groß, daß er durch den Eintritt einer konkreten Rechtsgutsgefährdung kaum mehr gesteigert werden kann. Das Ausbleiben einer konkreten Gefahr ist vielmehr nur ein unverdienter Zufall, der dem Täter nicht zugute kommen sollte.

In der Verfolgung dieses Anliegens ist das deutsche Strafrecht inkonsequent. So überzeugt es nicht, daß die Brandstiftung in § 306 StGB und in den amtlichen Entwürfen[102] als abstraktes Gefährdungsdelikt ausgestaltet ist, dagegen z. B. das typischerweise gleichermaßen menschengefährdende Herbeiführen einer Sprengstoffexplosion in § 311 StGB[103] als konkretes Gefährdungsdelikt. Letzteres entspricht zwar der allgemein vom E 1962 verfolgten Tendenz, ins Kernstrafrecht, d. h. ins StGB, möglichst nur konkrete Gefährdungstatbestände aufzunehmen[104]. Aber von dieser Konzeption ist der amtliche Gesetzgeber inzwischen — vor allem im Umweltstrafrecht — zu Recht selbst vollständig abgerückt. Ich halte es demgemäß für zutreffend, daß der Alternativ-Entwurf in seinem § 151[105] auch die Explosionsdelikte und darüber hinaus andere, in ihren Auswirkungen gleichermaßen schwer abschätzbare Handlungen zusammen mit der Brandstiftung als abstrakte Gefährdungsdelikte unter Strafe stellen will. Im einzelnen handelt es sich um die Freisetzung giftiger Gase oder anderer Giftstoffe, um den Mißbrauch ionisierender Strahlen, die Verursachung einer Überschwemmung und das Niedergehenlassen von Erd-, Fels- oder Schneemassen. Überdies ist daran zu den-

der Vereinigung jeweils an konkreten Straftaten beteiligt war, *Schroeder* (Anm. 99), S. 29.

102 Siehe z. B. § 320 Abs. 1 E 1962.

103 So bereits § 323 E 1962 und ihm folgend das 7. StrafrechtsändG 1964, BGBl. I S. 337.

104 Vgl. E 1962, Begründung S. 496.

105 Alternativ-Entwurf, Bes. Teil: Straftaten gegen die Person, 2. Halbbd., 1971.

ken, erfahrungsgemäß besonders unfallträchtige Verkehrsverstöße — über die in § 316 StGB erfaßte Trunkenheitsfahrt hinaus — von Ordnungswidrigkeiten zu kriminellen abstrakten Gefährdungdelikten aufzuwerten, also die Straßenverkehrsgefährdung des § 315c StGB weitgehend von einem konkreten in ein abstraktes Gefährdungsdelikt umzuwandeln. In diese Richtung geht ebenfalls sehr dezidiert der Alternativ-Entwurf, der in §§ 164—167[106] die gefährlichen Eingriffe in den Verkehr von außen wie von innen, die gegenwärtig im wesentlichen mit konkreten Gefährdungstatbeständen in den §§ 315—315c StGB erfaßt werden, ohne Rücksicht auf den Eintritt einer Gefahr für Leib oder Leben eines anderen oder für bedeutende Sachwerte unter Strafe stellen möchte.

Für derartige Lösungsvorschläge, die hier nicht in allen Einzelheiten gewürdigt werden können, sprechen m. E. folgende Argumente: (1) Die begriffliche Erfassung der konkreten Gefährdung bereitet schon theoretisch beträchtliche Schwierigkeiten[107]. (2) Noch schwieriger ist der Nachweis einer im Einzelfall eingetretenen konkreten Gefährdung. Sie wird in der Regel nur ermittelt, wenn ein Unfall passiert, es also zu einem Verletzungserfolg gekommen ist. Instruktiv ist insoweit auch das deutliche Überwiegen der Verurteilungen wegen Alkoholtaten im Verkehr nach dem abstrakten Gefährdungstatbestand des § 316 StGB gegenüber dem konkreten Gefährdungstatbestand des § 315c Abs. 1 StGB[108]. (3) Schließlich dürfte dem Bürger kaum klarzumachen sein, warum z. B. das zufällig ohne Gefahrerfolg gebliebene Wenden auf der Autobahn oder eine glücklicherweise noch gut ausgegangene „Geisterfahrt" in gleicher Weise nur als Ordnungswidrigkeit geahndet werden wie der Verstoß gegen ein Parkverbot. Hier scheint mir nicht nur eine Differenzierung in der Höhe des verhängten Bußgeldes, sondern eine Abschichtung des kriminellen Unrechts vom bloßen Ordnungsunrecht geboten.

Was die Brandstiftung anlangt, so ist durch präzise Umschreibung der Tatobjekte und des Ausmaßes des Brandes möglichst sicherzustellen, daß nur das Legen typischerweise menschengefährdender Brände erfaßt wird[109]. Gleichwohl wird es sich nicht aus-

106 Anm. 105.

107 Siehe z. B. die Rechtsprechungsnachweise oben Anm. 8.

108 Vgl. *Arzt/Weber*, Bes. Teil, LH 2, Rdn. 279.

109 Vgl. in diesem Sinne § 151 Abs. 1 Nr. 1 AE, aber auch § 320 Abs. 1 E 1962. Siehe zur Tendenz im geltenden Recht, Brandstiftungsfälle, in denen die Mindeststrafe von einem Jahr Freiheitsstrafe unangemessen hoch erscheint, durch restriktive Interpretation der Tatbestandsmerkmale, namentlich des Tatobjekts „Gebäude . . ., welche zur Wohnung von Menschen dienen", dem Anwendungsbereich des § 306 StGB zu entziehen, BGH NStZ 1982, 421; NStZ 1984, 455, sowie *Maurach/Schroeder*, Bes. Teil, Teilbd. 2, 6. Aufl. 1981, § 51 IV 2.

schließen lassen, daß es immer wieder Fälle absoluter konkreter Ungefährlichkeit geben wird. Noch weniger wird sich dies bei den Explosionsdelikten vermeiden lassen; denn hier ist z. B. eine Beschränkung auf bestimmte Tatobjekte, insbesondere Wohnungen oder andere Gebäude, in denen sich Menschen aufzuhalten pflegen, nicht möglich, sollen nicht strafwürdige Fälle von vornherein aus dem Anwendungsbereich der Vorschrift herausfallen, z. B. Sprengstoffanschläge auf Eisenbahnlinien.

Für die genannten Delikte ist deshalb eine Ungefährlichkeitsklausel entsprechend dem Vorschlag in § 151 Abs. 1 AE vorzusehen: „ohne daß im Zeitpunkt der Handlung eine Schädigung anderer an Leib oder Leben auszuschließen ist"[110]. Dabei ist durch eine entsprechende — und vom Alternativ-Entwurf abweichende — Einordnung der Ungefährlichkeitsklausel in den Deliktsaufbau sicherzustellen, daß wirklich nur Fälle *objektiver* absoluter Ungefährlichkeit von der Strafbarkeit ausgenommen werden: Es darf nicht zum Vorsatzausschluß führen, wenn der Brandstifter behauptet, er sei trotz objektiv vorliegender Gefährlichkeit von absoluter Ungefährlichkeit ausgegangen, und ihm diese Einlassung nicht zu widerlegen ist. Die Klausel sollte deshalb als objektiver Strafausschließungsgrund ausgestaltet werden, eine Konstruktion, die der amtliche Gesetzgeber — allerdings in anderem Zusammenhang — in der Minimalklausel des § 326 Abs. 5 StGB bei der umweltgefährdenden Abfallbeseitigung gewählt hat[111]. Daß damit auf der anderen Seite eine Versuchsbestrafung desjenigen Täters ausscheidet, der trotz objektiver Ungefährlichkeit verfehlt von der Gefährlichkeit seines Verhaltens ausgeht, kann jedenfalls im Bereich abstrakter Gefährdung hingenommen werden und wird namentlich von den Vertretern einer objektiven Versuchstheorie[112] begrüßt werden.

Selbstverständlich erscheint mir, daß die Ungefährlichkeitsklausel Geltung nur für die im StGB erfaßten Brandstiftungs-, Explosions- und vergleichbaren Delikte mit ihren hohen Strafdrohungen beanspruchen kann. Die Brand- und Explosionsverhütungsvorschriften des Ordnungswidrigkeitenrechts, z. B. in den Bauordnungen der

110 Siehe zu den — dogmatisch verschiedenartigen — Versuchen in der Literatur, die Anwendung bereits des geltenden § 306 StGB bei „absolut ungefährlicher Tatausführung" zu vermeiden, *Arzt/Weber*, Bes. Teil, LH 2, Rdn. 106ff. Die Rspr. ist insoweit sehr zurückhaltend; siehe z. B. BGHSt. 26, 121; BGH NJW 1982, 2329.

111 Die gegen die Minimalklausel des § 326 Abs. 5 StGB vorgebrachte Kritik (siehe z. B. *Lenckner*, in: *Schönke/Schröder*, § 326 Rdn. 17; *Dreher/Tröndle*, § 326 Rdn. 14, jeweils m. w. N.) würde gegenüber der hier vorgeschlagenen Ungefährlichkeitsklausel nicht durchgreifen.

112 Siehe die Nachweise oben Anm. 28 und 29.

Länder oder im Sprengstoffgesetz über die Lagerung von und den Verkehr mit Sprengstoffen, verlören ihren gefahrabwendenden Sinn, wenn sich der Zuwiderhandelnde darauf berufen könnte, der ihm zur Last gelegte Verstoß sei völlig ungefährlich gewesen. Wir kennen diesen Einwand vor allem aus dem Straßenverkehrsrecht, wo der Bürger seine Befugnis, sich über ein Gesetz hinwegzusetzen, das er in seinem Fall für unvernünftig hält, als Ausübung demokratischer Freiheit und Ausprägung eines liberalen Rechtsverständnisses begreift. Beispiel: Überfahren einer auf „Rot" geschalteten Ampel bei völliger Verkehrsstille. Dabei zeigt gerade der Straßenverkehr, „daß diese Einstellung notwendig dazu führt, daß unvernünftige Bürger vernünftige Gesetze mißachten (weil sie *sich* als vernünftig und das Gesetz als unvernünftig einschätzen)"[113]. Bei derartigen Verstößen halte ich es auch für richtig, den Rücktritt vom vollendeten Delikt, die sog. tätige Reue, nicht als strafbefreiend oder -mildernd vorzusehen. Soweit es sich um Augenblicksgefährdungen handelt, also solche, die sich — wie z. B. beim unsachgemäßen Verladen von Sprengstoff — sehr rasch vollziehen und die dann abgeschlossen sind, ist für eine Rücktrittsregelung von vornherein kein Raum. Für sie besteht auch kein sachlicher Grund bei lang andauernden Verstößen, z. B. das monate- oder gar jahrelange Sichhinwegsetzen über das Verbot, Kernbrennstoffe außerhalb staatlicher Verwahrung aufzubewahren (§ 328 Abs. 1 Nr. 2a StGB). Hier dem Täter Straffreiheit zuzubilligen, wenn er das verbotene Verhalten einstellt und zur Legalität zurückkehrt, erscheint genauso unangemessen, wie wenn man den Täter einer Freiheitsberaubung, der sein Opfer nach einiger Zeit freiläßt, straflos lassen würde. Demgemäß ist (in § 330b StGB) zutreffend kein strafbefreiender oder -mildernder Rücktritt vom abstrakten Gefährdungsdelikt des § 328 StGB vorgesehen.

Abstrakte Gefährdungstatbestände mit hohen Strafdrohungen und einer Ungefährlichkeitsklausel sind ohne Verstoß gegen den Schuldgrundsatz nur möglich bei regelmäßig von vornherein zu mißbilligenden Handlungen wie Brandstiftung und Auslösen von Explosionen. Bei anderen Verhaltensweisen, die als solche nicht zu mißbilligen sind, wie z. B. der Betrieb von mit Schadstoffemissionen verbundenen Anlagen, oder die sogar Förderung verdienen, wie die Produktion und der Vertrieb von Arzneimitteln, muß sozusagen die Beweislast zugunsten des Täters umgekehrt werden, d. h. hier ist die Schaffung potentieller Gefährdungstatbestände[114], bei denen der Tä-

113 *Arzt*, Der Ruf nach Recht und Ordnung. Ursachen und Folgen der Kriminalitätsfurcht, 1976, S. 44; *Arzt/Weber*, Bes. Teil, LH 2, Rdn. 49.

114 Begriff z. B. bei *Dreher/Tröndle*, vor § 13 Rdn. 13. Gleichbedeutende Bezeichnun-

ter auch subjektiv die Schadensneigung kennen muß oder doch kennen müßte, die richtige Lösung. Grundsätzlich gelungene Vorschriften dieser Art finden sich z. B. in § 95 Abs. 1 Nr. 1 ArzneimittelG[115] und in § 325 StGB.

Abschließend noch einige Bemerkungen zu den Drogendelikten, die in §§ 29 und 30 BtMG als abstrakte Gefährdungstaten ausgestaltet sind. Im Hinblick auf die verheerenden und von niemandem beherrschbaren Auswirkungen des Rauschgifthandels besteht hier keinerlei Anlaß zur Erwägung einer Ungefährlichkeitsklausel. Auch an der grundsätzlichen Strafbedürftigkeit des Besitzes von Betäubungsmitteln zum Eigenkonsum (§ 29 Abs. 1 Nr. 3 BtMG) besteht m. E. kein Zweifel. Denn das Betäubungsmittelstrafrecht schützt über Gesundheit der einzelnen Konsumenten hinaus Rechtsgüter der Allgemeinheit, über die der Abnehmer und Konsument von Rauschgift nicht verfügen kann, in erster Linie die Volksgesundheit und damit mittelbar die Volkswirtschaft vor den finanziellen Lasten, welche die Betreuung Süchtiger verursacht. Darüber hinaus bildet der Drogenkonsument häufig eine Gefahr für seine unmittelbare Umgebung (Neigung zu Gewalttätigkeiten), für die Verkehrssicherheit bei Teilnahme am Straßenverkehr sowie für verschiedene Individual- und Allgemeininteressen, die durch die Beschaffungskriminalität beeinträchtigt werden[116]. Damit ist es natürlich nicht ausgeschlossen, den Eigenkonsumenten, der ja — was seine gesundheitsschädliche Abhängigkeit anlangt — zugleich Opfer dieser Kriminalität ist, unter bestimmten Voraussetzungen mit strafrechtlichen Sanktionen zu verschonen, namentlich wenn eine erfolgversprechende Therapie sichergestellt ist. Das deutsche Recht ist insoweit eher zurückhaltend und setzt für das Absehen von Strafe in § 31 BtMG auch für den Konsumenten eine Unterstützung der Strafverfolgungs- und Polizeibehörden bei der Bekämpfung der Drogenkriminalität voraus. Abgesehen von der Ausnahme vom staatsanwaltschaftlichen Verfolgungszwang in § 37 BtMG[117] wird der Drogenabhängigkeit des Täters erst im Vollstreckungsstadium Rechnung getragen (vgl. §§ 35f. BtMG).

gen sind „abstrakt/konkrete Gefährdungsdelikte" (so *Schröder*, JZ 1967, 522, und *ders.*, ZStW 81 [1969] S. 7, 18ff.) und „Eignungsdelikte".

115 Dazu bereits oben III 2a, bb.

116 Vgl. zu den durch den Betäubungsmittelmißbrauch betroffenen Rechtsgütern z. B. *Schmitt*, Strafrechtlicher Schutz des Opfers vor sich selbst? — Gleichzeitig ein Beitrag zur Reform des Opiumgesetzes, Festschrift für Maurach, 1972, S. 123ff.; *Eb. Kaiser*, Zur Bekämpfung der Rauschmittelkriminalität, NJW 1970, 1534f.; *Kreuzer*, Aktuelle Fragen des Drogenwesens in der Jugendkriminalrechtspflege, ZRP 1971, 111 ff.

117 Siehe dazu auch den Vorschlag von *Schmitt* (Anm. 116), S. 126.

Die Vorverlegung des Strafrechtsschutzes durch Gefährdungs- und Unternehmensdelikte im österreichischen Strafrecht

Von Universitätsprofessor Dr. Winfried *Platzgummer*, Wien

Der Bericht folgt in Inhalt und Aufbau dem Frageschema. Eine Abweichung empfiehlt sich aus österreichischer Sicht aber bezüglich des Instrumentariums, dessen sich der Gesetzgeber bedient, um den Rechtsgüterschutz vorzuverlegen.

I. Stufen des strafrechtlichen Rechtsgüterschutzes

Wenn das Schema den Versuch der Verletzungsdelikte und die Unternehmenstatbestände von anderen Gefährdungen unterscheidet, die dogmatisch vom Verletzungsvorsatz gelöst sind, so könnte das den Blick auf die typischen Vorbereitungsdelikte und auf die Delikte mit überschießendem Vorsatz verstellen. Da diese Deliktsformen, die ebenfalls noch auf eine gewollte Rechtsgutsverletzung ausgerichtet sind, in Österreich eine sehr erhebliche Rolle spielen, sollen sie gesondert erörtert und so auch terminologisch von den „selbständigen Gefährdungsdelikten" im Sinne des Frageschemas abgehoben werden.

1. Gefährdungen aufgrund eines Verletzungsvorsatzes

a) Das wichtigste Instrument zur Vorverlegung des Strafrechtsschutzes ist zweifellos der Versuch. Er ist in Österreich grundsätzlich bei allen Vorsatzdelikten strafbar, auch bei Vergehen[1] und bei Delikten, die in Nebengesetzen geregelt sind[2]. Die Strafdrohung ist dieselbe wie beim vollendeten Delikt, doch ist der Umstand, daß es beim Versuch geblieben ist, ein benannter Milderungsgrund[3].

Die Tat ist nach § 15 Abs. 2 StGB versucht, sobald der Täter seinen Entschluß, sie auszuführen, durch eine der Ausführung unmittelbar vorangehende Handlung betätigt. Die Formulierung bringt objektive Kriterien ins Spiel, die einer rechtsstaatlich bedenklichen Ausuferung des Versuchs entgegenwirken; sie ist anderseits aber so

1 § 15 Abs. 1 StGB.
2 Art. I Abs. 1 StRAG.
3 § 34 Ziff. 13 StGB.

flexibel, daß sie es ermöglicht, den konkreten Tatplan des Täters zu berücksichtigen.

Die unmittelbare Ausführungsnähe ist nach durchaus herrschender Ansicht anzunehmen, wenn das Verhalten des Täters nach seinen Vorstellungen von der Tat ohne weitere Zwischenakte in die Ausführung übergehen soll. Zusätzlich wird auf die zeitliche Nähe zur Ausführung und darauf abgestellt, ob der Täter bei objektiver Betrachtung seines Tatplans mit seiner Handlung bereits die entscheidende Hemmungsstufe überwunden hat[4]. Daß eine Ausführungshandlung immer Versuch begründet, wird im Gesetz gar nicht ausdrücklich gesagt, ist aber selbstverständlich[5].

Die Beteiligung am Versuch des unmittelbaren Täters ist nach § 15 Abs. 1 StGB immer strafbar. Bei der versuchten Beteiligung ist zu unterscheiden: Die versuchte Bestimmungstäterschaft ist selbständig mit Strafe bedroht, die versuchte Beitragstäterschaft straflos[6]. Die Beihilfe ist in Österreich also trotz der vielgerühmten Einheitstäterschaft quantitativ und zumindest dann, wenn es beim Versuch geblieben ist, auch qualitativ akzessorisch[7]. Die Strafbarkeit des Anstifters setzt hingegen ein, sobald er den Entschluß, einen anderen zur Tat zu bestimmen, durch eine der Bestimmung unmittelbar vorangehende Handlung betätigt (§ 15 Abs. 2 StGB).

Diese Vorverlegung der Strafbarkeit nimmt das Gesetz zum Teil wieder dadurch zurück, daß es den absolut untauglichen Versuch für straflos erklärt. War die Vollendung der Tat mangels persönlicher Eigenschaften oder Verhältnisse, die das Gesetz beim Täter voraussetzt, oder nach der Art der Handlung oder des Gegenstandes, an dem die Tat begangen wurde, unter keinen Umständen möglich, so bleiben alle am Versuch Beteiligten straflos (§ 15 Abs. 3 StGB).

4 Vgl. *Burgstaller*, JBl. 1976, 114 ff.; *ders.*, StPdG III, 9 ff.; *Foregger/Serini*, Kurzkommentar, 3. Aufl. 1986. § 15 Anm. III–VI; *Leukauf/Steininger*, Kommentar zum Strafgesetzbuch, 2. Aufl. 1979, § 15 RN. 4 ff.; *Kienapfel*, Allg. Teil, 2. Aufl. 1978, S. 80 ff.; *Triffterer*, Österreichisches Strafrecht, Allg. Teil, 1985, S. 356 ff.; zum früheren Strafrecht ähnlich *Nowakowski*, Das österreichische Strafrecht in seinen Grundzügen, 1955, S. 92, und *Burgstaller*, JBl. 1969, 534 f.

5 *Burgstaller*, JBl. 1976, 115.

6 So zuletzt *Fuchs*, ÖJZ 1986, 263; *Foregger/Serrini*, § 15 Anm. III; *Leukauf/Steininger*, § 15 RN. 21–23; *Triffterer* (Anm. 4), S. 405 ff., 412; *Kienapfel* (Anm. 4), S. 150 ff.

7 So mit Recht *Fuchs* (Anm. 6), S. 263 ff.: Denn wie soll sonst beurteilt werden, ob die Tat, zu der der Täter seinen Beitrag leistet, wirklich einen Versuch darstellt? Daß ein Versuch ohne Vorsatz nicht denkbar ist, steht auch bei den Anhängern der „Einheitstäterschaft" außer Streit; vgl. z. B. *Triffterer* (Anm. 4), S. 354 f., und *Kienapfel* (Anm. 4), S. 83. Von da ist es dann wohl nur ein kleiner Schritt zu der Erkenntnis, daß die vorsätzliche Beitragstäterschaft auch dann, wenn die Tat vollendet wurde, den Vorsatz des unmittelbaren Täters voraussetzt. Zu den weiteren und wohl entscheidenden Argumenten für diese Deutung *Burgstaller*, RZ 1975, 16.

Für die Abgrenzung zum nur relativ untauglichen und damit strafbaren Versuch verweisen die Erläuternden Bemerkungen (EB) auf die Leitsätze, die die Rechtsprechung zum früheren Strafgesetz entwickelt hat[8]. Sie können aber sicher nicht ohne Abstriche übernommen werden, weil sie eine feste methodische Grundlage vermissen lassen[9].

Nach der heute wohl herrschenden, auf *Burgstaller* zurückgehenden Lehre ist für das Tauglichkeitsurteil auf den Eindruck abzustellen, den das Tatgeschehen auf einen im Standort des Täters gedachten, mit Durchschnittswissen ausgestatteten Zuschauer macht, der den Tatplan kennt. Erscheint ihm die Deliktsvollendung als möglich, so liegt strafbarer Versuch vor, andernfalls ist absolut untauglicher Versuch anzunehmen[10]. Bei dieser Auslegung läuft die Bestimmung darauf hinaus, daß der Täter straflos bleiben soll, wenn er durch seinen Versuch nur groben Unverstand erwiesen hat.

Die Deutung entfernt sich aber wohl zu weit vom Willen des historischen Gesetzgebers. Sie ist auch mit dem Wortlaut des § 15 Abs. 3 StGB nur schwer zu vereinbaren, weil dieser die Untauglichkeit des Subjekts und des Objekts immerhin noch rein objektiv formuliert[11].

Fuchs will deshalb nur die Tauglichkeit der Handlung aus der Sicht des Täters beurteilen, im übrigen aber — was die Subjekteigenschaft, das Tatobjekt und die gesetzlich geforderten Modalitäten der Handlung betrifft — die wahre Sachlage berücksichtigen, wie sie im Zeitpunkt der Versuchshandlung bestanden hat, mag sie für den Täter auch nicht erkennbar gewesen sein[12].

Bei dieser mehr objektivierten Betrachtungsweise wird die Strafbarkeit dann in viel höherem Maße davon abhängig, ob der Versuch die konkrete Gefahr der Tatbildverwirklichung eröffnet hat. Das Ergebnis berührt sich mit *Rittlers* Lehre vom Mangel am Tat-

8 Dokumentation zum Strafgesetzbuch, S. 69.

9 So schon *Rittler*, Allg. Teil, 2. Aufl. 1954, S. 259; *Nowakowski* (Anm. 4), S. 90; *Platzgummer*, JBl. 1971, 246; *Burgstaller*, JBl. 1969, 526 ff.; *ders.*, JBl. 1976, 121.

10 *Burgstaller*, JBl. 1976, 122; *ders.*, StPdG III, 20, und schon zum früheren Recht *ders.*, JBl. 1969, 528 ff.; ähnlich *Foregger/Serini*, § 15 Anm. VII; *Kienapfel* (Anm. 4), S. 90 ff.; *Leukauf/Steininger*, § 15 RN. 37 ff.; *Triffterer* (Anm. 4), S. 360 ff.; *Steininger*, ÖJZ 1981, 373.

11 So mit Recht *Fuchs* (Anm. 6), S. 261; vgl. auch schon *Nowakowski*, ÖJZ 1977, 579. Im Unterschied zu § 23 Abs. 3 dStGB stellt § 15 Abs. 3 StGB nicht auf die Art des Gegenstandes ab, an dem die Tat begangen werden *sollte*, sondern an dem sie begangen *wurde*.

12 (Anm. 6), S. 13 ff.

bild[13] – nur daß die straflosen Fälle nun unter dem Titel des absolut untauglichen Versuchs erfaßt werden.

Die Rechtsprechung neigt zunehmend der Auffassung *Burgstallers* zu[14], doch bleibt abzuwarten, wohin sie schließlich steuern wird.

b) Unternehmensdelikte sind in Österreich selten: Nur der Hochverrat (§ 242 StGB), die Angriffe auf oberste Staatsorgane nach §§ 249 und 250 StGB und der hochverräterische Angriff gegen einen fremden Staat (§ 316 StGB) sind als solche ausgestaltet, wobei dann jeweils klargestellt wird, daß ein Unternehmen auch schon bei einem Versuch vorliegt[15]. Im übrigen finden sich einige Tatbestände, die den Versuch der Herbeiführung bestimmter Erfolge ihrer wirklichen Herbeiführung gleichsetzen (§§ 263 Abs. 1 und 2, 283 Abs. 2 StGB).

Hier wie dort wird aber nur der Zeitpunkt der Vollendung vorverlagert, nicht die Grenze der Strafbarkeit verschoben[16]. Ohne die besondere Regelung wären dieselben Verhaltensweisen als Versuch strafbar. Im übrigen ist man sich darüber einig, daß die Versuchs- und Unternehmensdelikte ihrerseits nicht wieder nach § 15 StGB versucht werden können[17].

c) Daß nur der Zeitpunkt der Vollendung, nicht auch die Grenze der Strafbarkeit nach vorne verlagert wird, gilt nun freilich auch für die meisten der Delikte mit überschießendem Vorsatz, die das österreichische Recht in reicher Fülle vorsieht. Doch hat der Gesetzgeber dieses rechtstechnische Instrument gelegentlich dazu benützt, um die Strafbarkeit von der Rechtsgutsverletzung tatsächlich in einen Gefährdungsbereich vorzuverlagern, der mit der Versuchsregelung nicht mehr erfaßt werden könnte.

Hier sind vor allem der Versicherungsmißbrauch (§ 151 StGB) zu nennen, der die Vorbereitung zu einem Versicherungsbetrug – freilich nicht nur sie[18] – unter Strafe stellt; die Urkundenfälschung nach § 223 Abs. 1 StGB, die zumindest dann, wenn der Fälscher die Urkunde später selbst zu Beweiszwecken verwendet, ein echtes Vorbereitungsdelikt zu § 223 Abs. 2 StGB darstellt, das ohne die ausdrückliche Strafdrohung straflos wäre und nicht als Versuch erfaßt werden könnte; ähnlich die Fälschung öffentlicher Beglaubigungszeichen

13 *Rittler* (Anm. 9), S. 256 ff.

14 JBl. 1983, 50 (= EvBl. 1983/16); JBl. 1983, 103; JBl. 1979, 100; ZVR 1983/86.

15 Ausdrücklich in § 242 Abs. 2 StGB, durch Klammerverweise in §§ 249 Abs. 1, 250 Abs. 1, 316 Abs. 1 StGB.

16 So treffend *Triffterer* (Anm. 4), S. 71.

17 Z. B. *Foregger/Serini*, § 15 Anm. I; *Leukauf/Steininger*, § 15 RN. 25; *Triffterer* (Anm. 4), S. 359; ähnlich zum alten Recht *Nowakowski* (Anm. 4), S. 92.

18 Vgl. *Foregger/Serini*, § 151 Anm. I.

nach § 225 Abs. 1 StGB, die mittelbar unrichtige Beurkundung oder Beglaubigung nach § 228 Abs. 1 StGB, die Wertzeichenfälschung nach § 238 Abs. 1 und Abs. 2 Ziff. 1 StGB und die Fälschung eines Beweismittels (§ 293 Abs. 1 StGB): In allen diesen Fällen werden Verhaltensweisen, die spezifische Vorbereitungshandlungen zu gesondert verpönten Delikten darstellen, bereits dann als selbständige Straftaten erfaßt, wenn der Täter mit dem überschießenden Vorsatz handelt, jene Delikte in der Folge selbst zu begehen oder ihre Begehung durch andere zu ermöglichen.

Eine ähnliche Vorverlagerung des Strafschutzes bringen die Vorbereitungsdelikte mit sich, die das Gesetz ausdrücklich unter diesem Namen erfaßt und bei denen der Vorsatz des Täters immer auch auf die künftige Begehung der vorbereiteten Straftat gerichtet ist: die Vorbereitung eines Verbrechens durch Kernenergie, ionisierende Strahlen oder Sprengmittel (§ 175 StGB), die Vorbereitung der Fälschung öffentlicher Urkunden und Beglaubigungszeichen (§ 227 StGB), die Vorbereitung einer Geld-, Wertpapier- oder Wertzeichenfälschung (§ 239 StGB) und die Vorbereitung eines Hochverrats (§ 244 StGB).

In diesen Zusammenhang gehören schließlich auch das verbrecherische Komplott (§ 277 StGB), das als formal eigenständiges Delikt die Verabredung zur gemeinsamen Ausführung bestimmter Delikte erfaßt, die Bandenbildung (§ 278 StGB), die Verabredung eines Völkermordes (§ 321 Abs. 2 StGB), die Verabredung nach §§ 16, 19 und 21 MilStG und vor allem auch das Komplott und die Bandenbildung nach § 14 SuchtgiftG.

Ob bei diesen Delikten ihrerseits wieder ein Versuch möglich ist und damit die Strafbarkeit nochmals weiter nach vorne verlagert wird, ist strittig. Die herrschende Lehre nimmt das an, mit der Begründung, es handle sich um selbständig strafbare Vorsatztaten, für die mangels einer entgegenstehenden Bestimmung § 15 StGB ohne weiteres anwendbar sei[19]; dem hat sich auch der OHG angeschlossen[20]. Bei den Delikten, die der Gesetzgeber selbst ausdrücklich als Vorbereitungsdelikte — also als Strafbarkeit jenseits des Versuchs — deklariert hat, verdient die gegenteilige Ansicht *Foreggers*[21] aber wohl doch den Vorzug.

19 *Leukauf/Steininger*, § 15 RN. 40; *Liebscher*, JBl. 1978, 392; *Kienapfel* (Anm. 4), S. 79; *Triffterer* (Anm. 4), S. 71; zum früheren Recht *Nowakowski* (Anm. 4), S. 92.

20 SSt. 46/61; EvBl. 1974/293; EvBl. 1973/224 = JBl. 1973, 433 = RZ 1973/155.

21 *Foregger/Serini*, § 15 Anm. I.

2. Selbständige Gefährdungsdelikte

Unter diesem Titel werden im Sinn des Frageschemas alle Gefährdungen zusammengefaßt, die dogmatisch von einem Verletzungsvorsatz gelöst und selbständig unter Strafe gestellt sind.

a) Die engste Bindung an eine mögliche Verletzung weisen die konkreten Gefährdungsdelikte auf, bei denen der Tatbestand die Herbeiführung einer Gefahr für das Rechtsgut voraussetzt. Es genügt hier also nicht, daß die Handlung des Täters nur allgemein gefährlich ist, sie muß auch und gerade im Einzelfall die nahe Möglichkeit der Verletzung mit sich bringen. Ob dieses Gefahrurteil ex post oder ex ante zu fällen ist, ist in Österreich strittig[22]; doch ist man sich darüber einig, daß der Gefährdungserfolg jedenfalls zur äußeren Tatseite gehört und daß über sein Vorliegen daher ein allgemeingültiges Urteil entscheiden muß[23].

In der Literatur wird vielfach auf das Vorhandensein eines Tatobjekts abgestellt, das von der allfälligen Verwirklichung der Gefahrlage betroffen ist[24]. Ein solcher Ansatzpunkt kommt bei Delikten in Frage, bei denen das Rechtsgut in einem Handlungsobjekt verkörpert ist, wie etwa bei der Gefährdung des Lebens, der körperlichen Sicherheit oder fremden Eigentums in großem Umfang (z. B. §§ 89, 169 Abs. 2, 173 StGB). Bei Tatbeständen, die überindividuelle Rechtsgüter vor konkreter Gefährdung schützen, muß das Kriterium versagen[25]. Ein Beispiel ist etwa die Wehrmittelsabotage, die auf die Gefährdung der Landesverteidigung, der Schlagkraft des Bundesheeres oder des Schutzes der Zivilbevölkerung (§ 260 StGB), oder die landesverräterische Fälschung oder Vernichtung von Beweisen, die schlechthin auf die Gefährdung der Interessen der Republik Österreich oder eines ihrer Bundesländer abstellt (§ 258 StGB). Hier kann man nur noch darauf abheben, ob der Täter eine Lage geschaffen hat, die bei objektiver Würdigung alle Umstände die nahe Möglichkeit der Verletzung der gemeinten Interessenlage mit sich brachte.

22 Für eine ex-post-Betrachtung *Kienapfel*, Grundriß des österreichischen Strafrechts, Bes. Teil, Bd. I, 1978, Rn. 468, und *Leukauf/Steininger*, § 89 RN. 6; für eine Beurteilung ex ante *Nowakowski*, in: Wiener Kommentar (WK), Vorbem. zu §§ 3—5 Rz. 21, und *Kodek*, ÖJZ 1981, 483.

23 Besonders klar *Nowakowski* (Anm. 22).

24 In diesem Sinn *Kodek*, ÖJZ 1981, 484: Die Abgrenzung zwischen konkreter und abstrakter Gefahr könne *nur* nach dem Kriterium des Vorhandenseins eines möglichen, von der allfälligen Verwirklichung der Gefahrenlage betroffenen Tatobjekts vorgenommen werden. Im deutschen Schrifttum ähnlich *Jakobs*, Allg. Teil, 1983, S. 142; *Horn*, Konkrete Gefährdungsdelikte, 1973, S. 161 ff.

25 Daß die konkrete Gefahr auch nur eine Interessenlage betreffen kann, wird von *Nowakowski*, in: WK, Vorbem. zu §§ 3—5 Rz. 21, herausgestellt.

Die konkreten Gefährdungsdelikte sind in aller Regel zweigliedrig aufgebaut. Sie beschreiben bestimmte typisch gefährliche Verhaltensweisen und verlangen darüber hinaus, daß der Täter durch sie die konkrete Gefahrenlage schafft. Das gilt besonders auch für die gemeingefährlichen Handlungen, die — mit zwei wichtigen Ausnahmen — durchwegs auf die gemeingefährliche Art der Handlung und der Mittel abstellen und sich dafür, was den Gefährdungserfolg betrifft, mit der Gefährdung von Leib und Leben auch nur eines Menschen begnügen (z. B. §§ 171, 173 StGB). In §§ 176 und 177 StGB macht das Gesetz den Mangel einer Verhaltensbeschreibung dadurch wett, daß es eine konkrete Gefährdung einer größeren Anzahl von Menschen verlangt[26]. Im übrigen muß das Verhalten des Täters auch bei solchen Verursachungstatbeständen jedenfalls immer ein sozial inadäquates Risiko eröffnen[27].

Mit den konkreten Gefährdungsdelikten berühren sich die Gefahrbelassungsdelikte[28]. Beispiele sind der zweite Fall der Aussetzung (§ 82 Abs. 2 StGB), das Imstichlassen eines Verletzten (§ 94 StGB) und die Unterlassung der Hilfeleistung (§ 95 StGB), die das eine gemeinsam haben, daß sich das Handlungsobjekt in einer konkreten Gefahr befindet und der Täter es unterläßt, ihm in der Not beizuspringen. Im Fall des § 94 StGB hat der Unterlassungstäter die Gefahr durch eine Verletzungshandlung selbst herbeigeführt, aber nicht rechtswidrig oder jedenfalls unter Umständen, in denen die Verletzung nicht mit mindestens gleicher Strafe bedroht ist; sonst ist er nur aus dem Verletzungsdelikt zu bestrafen (§ 94 Abs. 4 StGB).

Einen Schritt weiter gehen die abstrakten Gefährdungsdelikte. Ihr Tatbestand verlangt keine Rechtsgutsgefährdung. Die typische Gefährlichkeit der Handlung für eine geschützte Interessenlage ist bei ihnen nur das gesetzgeberische Motiv für die Strafdrohung. Der Richter hat aber nicht zu prüfen, ob sich die Gefahr im Einzelfall auch verwirklicht oder zur konkreten Gefahr verdichtet hat[29]. So

26 Zu den gemeingefährlichen Delikten näher *Kodek*, ÖJZ 1981, 483 ff.; *Wolf*, in: Zum neuen Strafrecht, Bd. II, 1974, S. 69 ff.

27 Dieser Gedanke, den *Burgstaller*, Das Fahrlässigkeitsdelikt im Strafrecht, 1974, S. 37 ff., für die Fahrlässigkeitsdelikte besonders herausstellt, muß ebenso auch für die Vorsatzdelikte gelten.

28 Der Ausdruck ist entlehnt von *Schroeder*, in: Deutsche strafrechtliche Landesreferate, Beiheft zur ZStW 94 (1982), S. 7.

29 Die Terminologie ist in Österreich schwankend. So wie hier wird der Begriff des abstrakten Gefährdungsdelikts verwendet von *Nowakowski*, in: WK, Vorbem. zu §§ 3–5 Rz. 20, und *ders.* (Anm. 4), S. 52, und von *Rittler* (Anm. 9), S. 85; *Triffterer* (Anm. 4), S. 63 f., möchte den Ausdruck für jene Delikte vorbehalten, bei denen der Richter die generelle Gefährlichkeit des Verhaltens im Einzelfall festzustellen hat, und im übrigen von Tätigkeitsdelikten i. e. S. oder von Formaldelikten sprechen;

sind etwa die meisten Delikte gegen die Rechtspflege unabhängig davon strafbar, ob die Rechtspflege dadurch wirklich in eine falsche Richtung gelenkt wurde (§§ 288 f., 292 f., 295 StGB); die Kurpfuscherei wird auch bestraft, wenn dem Patienten sogar geholfen wurde (§ 184 StGB); Delikte nach dem Waffengesetz, nach dem Lebensmittelgesetz, nach dem Weingesetz sind auch dann zu ahnden, wenn die Rechtsgüter des Lebens, der Gesundheit und der körperlichen Sicherheit, die letztlich geschützt werden sollen, durch das Fehlverhalten nicht konkret gefährdet wurden.

Zu dieser Gruppe gehören wohl auch die Tatbestände, die im Tatbild auf die Eignung der Handlung zur Herbeiführung bestimmter Gefahren abstellen (z. B. §§ 178, 208 StGB; auch §§ 180 Abs. 2, 186 Abs. 1 StGB)[30]. Was sie mit den konkreten Gefährdungsdelikten verbindet, ist der Umstand, daß die Gefahreignung auch hier im Einzelfall vom Richter festzustellen ist. Anderseits verlangen sie nicht, daß das Rechtsgut wirklich in Gefahr gerät: Eignung zur Gefährdung ist schon bei der Möglichkeit einer Verletzung anzunehmen, nicht erst bei der nahen Möglichkeit. *Nowakowski* spricht deshalb von „potentiellen" Gefährdungsdelikten[31].

Die einschlägigen Delikte verweisen den Richter bei der Eignungsprüfung manchmal auf bestimmte Gesichtspunkte, die er dabei zu berücksichtigen hat: ob die Suchtgiftmenge als solche geeignet war, in großem Ausmaß Leben und Gesundheit von Menschen zu gefährden (§ 12 SuchtgiftG i. d. F. BGBl. 1985 Nr. 184) oder ob der angesammelte Vorrat an Waffen, Schießbedarf und anderen Kampfmitteln nach Art und Umfang geeignet war, eine größere Zahl von Menschen zum Kampf auszurüsten (§ 280 StGB). Andere Tatbestände stellen nur auf die Eignung der Handlung schlechthin oder unter den gegebenen Umständen ab und lassen so dem Richter mehr Spielraum; wo sie überindividuelle Rechtsgüter schützen, rücken sie damit in die Nähe der konkreten Gefährdung (z. B. § 253 StGB)[32].

ähnlich *Leukauf/Steininger*, § 17 RN. 11, und Vorbem. zu § 169 RN. 3. Die Begriffsbildung *Nowakowskis* wird hier vorgezogen, weil sie nicht auf die Fassung des Tatbildes, sondern auf die Rechtsgutsbeeinträchtigung abstellt und damit den Grund der Pönalisierung hervorhebt. In der Sache ist auch *Triffterer*, a. a. O., S. 64, der Meinung, daß die Gefährlichkeit der Handlung auch bei den Tätigkeitsdelikten i. e. S. die Leitlinie für die Erlassung der Strafvorschrift bildet.

30 Für diese Delikte will *Triffterer* (Anm. 4), S. 63 f., den Ausdruck „abstrakte Gefährdungsdelikte" vorbehalten.

31 *Nowakowski*, in: WK, Vorbem. zu §§ 3—5 Rz. 23; vgl. auch *Schroeder* (Anm. 28), S. 4, der den Ausdruck „potentielle Gefährdungsdelikte" freilich als zu weitgehend ablehnt (a. a. O., S. 5 Fn. 23).

32 *Nowakowski*, in: WK, Vorbem. zu §§ 3—5 Rz. 23, deutet deshalb § 253 StGB geradezu als konkretes Gefährdungsdelikt. Auch nach *Triffterer* (Anm. 4), S. 64, ist der

Grundsätzlich kommt es aber bei allen Eignungsdelikten nicht auf eine konkrete Gefährdung, sondern auf die typische Gefährlichkeit des Verhaltens an.

Schließlich gibt es eine Reihe von Delikten, die Verletzungs- und Gefährdungselemente kombinieren. Gelegentlich sind Verletzungstatbestände dadurch qualifiziert, daß sie auf besonders gefährliche Weise begangen werden (§ 84 Abs. 2 Ziff. 1; §§ 81, 88 Abs. 3 und 4 StGB) oder daß sie mit einer konkreten Gefährdung anderer Rechtsgüter einhergehen (z. B. § 126 Abs. 1 Ziff. 6 StGB, § 24 Abs. 2 MilStG). Häufiger kommt es vor, daß Gefährdungstatbestände für den Fall, daß sie bestimmte Verletzungsfolgen nach sich ziehen, mit strengerer Strafe bedroht sind. Für die gemeingefährlichen Delikte sind solche Erfolgsqualifikationen geradezu typisch (z. B. §§ 169 Abs. 3, 170 StGB)[33]. Bei abstrakten Gefährdungsdelikten können sie auch nur in einer konkreten Gefahr bestehen (z. B. § 56 Abs. 2 LMG).

b) Die Frage nach den Lebensbereichen, in denen die selbständigen Gefährdungsdelikte eine wichtige Rolle spielen, ist für Österreich schwer zu beantworten. Es gibt zwar eine Reihe von Tatbeständen, die deutlich auf ein spezifisches Fehlverhalten etwa in der Drogenszene, im Lebensmittelsektor oder in der Rechtspflege abzielen; aber sehr viele Deliktstypen und vor allem die meisten derer, die das Leben und die Gesundheit schützen, sind so allgemein gefaßt, daß sie sich keinem bestimmten Lebensbereich zuordnen lassen[34].

c) Für österreichische Verhältnisse gezielter ist deshalb die Frage nach den Rechtsgütern, die bereits gegen Gefährdungen geschützt sind.

Im Vordergrund stehen hier die Rechtsgüter des einzelnen, besonders das Leben, die Gesundheit und die körperliche Sicherheit (z. B. §§ 82, 89, 169 Abs. 2 ff. StGB), die sittliche, seelische und gesundheitliche Entwicklung des Unmündigen und Jugendlichen (§ 208 StGB), der Kredit und das berufliche Fortkommen (§ 152 StGB), aber auch das Eigentum, allerdings nur soweit es großen Umfang hat (§§ 169 ff. StGB).

Übergang zwischen Erfolgsdelikten — wozu er auch die konkreten Gefährdungsdelikte zählt, a. a. O., S. 63 — und den abstrakten Gefährdungsdelikten in dem von ihm gemeinten Sinn oft fließend.

33 Vgl. *Kodek*, ÖJZ 1981, 483.

34 Von den 690 Personen, die im Jahr 1981 wegen Gefährdung der körperlichen Sicherheit (§ 89 StGB), und von den 355, die wegen Imstichlassens eines Verletzten (§ 94 StGB) verurteilt wurden, haben schätzungsweise 90 Prozent spezifische Verkehrsdelikte begangen; aber manche dieser Delikte sind auch anderen „Lebensbereichen" zuzuordnen.

An Rechtsgütern der Gesamtheit sind — wieder ohne Anspruch auf Vollständigkeit — etwa zu nennen: die Unabhängigkeit, die Staatsform und die verfassungsmäßigen Einrichtungen der Republik Österreich und ihrer Bundesländer (§ 246 StGB), die Wahrung von Staatsgeheimnissen (§ 253 StGB), die Landesverteidigung und die Schlagkraft des Bundesheeres (§ 260 StGB), das Funktionieren der Rechtspflege (§§288 f., 292 f., 295 StGB) und der öffentliche Friede, der sich wohl noch genauer bezeichnen ließe (§§ 280 ff. StGB). Das ebenfalls unter diesem Titel geregelte Delikt der Begehung einer Straftat im Zustand voller Berauschung (§ 287 StGB) soll beliebige Straftaten verhindern und dient so jedem Rechtsgut.

d) Bezüglich der subjektiven Anforderungen bieten die Gefährdungsdelikte ein buntes Bild. Die abstrakten Gefährdungsdelikte erfordern meistens Vorsatz (z. B. § 91 StGB), gelegentlich genügt daneben auch Fahrlässigkeit (§ 287 StGB), und im Nebenstrafrecht gibt es auch Vorsatzdelikte, die ein fahrlässiges Gegenstück mit herabgesetzter Strafdrohung haben (z. B. §§ 56, 57 LMG).

Bei den konkreten Gefährdungsdelikten bietet der zweigliedrige Aufbau zusätzliche Möglichkeiten der Differenzierung. Verlangen sie hinsichtlich des gefährlichen Verhaltens Vorsatz, so meist auch für die Gefährdung (z. B. §§ 171, 173 StGB), in § 260 StGB sogar in der Form der Wissentlichkeit, doch kommt auch die Kombination mit fahrlässiger Gefährdung vor (z. B. § 93 StGB, § 12 Abs. 2 MilStG). Das praktisch wichtige Delikt nach § 89 StGB kann vorsätzlich oder fahrlässig begangen werden. Bei den gemeingefährlichen Delikten haben die Vorsatztaten fahrlässige Gegenstücke mit geringerer Strafdrohung, bei denen dann in jeder Hinsicht Fahrlässigkeit genügt (vgl. §§ 169 ff. StGB).

Bezüglich der besonderen Folgen, durch die die Gefährdungsdelikte häufig qualifiziert sind, reicht Fahrlässigkeit immer hin (§ 7 Abs. 2 StGB).

e) Die Strafdrohungen der abstrakten Gefährdungsdelikte sind gegenüber der Verletzung in der Regel deutlich herabgesetzt. Bei der Straftat nach § 287 StGB, die in ihrer Vagheit ins Ungewisse zielt, darf die Strafe jedenfalls nicht höher sein als jene, die das Gesetz für die im Rausch begangene Tat androht. Ein ähnliches Gefälle ergibt sich bei manchen konkreten Gefährdungsdelikten (z. B. §§ 82, 89 StGB im Verhältnis zu § 75 StGB), doch finden sich hier auch Bestimmungen, die die Gefährdung ausdrücklich mit der Verletzung gleichstellen (z. B. § 152 StGB).

Eine Sonderstellung nehmen hier die gemeingefährlichen Delikte ein. Soweit sie auf den Schutz von Leib und Leben abzielen, ist ein Vergleich mit den Verletzungsdelikten wohl ausgeschlossen, weil hier der große Gefahrenradius der Handlung und gelegentlich auch der Gefährdung (§§ 176 f. StGB) zusätzlich ins Gewicht fällt. Hinsichtlich des Vermögensschutzes ist der Vergleich aber möglich, weil dabei nur auf den großen Umfang des gefährdeten Eigentums und nicht auf eine Streuung der Berechtigten abgestellt wird. Hier ergibt sich dann bei Zugrundelegung der üblichen Auslegung[35] das Kuriosum, daß die Strafe für die vorsätzliche Gefährdung jene für die vorsätzliche Verletzung übersteigt (vgl. §§ 176 Abs. 2 StGB mit § 126 Abs. 2 StGB).

II. Kriminalpolitische Anliegen der Vorverlegung des Strafschutzes

Über die Gründe, warum der Gesetzgeber die Vorstufen der vorsätzlichen Verletzung und die selbständigen Gefährdungsdelikte unter Strafe gestellt hat, geben die EB nur gelegentlich Auskunft. Sie sind aber offensichtlich sehr unterschiedlicher Natur; ein einheitlicher Gesichtspunkt ist nicht auszumachen.

1. Die Unternehmensdelikte erfassen heute im Gegensatz zum früheren Recht nur noch Verhaltensweisen, die einem Versuch im Sinne des § 15 Abs. 2 StGB entsprechen, nicht auch Vorbereitungshandlungen. Der Sinn der selbständigen Typisierung kann also nur in der Absicht liegen, Besonderheiten der allgemeinen Versuchsregelung auszuschalten.

Da die Strafdrohung für den Versuch mit jener für das vollendete Delikt übereinstimmt, bleibt neben dem Verlust eines benannten Milderungsgrundes, der die Sonderregelung wohl nicht zu tragen vermöchte, nur noch der Ausschluß der Straflosigkeit des untauglichen Versuchs und der Möglichkeit des Rücktritts übrig. Tatsächlich hat das Gesetz nur beim Hochverrat, nicht auch bei anderen Versuchsdelikten die Möglichkeit der tätigen Reue vorgesehen (§ 243 StGB).

2. Bei den vielen Deliktstypen, die die Strafbarkeit einer vorsätzlichen Verletzung in die Vorbereitungsphase verlagern, hat die selb-

[35] Die h. L. nimmt eine Gefahr für Eigentum „in großem Umfang" an, wenn der Wert des gefährdeten Gutes zumindest die zweite Wertgrenze bei den Vermögensdelikten, die derzeit bei 100 000 öS liegt, erreicht und das Eigentum räumlich eine größere Ausdehnung hat (*Foregger/Serini*, § 169 Anm. 3; *Leukauf/Steinegger*, § 169 RN. 14). Obwohl sich diese Auslegung auf eine Äußerung des Justizausschusses berufen kann (Dokumentation, S. 179), ist sie keineswegs zwingend. Gerade der im Text aufgezeigte Wertwiderspruch sollte zu einer anderen Auslegung Anlaß geben.

ständige Typisierung offenbar den Sinn, besonders gefährliche Verhaltensweisen schon im Vorfeld des Versuchs zu erfassen und unter Strafe zu stellen[36].

Diese Erwägung wird in den EB wiederholt herausgestellt, so etwa für die Vorbereitung zum Hochverrat (§ 244 StGB) und für den Versicherungsmißbrauch (§ 151 StGB)[37]. Zum ersten Deliktsfall des § 119 StGB (Verletzung des Fernmeldegeheimnisses) wird darauf verwiesen, daß die Vorbereitung hier technisch an die Ausführung der Tat heranreiche, diese jederzeit möglich mache und damit objektiv besonders gefährlich sei[38]. Auch für die erste Alternative der Urkundenfälschung (§ 223 Abs. 1 StGB) wird darauf abgestellt, daß die Handlung des Fälschers oft der bei weitem strafwürdigere Teil des Deliktes sei: Nur durch sie werde ein Gebrauch ermöglicht, außerdem könne das Falsifikat als Werkzeug zur Begehung verschiedenster rechtswidriger Handlungen selbst dann wirksam werden, wenn es von einem Gutgläubigen straflos gebraucht werde[39].

3. Die besondere Gefährlichkeit der Handlung gibt auch bei den selbständigen Gefährdungsdelikten den Ausschlag. Aber hier spielen gelegentlich wohl auch andere Gründe eine Rolle, die es als ratsam erscheinen lassen, den Strafschutz vorzuverlagern.

a) Eine Überlegung geht sicherlich dahin, für den Fall, daß die Anwendung eines Verletzungsdeliktes an Beweisschwierigkeiten scheitert, geeignete Auffangtatbestände zu schaffen.

Bei den Vorsatzdelikten ist der Verletzungsvorsatz oft nicht nachzuweisen, während der Gefährdungsvorsatz immerhin noch auf der Hand liegt: Dann bieten Gefährdungstatbestände eine Handhabe, den Täter gezielter zu bestrafen, als dies durch das Ausweichen auf ein Fahrlässigkeitsdelikt erreicht würde, und bei Ausbleiben des Erfolgs bieten sie sogar die einzige Möglichkeit, den Täter überhaupt noch zur Verantwortung zu ziehen (vgl. etwa §§ 82, 89, 176 StGB). Das gleiche gilt, wenn die Kausalität für den Verletzungserfolg nicht nachgewiesen werden kann und dem Täter auch kein Ver-

36 Vgl. *Kienapfel* (Anm. 4), S. 79; *Leukauf/Steininger*, § 15 RN. 40.

37 Dokumentation, S. 208, 171. Soweit die Vorbereitung zum Hochverrat nicht durch die Verabredung der gemeinsamen Begehung, sondern „in anderer Weise" geschieht, ist das Delikt erst gegeben, wenn der Täter mit einer ausländischen Macht zusammenwirkt oder die konkrete Gefahr des hochverräterischen Unternehmens herbeigeführt oder vergrößert hat (§ 244 Abs. 2 StGB).

38 Dokumentation, S. 151 f.

39 Dokumentation, S. 200.

letzungsvorsatz nachweisbar ist, der es gestatten würde, Versuch anzunehmen (z. B. § 91 StGB)[40].

Die Gefahr der Auffangtatbestände liegt darin, daß sie leicht in Verdachtsstrafen ausarten. Daher wäre es wichtig, darauf zu achten, daß der Unrechts- und Schuldgehalt die selbständige Strafbarkeit wirklich zu tragen vermag. Ob diese Grenze eingehalten ist, ist etwa beim Raufhandel (§ 91 StGB) und wohl auch bei der Rauschtat (§ 287 StGB) fraglich[41].

b) Ein weiterer wichtiger Grund für die Schaffung selbständiger Gefährdungsdelikte liegt in der Absicht, den Richter dort von der Feststellung der Rechtsgutsverletzung zu entlasten, wo sie entweder unmöglich oder mit einem unvertretbaren Aufwand verbunden wäre.

Aus diesem Grunde sind die Delikte gegen die Rechtspflege seit jeher von dem Nachweis befreit, daß die Rechtsprechung im Einzelfall wirklich in die Irre geleitet wurde (§§ 288, 289, 292, 293, 295 StGB). Nach den EB sollte etwa auch der Tatbestand der sittlichen Gefährdung Unmündiger und Jugendlicher (§ 208 StGB) dem Richter die schwierige Aufgabe ersparen, näher in die Psyche des Opfers einzudringen, wobei wohl auch die Rücksicht auf das Opfer der Tat mitspielt[42]. Die Erreichung dieser Absicht wird dann freilich wieder dadurch in Frage gestellt, daß das Gesetz hier ausnahmsweise die Strafbarkeit verneint, wenn eine konkrete Gefährdung im Einzelfall ausgeschlossen war (§ 208, letzter Teilsatz StGB).

c) Ob bei der Typisierung der selbständigen Gefährdungsdelikte auch der Gedanke eine Rolle spielte, die den Fahrlässigkeitsdelikten anhaftende Zufallskomponente auszuschließen, ist füglich zu bezweifeln. Das Gesetz nimmt einen strafbefreienden Zufall durchaus hin — das zeigen die Regelung des untauglichen Versuchs, die Akzesso-

40 Richtigerweise ist wohl auch § 287 StGB als Auffangtatbestand für jene Fälle gedacht, in denen die Zurechnungsfähigkeit des Täters zweifelhaft bleibt. Sein Wortlaut gibt dafür allerdings keine Handhabe, sondern er stellt schlechthin auf die volle Berauschung ab. Die Frage, ob für § 287 StGB eine Wahlfeststellung zwischen Voll- und Mindertrunkenheit genügt, wird im österreichischen Schrifttum nicht erörtert; sie ist aber wohl zu bejahen, weil § 287 StGB eine lex specialis gegenüber der im Vollrausch begangenen Tat darstellt.

41 Die Strafdrohung für den Raufhandel mit tödlichem Ausgang reicht bis zu zwei, jene für die Begehung einer mit Strafe bedrohten Handlung im Zustand voller Berauschung sogar bis zu drei Jahren. Die beiden Delikte sind somit viel strenger bedroht als die fahrlässige Tötung (§ 80 StGB), was dem Unwert der Beteiligung an einer Rauferei oder eines Vollrausches wohl nicht angemessen ist. — Wenn das Gesetz im Falle des Raufhandels je nach dem Ausgang verschiedene Strafen androht, obwohl diese Erfolge nur als objektive Bedingungen der Strafbarkeit zu verstehen sind, so widerspricht das wohl eindeutig dem Schuldprinzip.

42 Dokumentation, S. 194.

rietät der Beihilfe und die nicht seltenen objektiven Bedingungen der Strafbarkeit (z. B. in §§ 91, 287 StGB). Warum sollte es bei den Fahrlässigkeitsdelikten größere Bedenken haben?

Die Umwandlung des früheren allgemeinen Gefährdungsdelikts des § 431 StG in den verhaltensgebundenen Tatbestand der Gefährdung der körperlichen Sicherheit nach § 89 StGB hatte zur Folge, daß nun dem Zufall sogar ein größerer Spielraum eingeräumt wird: Viele fahrlässige Verhaltensweisen, die früher schon bei Herbeiführung einer konkreten Gefahr strafbar waren, sind heute nur noch strafbar, wenn das Opfer wirklich getötet oder verletzt wird.

Natürlich bedeutet ein konkretes und erst recht ein abstraktes Gefährdungsdelikt immer zugleich eine Einschränkung der strafbefreienden Wirkung des Zufalls gegenüber dem fahrlässigen Erfolgsdelikt. Aber sie ist dann wohl nicht der Zweck, sondern nur die sicher nicht unerwünschte Folge einer Vorverlagerung der Strafbarkeit, die auf anderen kriminalpolitischen Erwägungen beruht.

III. Ausgleich von Unbilligkeiten der Vorverlagerung des Strafschutzes

1. Die abstrakten Gefährdungsdelikte gehen von einer generellen Gefährlichkeit aus. Ein solches Gefahrurteil kann auch Fälle einschließen, in denen ein Schaden im Einzelfall gar nicht eintreten kann. Dann mag es als unbillig erscheinen, den Täter trotzdem zu bestrafen[43].

Für das österreichische Recht wird man hier unterscheiden müssen: Bei den Formaldelikten hat der Richter nach durchaus herrschender Lehre keine Möglichkeit, das Gefährlichkeitsurteil des Gesetzgebers im Einzelfall zu revidieren. Die Kurpfuscherei bleibt strafbar, auch wenn in allen Fällen der Behandlung eine wirkliche Gefährdung auszuschließen war (§ 184 StGB), und wegen falscher Zeugenaussage haftet der Täter auch dann, wenn nie die Gefahr bestand, daß die Rechtsprechung irregeleitet werde, ja sogar wenn er zu dem Zweck gehandelt hat, eine wahre Tatsache zu erweisen (§ 288 StGB)[44].

Hinsichtlich der Delikte, bei denen die generelle Gefährlichkeit erst vom Richter zu beurteilen ist, ergibt das Gesetz kein einheitliches Bild. Im Fall der sittlichen Gefährdung Unmündiger und Jugendlicher (§ 208 StGB) wird die Strafbarkeit verneint, wenn nach

43 Vgl. *Schroeder* (Anm. 28), S. 5 f.

44 *Leukauf/Steininger,* § 288 RN. 16, 12. Unrichtige Angaben zu den Personalien fallen in Österreich nicht unter die Strafsanktion.

den Umständen des Falles eine Gefährdung des Opfers auszuschließen war[45]. In der neuen Fassung des § 12 Abs. 1 SuchtgiftG wird die kritische Menge des Suchtgifts zwar danach bestimmt, ob sie bei Weitergabe geeignet wäre, in großem Ausmaß eine Gefahr für das Leben oder die Gesundheit von Menschen entstehen zu lassen, die Strafbarkeit wird dann aber ausdrücklich auch für den Fall bejaht, daß der Täter nur zu dem Zweck gehandelt hat, sich für den eigenen Gebrauch mit Suchtgift einzudecken (§ 12 Abs. 2 SuchtgiftG i.d.F. BGBl. 1985 Nr. 184). Damit hat der Gesetzgeber gezielt auf eine Rechtsprechung reagiert, die für § 12 SuchtgiftG in der alten Fassung auf die reale Besorgnis einer Gemeingefahr abstellen wollte[46].

Bei dieser Gesetzeslage geht es nicht an, diese Deliktsgruppe über einen Leisten zu schlagen, sondern man wird wieder zu unterscheiden haben: Wo das Gesetz für das Gefahrurteil nur auf bestimmte Teilaspekte der Tat abheben will, kann der Richter die Eignung auch dann bejahen, wenn eine konkrete Gefährdung bei Würdigung aller Umstände mit Bestimmtheit ausscheidet (z. B. §§ 280, 219 StGB). Kommt es aber schlechthin auf die Eignung der Handlung (z. B. §§ 178, 182, 180 Abs. 2 StGB) oder darauf an, ob die Handlung „auf solche Weise" (§ 186 StGB) oder „unter Umständen" (§ 253 StGB) erfolgte, daß sie eine konkrete Gefahr herbeiführen konnte, so hat der Richter wohl auch jene Umstände ins Auge zu fassen, die eine wirkliche Gefährdung des Rechtsguts im Einzelfall ausschließen[47].

Für den agent provocateur ist damit freilich nur wenig gewonnen. Seine Straflosigkeit beruht auf der Erwägung, daß ihm der auf die Vollendung gerichtete Vorsatz fehlt[48]. Bei abstrakten Gefährdungsdelikten bleibt dafür wenig Raum — nur in den Fällen, in denen der Richter die Eignung der Handlung für eine konkrete Gefährdung umfassend zu würdigen hat, kann er auch den Umstand berücksichtigen, daß der agent provocateur alle erforderlichen Vorkehrungen getroffen hat, um eine wirkliche Gefährdung auszuschließen. Gerade in der Drogenszene ist es damit aber nicht getan, weil § 12 SuchtgiftG nur auf die Menge des Suchtgiftes abstellt. Die derzeitige

45 Die Ausnahmebestimmung wird von der Rechtsprechung mit Recht eng ausgelegt (EvBl. 1978/134) und nicht angewandt, wenn immerhin die Gefahr der Festigung und Vertiefung einer beim Tatopfer bereits bestehenden sexuellen Verwahrlosung anzunehmen war (SSt. 47/69).

46 EvBl. 1978/74 und Erk. zu 10 Os 89/84 (n.v.).

47 Vgl. *Nowakowski*, in: WK, Vorbem. zu §§ 3—5 Rz. 23.

48 *Burgstaller*, RZ 1975, 14; *Kienapfel* (Anm. 4), S. 141, 148; *Leukauf/Steininger*, § 12 RN. 29; *Rittler* (Anm. 9), S. 292 f.; dabei muß es genügen, wenn dem Täter bei Delikten mit vorgelagerter Strafbarkeit nur der erweiterte, auf die materielle Rechtsgutsbeeinträchtigung gerichtete Vorsatz fehlt. Insofern a. M. *Triffterer* (Anm. 4), S. 404.

Fahndungspraxis könnte daher wohl nur durch eine Ausnahmebestimmung zu § 25 StPO bereinigt werden[49].

2. Beim Versuch sieht § 16 StGB einen strafbefreienden Rücktritt vor, der dem Täter auch dann zugute kommt, wenn die Ausführung oder der Erfolg ohne sein Zutun unterbleiben, er sich aber in Unkenntnis dessen freiwillig und ernstlich bemüht, die Ausführung zu verhindern oder den Erfolg abzuwenden (§ 16 Abs. 2 StGB). Daß diese Bestimmung auf die Versuchsdelikte nicht anzuwenden ist, wurde bereits ausgeführt; § 243 StGB enthält allerdings eine analoge Regelung.

Bei den Tatbeständen, die im Gesetz ausdrücklich als Vorbereitungshandlungen benannt sind, gibt es immer die Möglichkeit einer tätigen Reue[50]. Das gleiche gilt für die meisten Delikte mit überschießendem Vorsatz, die der Sache nach Vorbereitungshandlungen sind[51], und für manche selbständig vertypten Gefährdungsdelikte, die vorsätzliche Verhaltensweisen ohne Verletzungsvorsatz unter Strafe stellen[52]. Der gute Wille des Täters, dessen Tat auch ohne sein Zutun nicht zum Erfolg geführt hätte, wird dabei in der Regel, aber nicht immer[53] honoriert.

Die Rücktrittsmöglichkeiten sind insgesamt so reichlich angeboten, daß sich bisher, soweit ersichtlich, noch kein Bedürfnis nach einer — grundsätzlich möglichen — analogen Anwendung gegeben hat.

IV. Reformüberlegungen

1. Auch in Österreich wurde gelegentlich erwogen, für das Verkehrsstrafrecht abstrakte Gefährdungsdelikte zu schaffen, die besonders gravierendes Fehlverhalten schon als solches unter gerichtliche Strafe stellen[54]. Der Vorteil einer solchen Regelung liegt auf der Hand: Die Zufallskomponente, die allen fahrlässigen Erfolgsdelikten, auch noch den konkreten Gefährdungsdelikten, anhaftet, könnte damit ausgeschaltet werden. Aber es fragt sich, ob die Nachteile der Kriminalisierung bei diesen Massendelikten nicht doch überwiegen.

49 So mit Recht *Bertel*, Die verdeckte Fahndung, in: Der Staatsbürger, 37. Jg., Folge 9, S. 33 f.

50 §§ 175 Abs. 2, 227 Abs. 2, 240, 245 StGB.

51 Z. B. §§ 151 Abs. 2, 226, 228 Abs. 3, 247, 274 Abs. 3, 277 Abs. 2, 278 Abs. 2 StGB; § 14 Abs. 3 SuchtgiftG n. F.; §§ 16 Abs. 2, 19 Abs. 2, 21 Abs. 2 MilStG.

52 §§ 279 Abs. 2, 280 Abs. 2, 291, 294 StGB.

53 So nicht in §§ 175 Abs. 2, 151 Abs. 2, 247 StGB; §§ 279 Abs. 2, 280 Abs. 2, 291 StGB.

54 *Seiler*, Festschrift für Maurach 1972, S. 75 ff.; *Schick*, ÖJZ 1971, 623 ff., und *ders.*, ZVR 1974, 353 ff.

Burgstaller hat in diesem Zusammenhang mit Recht darauf verwiesen, daß das Strafrecht nicht nur eine sozialethische, sondern auch eine sozialpsychologische Dimension hat und daß für diese der reale Erfolg des Verhaltens eine ganz erhebliche Rolle spielt[55]. Es ist kein Zufall, daß die zentralen Deliktstypen auch heute noch überwiegend auf die Verletzung abstellen. Je mehr sich das Strafrecht auf den Verhaltensunwert allein verlagert, desto mehr verliert es an Eindruckskraft und an generalpräventiver Wirkung. Das sollte davor warnen, das gerichtliche Strafrecht zu weit in den polizeilichen Bereich der Vorbeugung hinein zu erstrecken.

Abgesehen davon ist es keineswegs so sicher, daß der erhoffte Gewinn an „Gerechtigkeit" wirklich zu Buch schlägt. Bei den erfolgsgebundenen Verkehrsdelikten darf man noch mit einer großen Verfolgungsdichte rechnen. Besonders die Verletzungsdelikte werdern fast lückenlos erfaßt. Hingegen ist es bei folgenlosem Fehlverhalten wohl nur realistisch anzunehmen, daß sie nur selten angezeigt werden und noch seltener zu einer Verurteilung führen. Damit würde die Zufallskomponente aber weitgehend nur auf die Ebene der Strafverfolgung verlagert[56].

2. So ist es wohl durchaus vertretbar, wenn § 89 StGB das gerichtliche Strafrecht auch für den Bereich des Straßenverkehrs auf jene Fälle einschränkt, in denen ein Mensch zumindest konkret gefährdet wurde, und wenn das Gesetz die Ahndung des folgenlosen Fehlverhaltens den Verwaltungsbehörden überläßt.

Die damit verbundene Einbuße an rechtsstaatlichen Garantien wird bei den doch eher geringfügigen Delikten, die hier in Betracht kommen, durch den Vorzug des raschen und einfachen Verfahrens wenigstens teilweise wettgemacht. Anderseits verfügt das Verwaltungsstrafrecht in Österreich über ein Sanktionensystem, das den Bedürfnissen genügt. Es kennt außer Geldstrafen auch die Freiheitsstrafe[57], und vor allem können die Verwaltungsbehörden im Zusammenhang mit dem Strafverfahren auch die Lenkerberechtigung entziehen[58] — eine Maßnahme, die den Gerichten derzeit gar nicht zur Verfügung steht[59].

55 *Burgstaller*, ZVR 1978 — Sonderheft, S. 29.

56 So treffend *Burgstaller*, ZVR 1978 — Sonderheft, S. 29.

57 Die Verwaltungsbehörde kann in Verkehrssachen Geldstrafen bis zu öS 50 000 und — aufgrund eines Vorbehaltes zu Art. 5 MRK — Ersatzfreiheitsstrafen bis zu 6 Wochen (§ 99 Abs. 1 und 2 StVO) und im Fall der zweiten Wiederholung sogar — auch neben der Geldstrafe — eine originäre Arreststrafe im selben Ausmaß verhängen (§ 100 Abs. 1 StVO).

58 § 73 KFG.

59 Aufschlußreich der Vergleich zwischen dem österreichischen und dem deutschen Verkehrsstrafrecht bei *Hünerfeld*, Festschrift für Jescheck, 1985, S. 1265 ff.

3. Daß § 89 StGB als allgemeines Gefährdungsdelikt gefaßt ist, entspricht der österreichischen Tradition; es ist aber auch sachlich berechtigt, weil sich die strafwürdigen Fälle der Gefährdung von Leib und Leben keineswegs auf den Verkehrsbereich beschränken.

Im Unterschied zum früheren § 431 StG ist die Strafbarkeit heute vom Vorliegen zweier alternativer Handlungsunwerte abhängig. Der erste — das Handeln unter besonders gefährlichen Verhältnissen (§ 81 Ziff. 1 StGB) — ist freilich sehr vage formuliert. Folgt man der neueren Auslegung, wonach es nur auf den besonderen Grad der Fahrlässigkeit und auf die hohe Verletzungswahrscheinlichkeit ankommen soll[60], so wird die Bestimmung aus rechtsstaatlichen Gründen bedenklich. Die Auslegung ist aber keineswegs zwingend, und sie widerspricht sogar dem Willen des historischen Gesetzgebers, der auf die gemeingefährliche Begehungsweise abstellen wollte[61]. Die zweite Alternative — die Minderberauschung bei Vorhersehbarkeit einer gefahrgeneigten Tätigkeit — ist wohl von vornherein unbedenklich. Insgesamt hat sich § 89 StGB in der Praxis bewährt; er wird heute in Österreich nicht grundsätzlich in Frage gestellt.

4. Ein Ausbau der abstrakten Gefährdungsdelikte ist für Lebensbereiche zu erwägen, in denen kausale Zusammenhänge mit einer möglichen Verletzung nur schwer oder gar nicht nachzuweisen sind. Der Gedanke spielt schon im geltenden Gesetz eine Rolle (oben II 3b) — er könnte sich etwa auf dem Gebiet des Umweltschutzes als fruchtbar erweisen, wo so viele Wirkungszusammenhänge noch ungeklärt sind, aber auch beim Verkehr mit Lebens- und Genußmitteln, mit Medikamenten und anderen Chemikalien.

Der Gesetzgeber kann hier vernünftigerweise nicht immer zuwarten, bis die Wissenschaft die letzten Zweifel behoben hat, sondern muß schon auf gegründeten Verdacht hin einschreiten, wenn er seiner Verantwortung genügen will. Er darf riskante Verhaltenswei-

60 *Kienapfel*, ÖJZ 1977, 655 ff.; *Foregger/Serini*, § 81 Anm. II; *Leukauf/Steininger*, § 81 RN. 5 ff.; ZVR 1984/351, 146, 54, 53; 1983/319; 1982/420, 341, 39; 1981/282, 258, 140, 67, 21; 1980/184, 183; 1977/178; a. M. *Wichtl*, ZVR 1980, 101.

61 Dokumentation, S. 123 f. Ein tragbarer Kompromiß ist die Auffassung *Burgstallers*, der nicht nur einen gesteigerten Gefährlichkeitsgrad verlangt, sondern zusätzlich auch eine Gefährlichkeit (nicht Gefahr!) für mehr als eine Person; *Burgstaller*, in: WK, § 81 Rz. 7 ff., insbesondere Rz. 18 und 20. Ist der Wirkungsbereich eines gefährlichen Verhaltens bei der maßgeblichen ex-ante-Betrachtung auf einen einzigen Menschen beschränkt, so möchte *Burgstaller* das Deliktsmerkmal der besonders gefährlichen Verhältnisse freilich ausnahmsweise auch für den Fall bejahen, daß die Wahrscheinlichkeit des Erfolgseintritts extrem hoch ist (a. a. O., Rz. 20). Damit wird die bezogene Position aber wohl wieder verlassen.

sen allenfalls schon dann unter Strafe stellen, wenn ihre Schädlichkeit nur sehr wahrscheinlich ist. Allerdings sollte er dann die Entscheidung auf sich nehmen und nicht auf den Richter abwälzen. Eignungsdelikte sind in solchen Bereichen keine Lösung. Nur durch die Schaffung von Formaldelikten können Erörterungen über kausale Zusammenhänge ein für allemal unterbunden werden.

Die Vorverlegung des Strafrechtsschutzes durch Gefährdungs- und Unternehmensdelikte im italienischen Strafrecht*

Von Professor Dr. Giovanni *Grasso*, Catania

I.

1. Einleitung

Die Probleme der Vorverlegung des Strafrechtsschutzes sind in ihren dogmatischen, gesetzestechnischen und kriminalpolitischen Aspekten im italienischen Strafrecht von höchster Aktualität.

Es ist offenkundig, daß die Gefährdungsdelikte — durch die in erster Linie ein vorverlegter Strafrechtsschutz erreicht wird — in den letzten Jahren in bemerkenswertem Umfang zugenommen haben. Man kann sogar sagen, daß das Nebenstrafrecht in seiner jüngsten Entwicklung durch den generellen Rückgriff auf Gefährdungstatbestände gekennzeichnet ist, besonders im Bereich des Schutzes neuer überindividueller oder kollektiver Rechtsgüter oder auch zur Verteidigung traditioneller Rechtsgüter gegenüber neuen Angriffsweisen, die vielfach im Zusammenhang mit der Entwicklung des technischen Fortschritts stehen[1]. Diese Entwicklung darf als solche nicht verwundern: Die Funktion des Strafrechts, Rechtsgüter zu schützen, schließt nicht aus, sie fordert sogar in gewissem Sinne, daß das Strafrecht beim Entstehen neuer Schutzbedürfnisse auch in bisher unberührte Gebiete vordringt und daß es auch Formen eines vorverlegten Schutzes einführt, wenn dies durch die Eigenart oder Bedeutung des Schutzgutes oder auch durch die Häufigkeit und die Besonderheiten des Angriffs geboten ist.

Diese Tendenz einer ständigen Zunahme von Gefährdungstatbeständen hat jedoch zahlreiche schwierige Probleme mit sich gebracht, und zwar nicht nur aus dogmatischer und kriminalpolitischer Sicht, sondern auch hinsichtlich der verfassungsmäßigen Zulässigkeit dieser Gesetzestechnik. Die italienische Lehre hat diesen Fragen, angeregt durch die Entwicklung der neueren Gesetzgebung,

* Aus dem Italienischen übersetzt von Assessorin Johanna *Bosch*, Max-Planck-Institut für ausländisches und internationales Strafrecht, Freiburg i. Br.

1 *Fiandaca*, La tipizzazione del pericolo, Dei delitti e delle pene 1984, 441 f.

wachsendes Interesse zugewendet und ist zu einer, wenn auch vorsichtigen, Neubewertung der Gefährdungsdelikte gelangt, vor allem ganz bestimmter Formen dieser Delikte[2].

Besonders fruchtbar scheint mir dabei die Erwägung, daß zwischen Gesetzestechnik und Schutzobjekt ein enger Zusammenhang und eine gegenseitige Abhängigkeit besteht. Die Bewertung der kriminalpolitischen Praktikabilität und der Verfassungsmäßigkeit der verschiedenen Gefährdungsdelikte kann deshalb nicht abstrakt erfolgen, sondern es muß nach den einzelnen Bereichen des Schutzes unterschieden werden[3]. Dies ist eine Richtlinie, die ich nachfolgend zugrunde lege.

2.1. Die Verletzungsdelikte

Zunächst ist vorauszuschicken, daß der ursprüngliche Kernbestand des Strafrechts die Verletzungsdelikte sind, Delikte also, die die tatsächliche Schädigung des geschützten Rechtsguts einschließen, so zum Beispiel die Straftaten gegen das Leben, und ganz allgemein gegen die Person, oder die Straftaten gegen das Vermögen. Schon im Codice penale (Straftaten gegen die Staatssicherheit, ganz allgemein Tatbestände zum Schutz institutioneller Rechtsgüter sowie gemeingefährliche Delikte), aber auch in der Nebengesetzgebung finden sich jedoch viele Gefährdungsdelikte, so daß man wenigstens für das italienische Strafrecht nicht mehr die Ansicht Horst *Schröders* teilen kann, daß „die Mehrzahl der Straftatbestände den Eintritt von Verletzungen oder Schaden an gesetzlich geschützten Objekten voraussetzt"[4]: im Gegenteil, heutzutage besteht die Mehrzahl der Straftatbestände aus Gefährdungsdelikten, deren Vollendung nicht vom Eintritt der Verletzung des Schutzgutes abhängt. Man muß sogar zugeben, daß die Zahl der Gefährdungsdelikte ständig ansteigt[5].

Es ist auch zu berücksichtigen, daß die Begriffe „Verletzung" und „Gefährdung" relative Begriffe sind, je nach der Bestimmung des

2 *Fiandaca*, Note sui reati di pericolo, Il Tommaso Natale 1977, 175ff.; *ders.* (Anm. 1), 441ff.; *Marinucci*, Relazione di sintesi, in: *Stile* (Hrsg.), Bene giuridico e riforma della parte speciale, Napoli 1985, S. 337ff.; *Pulitanò*, Bene giuridico e giustizia costituzionale,in: *Stile*, a.a.O., S. 165ff.

3 *Fiandaca* (Anm. 1), 454ff.; *Marinucci*, Fatto e scriminanti. Note dommatiche e politico-criminali, Riv. it. dir. proc. pen. 1983, 1218 ff.; *ders.* (Anm. 2). Zur deutschen Lehre vgl. für alle *Schünemann*, Moderne Tendenzen in der Dogmatik der Fahrlässigkeits- und Gefährdungsdelikte, JA 1975, 798.

4 *Schröder*, Die Gefährdungsdelikte im Strafrecht, ZStW 81 (1969), S. 7.

5 So ganz eindeutig *Schünemann* (Anm. 3),S. 435; *Schroeder*, Die Gefährdungsdelikte, in: Deutsche strafrechtliche Landesreferate zum XI. Internationalen Kongreß für Rechtsvergleichung, Beiheft zur ZStW 1982, S. 1.

Schutzobjekts, auf das sie bezogen werden; eine Straftat kann also je nach dem möglichen Schutzobjekt als Verletzungs- oder als Gefährdungsdelikt eingeordnet werden[6].

Dabei spielen zwei Faktoren eine Rolle: Zunächst spiegelt sich der größere oder geringere Grad der Abstraktion des Rechtsguts notwendigerweise in der Art der denkbaren Beeinträchtigung wider. Je konkreter also das Rechtsgut bestimmt wird, um so eher sind die entsprechenden Tatbestände als Verletzungsdelikte zu bestimmen, und je abstrakter die Beschreibung des Rechtsguts, desto häufiger sind die darauf bezogenen Tatbestände als Gefährdungstatbestände aufzufassen[7].

Ein zweiter zu beachtender Faktor ist die Entstehung immaterieller Zwischenrechtsgüter in einzelnen Bereichen, die auch dann, wenn sie letztlich dem Schutz von Individualgütern dienen, eine gewisse Autonomie gewinnen. Dieses Phänomen ist für das Wirtschaftsstrafrecht eingehend von *Tiedemann* untersucht worden. Er hat dargelegt, wie diese Rechtsgüter aufgrund ihrer strukturellen Besonderheiten im naturalistischen Sinne nicht verletzbar sind, so daß die zu ihrem Schutz geschaffenen Tatbestände nur als (vermutete) Gefährdungstatbestände gefaßt werden können[8]. Es handelt sich um ein äußerst vorsichtig zu bewertendes Phänomen, auf das hier nur hingewiesen werden soll[9].

2.2. Die Regelung des Versuchs

Im italienischen Strafrecht gibt es aufgrund der Versuchsregelung neben jedem Verletzungstatbestand einen entsprechenden Gefährdungstatbestand (genauer: einen konkreten Gefährdungstatbestand)[10].

Die Strafbarkeit des Versuchs wird im Codice penale in einer allgemeinen Vorschrift für alle Straftaten — außer den Übertretungen — vorgesehen. Art. 56 C. p. schreibt eine obligatorische Milderung der Strafe für das vollendete Delikt um ein bis zwei Drittel vor. Objektiv setzt das versuchte Delikt die beiden Merkmale der Taug-

6 *Angioni*, Contenuto e funzioni del concetto di bene giuridico, Milano 1983, S. 78 Fn. 18.

7 *Angioni* (Anm. 6), S. 67, 143f.

8 *Tiedemann*, Wirtschaftsstrafrecht und Wirtschaftskriminalität, Bd. I, 1976, S. 83ff.; vgl. auch *Fiandaca* (Anm. 1), S. 455f.

9 Vgl. *Marinucci* (Anm. 2), S. 341f.; siehe unten Ziff. 6.

10 *Mantovani*, Diritto penale. Parte generale, Padova 1979, S. 382f. In der hier verwendeten Terminologie handelt es sich um ein allgemeines konkretes Gefährdungsdelikt.

lichkeit und der Eindeutigkeit der Handlung voraus, subjektiv besteht kein Unterschied zum vollendeten Delikt.

Der Begriff der Eindeutigkeit bezieht sich nach der in Italien herrschenden objektiven Theorie[11] auf den Umstand, daß die Handlung das verfolgte kriminelle Vorhaben zweifelsfrei erkennen lassen muß[12].

Der Begriff der Tauglichkeit bezeichnet die Eignung der Handlung, die beabsichtigte Straftat zu verwirklichen. Die Beurteilung erfolgt auf der Grundlage einer „nachträglichen Prognose": Der Richter muß sich an die Stelle des Täters zu Beginn der Ausführungshandlung versetzen und sein Urteil auf der Grundlage der für einen durchschnittlichen Menschen erkennbaren Tatsachen finden, eventuell unter Ergänzung durch weitere Tatsachen, die dem Täter bekannt waren[13]. Es darf auf keinen Fall auf einen abstrakten Durchschnittsmenschen bezogen werden, „sondern nur auf eine Person, die der sozialen Gruppe des Täters entspricht"[14].

Für den zur Feststellung der Tauglichkeit erforderlichen Grad der Möglichkeit, die verbrecherische Tat zu vollenden, sucht die italienische Lehre das entscheidende Merkmal in dem Bereich zwischen „Nicht-Unmöglichkeit" und „mathematischer Wahrscheinlichkeit". Die häufigsten und im wesentlichen übereinstimmenden Beschreibungen sind „vernünftige Möglichkeit"[15], „annehmbarer Grad der Möglichkeit"[16] und „erhebliche Möglichkeit"[17].

11 In diesem Sinne u. a. *Siniscalco*, La struttura del delitto tentato, Milano 1959, S. 87ff.; *Mantovani* (Anm. 10), S. 387; *Fiandaca/Musco*, Diritto penale. Parte generale, Bologna 1985, S. 236f.

12 So *Siniscalco* (Anm. 11), S. 122f.; *Fiandaca/Musco* (Anm. 11).

13 Vgl. *Siniscalco* (Anm. 11), S. 180ff.; *Antolisei*, Manuale di diritto penale. Parte generale, Milano 1982, S. 424ff.; *Fiandaca/Musco* (Anm. 11), S. 233–235; *Mantovani* (Anm. 10), S. 385 f.; *Neppi Modona*, Il reato impossibile, Milano 1965, S. 145ff. In der italienischen Lehre ist (u. a. von *Fiandaca/Musco* [Anm. 11], S. 247f.) immer wieder auf die Unzulänglichkeit dieser Auslegung hingewiesen worden. Aus den Bestimmungen über das unmögliche Verbrechen (Art. 49 Abs. 2 C. p.) ergibt sich (vorbehaltlich der Anordnung der Maßregel der überwachten Freiheit) die strafrechtliche Unbeachtlichkeit des konkret absolut untauglichen Versuchs; die Tauglichkeit der Handlung müßte also ein zweites Mal geprüft werden, wobei „alle im Augenblick der Tat vorliegenden Tatsachen zu berücksichtigen sind".

14 So ganz klar *Siniscalco* (Anm. 11), S. 182.

15 *Siniscalco* (Anm. 11), S. 183. Ganz ähnlich *Neppi Modona* (Anm. 13), S. 191–193, der eine „ernsthafte Nichtunmöglichkeit oder vernünftige Eignung der Handlungen" verlangt.

16 *Antolisei*, L'azione e l'evento nel reato, Milano 1928, S. 126f.

17 *Grispigni*, Diritto penale italiano, Bd. I, Milano 1950, S. 178; *Fiandaca/Musco* (Anm. 11), S. 235.

Der Begriff der Tauglichkeit erlaubt es also, die versuchte Straftat in den Kreis der Gefährdungsdelikte einzubeziehen. Es wird deshalb zutreffend davon gesprochen, daß „das Wesen der Tauglichkeit der Handlung in ihrer Gefährlichkeit besteht"[18]. Kriminalpolitisch liegt der Versuchsstrafbarkeit gerade die Notwendigkeit zugrunde, schon der Gefährdung der geschützten Rechtsgüter zuvorzukommen[19]. Aus der Sicht der Schutzgüter bedeutet dies, daß Vollendung und Versuch bei den Verletzungsdelikten der tatsächlichen und der potentiellen Verletzung (d. h. der Gefährdung) der geschützten Rechtsgüter entsprechen[20].

Von der generellen Strafbarkeit des Versuchs nach Art. 56 C. p. sind also nur die Übertretungen ausgenommen. Die Lehre hat aber darauf hingewiesen, daß es noch andere Verbrechensformen gibt, bei denen der Versuch nicht strafbar ist. Das gilt aus offensichtlichen dogmatischen Gründen für die fahrlässigen Delikte: Die Fahrlässigkeit ist durch das Fehlen des verbrecherischen Willens gekennzeichnet, der beim Versuch gerade vorausgesetzt wird. Der Versuch ist außerdem ausgeschlossen bei den Angriffsdelikten (Straftaten mit vorverlegter Vollendung). In diesen Fällen reicht das Minimum, das für den Versuch erforderlich ist, schon für die Vollendung aus. Umstritten ist dagegen die Anwendung der Versuchsform auf die Gefährdungstatbestände: Ein absoluter Ausschluß[21] erscheint im Ergebnis zu eng, aber sicher muß die Versuchsstrafbarkeit bei den Tatbeständen ausscheiden, die bloße Vorbereitungshandlungen mit Strafe bedrohen, die in der Regel nach Art. 115 C. p. straffrei sind (wie z. B. die Verabredung oder die Aufforderung zu einer Straftat[22]).

3. *Die Angriffsdelikte (delitti di attentato)*

Das italienische Strafrecht kennt eine Kategorie von Straftaten, die nach überwiegender Ansicht eine mit dem Versuch verwandte oder geradezu identische Struktur haben und die den Unternehmensdelikten des deutschen Rechts entsprechen[23]. Es handelt sich

18 So *E. Gallo*, Riflessioni sui reati di pericolo, Padova 1970, S. 9 f.; zu Einzelheiten vgl. *Neppi Modona* (Anm. 13), S. 157 ff.

19 Vgl. *Mantovani* (Anm. 10), S. 384 f.

20 So *Fiandaca/Musco* (Anm. 11), S. 230.

21 In diesem Sinne z. B. *Fiandaca/Musco* (Anm. 11), S. 239.

22 Für die Anwendung dieses Kriteriums bei den Straftaten der Verbindung mit dem Feind, vgl. *Neppi Modona*, Stichwort: „Intelligenze con lo straniero o col nemico" (Verbindung mit dem Ausländer oder mit dem Feind), in: Enciclopedia del Diritto, Bd. XXI, Milano 1971, S. 873; *Grasso*, Commento all'art. 243, in: *Crespi/Stella/Zuccalà* (Hrsg.), Commentario breve al codice penale, Padova 1986, S. 449.

23 Zur Gleichstellung der Unternehmensdelikte mit den Angriffsdelikten des Codice Zanardelli (1889) siehe schon *Florian*, Introduzione ai delitti in ispecie e delitti con-

um die „delitti di attentato", bei denen die strafbare Handlung in offener Form so beschrieben wird, daß jedwedes Verhalten darunter fällt, das durch die *Richtung* auf einen in der Vorschrift beschriebenen Erfolg gekennzeichnet ist; der Eintritt des Erfolges gehört nicht zum objektiven Tatbestand[24].

Ein typisches Beispiel für diese Delikte ist Art. 241 C. p., der eine Handlung bedroht, „die darauf gerichtet ist", den Umfang des Staatsgebiets, die Unabhängigkeit des Staates oder seine Einheit zu beeinträchtigen. Typisch für diese Deliktsart ist die Verwendung der Begriffe „gerichtet auf" („diretto a") oder „attenta a"[25] im jeweiligen Tatbestand.

Alle Angriffsdelikte sind Straftaten mit „vorverlegter Vollendung": Die Schwelle zur Strafbarkeit wird schon mit der Begehung einer auf die Verwirklichung eines bestimmten Ergebnisses gerichteten Tat überschritten, ohne daß dessen tatsächliche Erreichung verlangt wird[26].

Das erste dogmatische Problem der Angriffsdelikte betrifft die Frage nach der objektiven oder subjektiven Auslegung des Begriffs der „Richtung" der Handlung, auf den der Tatbestand aufbaut. Die Rechtsprechung hat dieses Merkmal früher stets streng subjektiv verstanden und jedes Verhalten als tatbestandsmäßig angesehen, das auf die Verwirklichung des verbotenen Zieles gerichtet ist, unabhängig „von den konkreten Auswirkungen, die dadurch entstanden sind"[27]. Diese Ansicht ist von der Lehre und neuerdings auch von der Rechtsprechung endgültig aufgegeben worden: Die Struktur des objektiven Tatbestandes wird bei den Angriffsdelikten durch die Richtung der *Tathandlung* bestimmt; dadurch soll ein konkreter materieller und finaler Bedeutungsgehalt des Verhaltens bezeichnet werden, das eindeutig das Ziel erkennen lassen muß, auf das es gerichtet ist[28].

tro la sicurezza dello Stato, in: Trattato di diritto penale, Bd. II, Milano 1915, S. 118—120.

24 Zum Aufbau der Angriffsdelikte vgl. *E. Gallo*, Il delitto di attentato nella teoria generale del reato, Padova 1966, passim; *Grasso*, Commento all'art. 241 (Anm. 22), S. 439 ff.; *Zuccalà*, Profili del delitto di attentato, Riv. it. dir. proc. pen. 1977, 1225 ff.

25 Diese Wendung wird z. B. verwendet in den Art. 276 C. p. (Anschlag auf den Staatspräsidenten) und 280 C. p. (Anschlag zu terroristischen oder umstürzlerischen Zwecken).

26 In diesem Sinne *Delitala*, Il fatto nella teoria generale del reato, Padova 1930, S. 177 ff.; *Grispigni*, Diritto penale italiano, Bd. II, Milano 1950, S. 81 f.; *Nuvolone*, Il sistema del diritto penale italiano, Padova 1982, S. 414; *Pannain*, Manuale di diritto penale. Parte speciale, Bd. I, Torino 1957, S. 29. *Zuccalà* (Anm. 24), S. 1250, bevorzugt die Wendung „Tendenzdelikte".

27 So Cass., Sez. Un., 19 giugno 1957, Riv. it. dir. proc. pen. 1958, 144 ff.; ebenso *Zuccalà* (Anm. 24), S. 1229 ff.

28 *Pannain* (Anm. 26), S. 22 f.; *Tagliarini*, Osservazioni in tema di attentato alla inte-

Aus dogmatischer Sicht ist weiter anzumerken, daß die Schwelle zur Strafbarkeit bei den Angriffsdelikten nicht bis in die Phase der Vorbereitungshandlungen zur Verletzung oder Gefährdung der geschützten Rechtsgüter vorverlegt werden kann, weil die hauptsächlichen Formen dieser Delikte Zielstraftaten der kriminellen Vereinigung (Art. 306 C. p.) und der beiden Tatbestände der politischen Verschwörung (Art. 304 und 305 C. p.) darstellen. Daß solche Vorbereitungshandlungen bestraft werden, bedeutet, daß bei diesen Straftaten das rechtswidrige Verhalten bereits in die Phase der Ausführung des Angriffs auf die geschützten Rechtsgüter eingetreten sein muß, denn es hätte keinen Sinn, die Vorbereitung eines Verhaltens zu bestrafen, das selbst nur Vorbereitung ist[29].

Von größerem Gewicht ist die Frage nach der Tauglichkeit der Handlung zur Erreichung des in der Vorschrift bezeichneten Zieles. Die Rechtsprechung leitet heute, nach Aufgabe ihrer früheren, entgegengesetzten Auffassung, aus Art. 49 Abs. 2 C. p. her, daß eine Straftat nur dann vorliegt, „wenn ein für die Herbeiführung des Erfolges kausal geeignetes Verhalten" gegeben ist[30]. In der Lehre ist heute die Meinung nahezu[31] herrschend, daß die Schwelle zur Strafbarkeit der Angriffsdelikte auf derselben Ebene liegt wie beim Versuch, also durch das Zusammentreffen der beiden Merkmale Tauglichkeit und Eindeutigkeit gekennzeichnet ist[32]. Das Merkmal der Tauglichkeit der Handlung zur Rechtsgutsverletzung wird hier vor allem aus dem allgemeinen Grundsatz der Schädlichkeit (principio di offensività) abgeleitet, der seine Verankerung in Art. 49 Abs. 2 C. p. finden soll[33]. Diese Auslegung des Art. 49 C. p. hat jedoch beachtliche Kritik erfahren[34]. Deshalb muß die Notwendigkeit des Merkmals der Tauglichkeit auf andere Argumente gestützt werden: Gäbe es dieses Merkmal bei den Angriffsdelikten nicht, so bliebe die gesetzliche Tatbestandsbeschreibung völlig offen und stünde daher mit dem verfassungsrechtlich gesicherten Gebot der Gesetzesbestimmtheit in Wi-

grità territoriale dello Stato (art. 241 cod. pen.), Temi 1969, 21 ff.; in diesem Sinne siehe in der Rechtsprechung Cass., Sez. Un., 14 marzo 1970, Giust. pen. 1971, II, Sp. 328 ff.; Cass., 27 novembre 1968, Arch. pen. 1970, II, 8 ff.

29 Vgl. *R. Bettiol*, Considerazioni in tema di delitto di attentato, Ind. pen. 1975, 36 (Fn. 25bis); *Grasso* (Anm. 24), S. 441.

30 So Cass., Sez. Un., 14 marzo 1970 (Anm. 28); Cass., 27 novembre 1968 (Anm. 28).

31 Vgl. *Nuvolone* (Anm. 26), S. 414; *Zuccalà* (Anm. 24), S. 1235 ff.

32 So *E. Gallo* (Anm. 24), S. 191 ff.; *R. Bettiol* (Anm. 29), S. 33 ff.; *Pannain* (Anm. 26), S. 22 ff.; *Tagliarini* (Anm. 28), S. 26 ff.

33 Vgl. für alle *E. Gallo*, Stichwort: „Attentato (delitto di)", in: Novissimo digesto italiano, Appendice I, Torino 1980, S. 565 f.

34 Grundlegend hierzu *Stella*, La teoria del bene giuridico e i cosidetti fatti inoffensivi conformi al tipo, Riv. it. dir. proc. pen. 1973, 1 ff.

derspruch[35]. Man kann auch geltend machen, daß der Verzicht auf das Merkmal der Verletzungseignung der Handlung dazu führen würde, daß bei der Mehrzahl der Angriffsdelikte nicht ein gefährliches Verhalten, sondern im Widerspruch zu den verfassungsrechtlichen Grundlagen unseres Strafrechtssystems eine bloße gefährliche Absicht bestraft würde[36].

Objektiv gesehen sind die Angriffsdelikte Gefährdungsdelikte. Sie unterscheiden sich jedoch von den gewöhnlichen Gefährdungstatbeständen auf der subjektiven Ebene: Wie beim Versuch erstreckt sich die Absicht über den objektiven Tatbestand hinaus auf die Verwirklichung eines weiteren Erfolges. Eine ältere Lehre nannte sie deshalb „Gefährdungsdelikte mit Verletzungsvorsatz"[37].

Die Angriffsdelikte sind Vollendungsdelikte, auf die die Versuchsregeln (z. B. über den Rücktritt oder die tätige Reue) keine Anwendung finden. Eine Ausnahme bildet Art. 5 Abs. 2 des Gesetzes Nr. 304 vom 29. 5. 1982, eine Bestimmung aus dem Bereich der sog. „Notgesetzgebung", die nur eine zeitlich begrenzte Geltung haben soll. Sie sieht einen besonderen Strafausschließungsgrund für die dort vorgesehenen Angriffsdelikte gegen die Staatssicherheit vor (Art. 241, 276, 280, 283, 284, 285, 286, 289 und 295 C. p.), wenn der Täter nach der Begehung der Straftat „wirksam dazu beiträgt, den Erfolg zu verhüten, auf den die von ihm begangene Handlung abzielt"[38]. (Der Ausdruck „Erfolg" wird in diesem Fall nicht in seinem üblichen Sinn als Tatbestandsmerkmal verstanden, sondern als außerhalb des Tatbestandes liegendes Ergebnis, auf das das tatbestandsmäßige Verhalten abzielt[39].) Unter dieser Voraussetzung mißt der Gesetzgeber zum Zwecke der Straffreistellung einem Verhalten Bedeutung bei, das auf die Vollendung folgt und das dem früheren strafbaren Verhalten entgegenwirkt.

35 In diesem Sinne *R. Bettiol* (Anm. 29), S. 35f.; *E. Gallo* (Anm. 24), S. 177ff.; *Grasso* (Anm. 24), S. 442.

36 Vgl. *Panagia*, Il delitto politico nel sistema penale italiano, Padova 1980, S. 134f.; ähnlich *R. Bettiol* (Anm. 29), S. 35f.; *Grasso* (Anm. 24), S. 442.

37 So *Grispigni*, Le dottrine generali del reato e della pena secondo A. Rocco, La Scuola positiva 1913, 617ff.; *Delitala*, La distinzione dei reati informali e materiali e altre distinzioni in tema di tentativo, in: Studi sassaresi 1926 (siehe auch *ders.*, in: Diritto penale. Raccolta degli scritti, Bd. I, Milano 1976, S. 246—248).

38 Vgl. hierzu *Caselli-Perduca*, Commento all'art. 5 legge 29 maggio 1982, n. 304, Leg. pen. 1982, S. 570—572.

39 So *Caselli-Perduca* (Anm. 38), S. 571f.; dagegen *E. Gallo/Musco*, Delitti contro l'ordine costituzionale, Bologna 1984, S. 294f.

4. Die Gefährdungsdelikte

4.1. Die Unterscheidung zwischen konkreten und vermuteten Gefährdungsdelikten

Im Bereich der Gefährdungsdelikte im engeren Sinne, bei denen im Unterschied zu den oben behandelten Gruppen (Versuch und Angriffsdelikte) volle Übereinstimmung zwischen objektivem und subjektivem Tatbestand gegeben ist, ist die Unterscheidung zwischen konkreten und vermuteten (oder abstrakten)[40] Gefährdungsdelikten grundlegend.

Diese Unterscheidung beruht nach der herkömmlichen italienischen Lehre auf der unterschiedlichen gesetzestechnischen Fassung der Tatbestände. Bei der ersten Gruppe stellt die Gefährdung eines bestimmten Rechtsguts ein ausdrückliches Tatbestandsmerkmal dar, dessen Vorliegen vom Richter im Einzelfall festgestellt werden muß. Bei Delikten mit vermuteter Gefahr ist es dagegen der Gesetzgeber, der auf der Grundlage von Erfahrungsregeln die für ein Rechtsgut „typischerweise" gefährlichen Verhaltensweisen auswählt. In diesem Fall muß die Gefahr nicht vom Richter festgestellt werden, sondern sie ist nur das Motiv der Pönalisierung[41]. Es ist jedoch zu betonen, daß die vermuteten Gefährdungdelikte keineswegs einen geringeren Grad an Gefährlichkeit aufweisen als die konkreten Gefährdungsdelikte[42].

In der Lehre ist neuerdings eine weitere Unterscheidung, und zwar zwischen „direkter" und „indirekter" Gefahr getroffen worden; direkt ist die Gefahr, die sich unmittelbar auf die Verletzung des Rechtsguts richtet, indirekt jene, die sich auf einen Erfolg bezieht, der nur dazu führt, daß das Rechtsgut einer Gefahr ausgesetzt wird (im Ergebnis handelt es sich um die Gefahr einer Gefahr für das Rechtsgut)[43].

4.2. Die Einführung einer Zwischenform zwischen den konkreten und den vermuteten Gefährdungsdelikten

Wie in der Bundesrepublik Deutschland hat sich auch in Italien zunehmend die Ansicht durchgesetzt, daß die Einteilung in konkrete

40 Von den beiden Begriffen ist derjenige des vermuteten Gefährdungsdelikts geeigneter; der Begriff „abstraktes Gefährdungsdelikt" ist zweideutig, da ihn die italienische Lehre auch zur Bezeichnung einer Zwischenkategorie verwendet (siehe unten Ziff. 4.2). Vgl. hierzu die Ausführungen bei *Delitala*, I reati di pericolo, in: Diritto penale (Anm. 37), S. 425.

41 Vgl. für alle *M. Gallo*, I reati di pericolo, Foro penale 1969, 1; *Fiandaca* (Anm. 2), S. 175 f.; *Mantovani* (Anm. 10), S. 200 f.

42 Siehe hierzu eingehend *Angioni* (Anm. 6), S. 177—179.

43 In diesem Sinne *Angioni* (Anm. 6), S. 179 f.; siehe hierzu bereits *Grispigni* (Anm. 26), S. 77.

und vermutete Gefährdungsdelikte nicht die ganze Fülle der gesetzlichen Regelungen erschöpft[44]. Bereits Ende der 50er Jahre hat *Pedrazzi* darauf hingewiesen, daß sich bei einigen Gefährdungsdelikten jene „Abstraktion", die notwendig in jedem Gefahrurteil liegt, dadurch erhöht, daß „der Kreis der Tatsachen erweitert wird, die in diesem Urteil nicht berücksichtigt werden"[45]. In Fortentwicklung dieses Gedankens hat die italienische Lehre später zwei Gruppen von Tatbeständen herausgearbeitet, die die Bildung einer Zwischenform zwischen den konkreten und den vermuteten Gefährdungsdelikten erfordern.

In einigen Tatbeständen hat schon der Gesetzgeber die Grundlage des Gefahrurteils begrenzt[46]. So sieht Art. 262 der Rechtsverordnung zur Verhütung von Arbeitsunfällen vor, daß Einfüllöffnungen bei bestimmten Öfen, sofern sie wegen ihrer Lage und ihrer Ausmaße eine Gefahr darstellen, mit ausreichenden Schutzvorrichtungen ausgestattet sein müssen. Bei anderen Gefährdungstatbeständen ist es dagegen nicht erforderlich, daß das Verhalten des Täters eine konkrete Gefahrsituation für ein bestimmtes Rechtsgut (und damit einen Erfolg) herbeiführt, sondern es muß nur eine generelle Eignung der Handlung zur Verletzung einer bestimmten Art von Rechtsgütern bestehen. Die Gefahr stellt hier also nur eine Qualifikation der Handlung dar[47].

Die Feststellung der Tatbestände, bei denen die Gefährdung eine Qualifikation der Handlung und nicht ein Erfolg ist (oder eine Qualifikation des Erfolges), ist nicht leicht; m. E. gehören zu dieser Kategorie grundsätzlich alle Tatbestände, bei denen der Gesetzgeber — wie beim Versuch — die Tauglichkeit oder — wie in Art. 501, 501bis, 517 C. p. — die Neigung der Handlung voraussetzt, einen bestimmten Erfolg zu verursachen[48].

Bedenken bestehen jedoch gegenüber dem Versuch, die konkreten Gefährdungsdelikte im engeren Sinne auf diejenigen Tatbe-

44 Hierzu für alle *Pedrazzi*, Problemi del delitto di aggiotaggio, Milano 1958, S. 46ff.; *M. Gallo* (Anm. 41), S. 2ff.; *Fiandaca* (Anm. 2), S. 179ff.; *Angioni*, Il pericolo concreto come elemento della fattispecie penale, Bd. II, Sassari 1984, S. 54ff.

45 *Pedrazzi* (Anm. 44), S. 46—48.

46 *Angioni* (Anm. 44), S. 56f. Der Tatbestand entspricht § 308 2. Alt. dt. StGB; siehe dazu schon *Schröder* (Anm. 4), S. 18f.

47 Vgl., wenn auch etwas abweichend, *M. Gallo* (Anm. 41), S. 2ff.; *Fiandaca* (Anm. 2), S. 180f.

48 Der von *M. Gallo* (Anm. 41), S. 2f., angeführte Tatbestand des Art. 441 C. p. gehört zu der Gruppe der konkreten Gefährdungsdelikte im engeren Sinne; in diesem Fall muß durch das Handeln des Täters eine konkrete Gefährdungssituation für ein Rechtsgut (die öffentliche Gesundheit) entstanden sein; vgl. hierzu die Ausführungen bei *E. Gallo* (Anm. 18), S. 29f.

stände zu beschränken, bei denen der Richter zur Feststellung des Vorliegens einer Straftat feststellen muß, „daß ein oder mehrere ganz bestimmte Objekte eine reale Bedrohung erlitten haben"[49] (oder, wie in der deutschen Lehre mit der entsprechenden Wendung verlangt wird, daß ein Rechtsgut in den Wirkungsbereich einer Gefahrenquelle geraten ist[50]). Nach dieser allzu engen Auffassung müßten im italienischen Strafrecht aus der Kategorie der konkreten Gefährdungsdelikte im engeren Sinne die einzigen — oder wenigstens die hauptsächlichen — Tatbestände dieser Kategorie, d. h. einige der gemeingefährlichen Delikte ausgeschieden werden. Sicher wird bei diesen Tatbeständen weder eine reale Bedrohung für ein bestimmtes Objekt verlangt, noch das Vorliegen eines spezifischen Objekts, auf das die gefährliche Handlungsweise einwirkt, weil das Motiv für diese Tatbestände gerade darin liegt, bestimmten Gefahren, die eine besondere Ausbreitungsneigung haben, zuvorzukommen, bevor sie sich gegen bestimmte Objekte richten[51]. Es gibt keinen vernünftigen Grund dafür, diese Tatbestände nicht zu den konkreten Gefährdungsdelikten im engeren Sinne zu zählen und dementsprechend eine gewisse Abstraktion beim Gefahrurteil zuzulassen[52].

Bei den Tatbeständen, bei denen die Gefahr nur eine Qualifikation der Handlung darstellt, muß die Feststellung der Gefahr „abstrakt" erfolgen, d. h. unter Außerachtlassung verschiedener Umstände, die normalerweise zum Gefahrurteil gehören: vor allem derjenigen Umstände, die erst nach der Handlung eingetreten sind, ferner derjenigen, die einem in derselben sozialen und beruflichen Position wie der Täter befindlichen Beobachter nicht erkennbar waren (und die der Täter auch nicht gekannt hat)[53].

Die Einordnung dieser beiden Gruppen von Tatbeständen ist in Italien umstritten. Auf der einen Seite muß der Richter zwar die Gefährdung konkret feststellen, wenn auch unter Absehen von einigen Umständen, so daß diese Tatbestände zu den herkömmlichen konkreten Gefährdungsdelikten gezählt werden könnten; auf der ande-

49 *Fiandaca/Musco* (Anm. 11), S. 84—86.

50 So z. B. *Demuth*, Der normative Gefahrbegriff, 1980, S. 32ff.; *Wolter*, Objektive und personale Zurechnung von Verhalten, Gefahr und Verletzung in einem funktionalen Straftatsystem, 1981, S. 198ff.

51 Ähnlich kritische Stellungnahme bei *Angioni* (Anm. 44), S. 63.

52 Nur die Besonderheiten des Tatbestandes bei dem von *Fiandaca/Musco* (Anm. 11), S. 85, angeführten Beispiel zu Art. 440 C. p. erlauben es, die individuellen Merkmale der Konsumenten beim Gefahrurteil außer acht zu lassen. Der Tatbestand betrifft ein Verhalten, das zeitlich vor dem Verzehr liegt. So erklärt sich, daß die persönlichen Merkmale der Konsumenten außer Betracht bleiben.

53 Vgl. *M. Gallo* (Anm. 41), S. 3—5; dagegen jedoch *Angioni*, Il pericolo concreto come elemento della fattispecie penale, Bd. I, Sassari 1980, S. 67ff.

ren Seite spricht jedoch die gesetzliche Beschränkung der Gefahrbasis und die entsprechende Notwendigkeit, von einigen Umständen zu abstrahieren, für die gegenteilige Ansicht[54].

In Anbetracht dieser entgegengesetzten Ansichten hat ein Teil der Lehre die Einführung einer Zwischengruppe vorgeschlagen, die „abstrakte Gefährdungsdelikte" (reati di pericolo astratto) genannt wird, eben weil man von einigen Tatsachen abstrahieren muß, die sonst in das Gefahrurteil einbezogen werden[55]. Vom terminologischen Standpunkt aus erscheint diese Wahl jedoch nicht besonders glücklich, weil der Begriff „abstrakte Gefährdungsdelikte" in Italien — wenn auch weniger häufig als in der Bundesrepublik — zur Bezeichnung derjenigen Tatbestände verwendet wird, in denen die Gefahr nur das Motiv der Pönalisierung darstellt.

Die angemessenere Lösung scheint mir deshalb in einer Unterscheidung innerhalb des Bereichs der konkreten Gefährdungsdelikte zu liegen (bei denen im Einzelfall das Vorliegen der Gefahr festgestellt werden muß), und zwar so, daß zwischen spezifischen konkreten Gefährdungsdelikten und allgemeinen konkreten Gefährdungsdelikten unterschieden wird, wobei bei letzteren die erwähnte Beschränkung der Urteilsbasis vorzunehmen ist[56].

4.3. Die Feststellung der konkreten Gefahr

Bei den konkreten Gefährdungsdelikten im engeren Sinn (d. h. den spezifischen konkreten Gefährdungsdelikten) liegt die entscheidende Frage in der Definition und der Feststellung der Gefahr[57].

Die Gefahr ist hier nicht, wie oft behauptet wird, ein tatbestandsmäßiger Erfolg[58], sondern vielmehr eine Qualifikation des Ergebnisses der Handlung (d. h. eines Erfolges[59]). Die Qualifikation wird aufgrund eines Urteils getroffen, das es — mit einem gewissen Wahrscheinlichkeitsgrad — für vorhersehbar hält, daß aus der geschaffenen Situation ein Verletzungserfolg entsteht. Die Gefahr stellt also das Ergebnis eines Urteils dar[60].

54 So *Fiandaca* (Anm. 2), S. 182—184. In der deutschen Lehre wird diese Ansicht überwiegend vertreten; vgl. z. B. *Demuth* (Anm. 50); *Gallas,* Abstrakte und konkrete Gefährdung, Festschrift für Heinitz, 1972, S. 171 ff.

55 So *Pedrazzi* (Anm. 44); *M. Gallo* (Anm. 41), S. 4; *Vassalli,* Considerazioni sul principio di offensività, in: Scritti Pioletti, Milano 1982, S. 651 f.

56 In diesem Sinne *Angioni* (Anm. 53), S. 94.

57 *Schünemann* (Anm. 3), S. 793, spricht hier von „Lebensproblem".

58 So z. B. *Ostendorf,* Grundzüge des konkreten Gefährdungsdelikts, JuS 1982, 429.

59 Vgl. *Grispigni* (Anm. 26), S. 76 f.

60 Ähnlich *Angioni* (Anm. 53), S. 25 ff., der die Gefahr nicht als Ergebnis, sondern als Gegenstand des Urteils ansieht.

a) Bei diesem Urteil ist aber nicht nur die Basis unsicher, sondern auch der Maßstab und schließlich der Grad der Möglichkeit (oder Wahrscheinlichkeit), der erforderlich ist, um die Gefahr als gegeben anzunehmen.

Die Fragwürdigkeit der Urteilsbasis – und entsprechend des Urteilszeitpunkts – beruht auf dem Zusammentreffen zwei einander widersprechender Anforderungen. Auf der einen Seite ist „das Gefahrurteil mit einem Maximum an Wahrheitsgarantie auszustatten"[61]. Das heißt, daß jede künstliche Beschränkung der Urteilsgrundlage in Widerspruch zu dem Erfolgscharakter, der der Gefahr (oder der Gefahrsituation) zugeschrieben wird, stünde und „auf eine unzulässige Fiktion zu Lasten des Angeklagten" hinausliefe[62]. Andererseits setzt jedoch jedes Gefahrurteil notwendig eine gewisse Beschränkung der Urteilsgrundlage voraus; würde man nämlich alle Tatsachen berücksichtigen, die bis zum Zeitpunkt der Entscheidung durch den Richter vorliegen, einschließlich derjenigen, die das Ergebnis verursacht bzw. verhindert haben, könnte ein Gefahrurteil gar nicht getroffen werden, sondern nur noch die Feststellung: „Der Verletzungserfolg ist eingetreten" oder „Der Verletzungserfolg ist ausgeblieben"[63].

Die Lösung kann nur in einem sog. abgeschwächten ex-post-Urteil liegen[64]. Man muß fragen, ob in irgendeinem Zeitpunkt nach der Handlung des Täters – aber vor der Fällung des Gefahrurteils durch den Richter – eine „Erschütterung der Daseinsgewißheit" für das Rechtsgut[65] stattgefunden hat, d. h. ob das Rechtsgut tatsächlich in Gefahr geraten ist. Dabei muß nach richtiger Auffassung der Zeitpunkt des Gefahrurteils derjenige sein, „der die ungünstigste Prognose erlaubt"[66]. So reicht es z. B. für eine Lebensgefährdung im Sinne von Art. 583 C. p. aus, daß das Leben des Kranken in einem bestimmten Augenblick des Krankheitsverlaufs tatsächlich in Gefahr war, und es bleibt außer Betracht, daß die Gefährdung später nicht mehr bestand[67].

Die Urteilsgrundlage bilden alle Tatsachen, die in dem Zeitpunkt vorliegen, auf den sich das Urteil bezieht, auch wenn sie in

61 So *Gallas* (Anm. 54), S. 178.

62 *Schünemann* (Anm. 3), S. 794.

63 *Angioni* (Anm. 53), S.81 f.

64 Die dualistische Natur des Gefahrurteils betont *Gallas* (Anm. 54), S. 179.

65 So die klare Formulierung von *Binding*, Die Normen und ihre Übertretung, Bd. I, 1890, S. 372 f.

66 So *Angioni* (Anm. 44), S. 40.

67 In diesem Sinne schon *Manzini*, Trattato di diritto penale italiano, Milano 1964, S. 222 f.

diesem Augenblick für den Täter nicht erkennbar waren; keine Berücksichtigung finden dagegen Ereignisse, die auf den Zeitpunkt folgen, auf den sich das Urteil bezieht. Hinsichtlich des Zeitpunkts, in dem das Urteil gefällt wird, ist also jene „Verkürzung der Urteilsgrundlage" gegeben, die eine Prognose über zukünftige Ereignisse erlaubt. So lassen sich jene Bedenken überwinden, von denen oben die Rede war.

Ein solches Urteil kann rückblickend, konkret und prognostisch genannt werden[68]: rückblickend, weil es sich auf einen früheren Zeitpunkt bezieht als auf den Augenblick, in dem es gefällt wird; konkret, weil es sich auf alle Tatsachen gründet, die in jenem Moment gegeben sind (auch wenn sie erst später erkannt wurden); prognostisch, weil es auch die Vorausschau zukünftiger Ereignisse zum Gegenstand hat.

Insofern sich ein solches Urteil auf einen früheren Zeitpunkt bezieht und zugleich eine Prognose über zukünftige Erfolgsentwicklungen einschließt, wird es von einem Teil der italienischen Lehre als „ex-ante-Urteil" bezeichnet[69]. Demgegenüber halte ich den Begriff „ex-post-Urteil" eher für angemessen: Das Urteil bezieht sich auf einen Zeitpunkt nach der Tatbegehung, später erkannte Tatsachen werden berücksichtigt, und vor allem wird die Wahl des Zeitpunkts, auf den das Gefahrurteil abhebt, notwendig durch all das Wissen bestimmt, das der Richter im Augenblick der Entscheidung besitzt. So muß man z. B. immer dann eine konkrete Gefahr annehmen, wenn der Schadenserfolg eingetreten ist, weil jene eine Vorstufe der Verletzung darstellt und infolgedessen in diese notwendig eingeschlossen ist[70]. Ist dagegen der Erfolg aufgrund von Rettungsursachen nicht eingetreten, so schließt dies nicht aus, daß in einem früheren Zeitpunkt eine „Krisensituation" für das geschützte Rechtsgut bestanden hat[71]; genauer gesagt: Das Eingreifen der Rettungsursachen schließt die konkrete Gefahr nur dann aus, wenn deren Verwirklichung (im Zeitpunkt, auf den sich das Gefahrurteil bezieht) so unwahrscheinlich war, daß der erforderliche Grad der Möglichkeit für den Eintritt der Gefahr nicht bestand[72]. So schließt die Entdeckung einer Zeitbombe in einem Gepäckstück bei einer Kontrolle des Zuges nicht aus, daß eine konkrete Gefahr für die Reisenden bestand (und daß in-

68 So *Angioni* (Anm. 44), S. 33ff.

69 Diese Ansicht vertritt *Angioni* (Anm. 53), S. 95ff.

70 Vgl. *Demuth* (Anm. 50), S. 95ff.; *Cramer*, Straßenverkehrsrecht, Bd. I, 1977, S. 719f.; *Ostendorf* (Anm. 58), S. 429.

71 *Demuth* (Anm. 50), S. 87f.; *Wolter*, Konkrete Erfolgsgefahr und konkreter Gefahrerfolg im Strafrecht, JuS 1978, 749f.; *Cramer* (Anm. 70).

72 Vgl. *Gallas* (Anm. 54), S. 179.

folgedessen die Straftat „Blutbad" — 422 C. p. — vorliegt, sofern die subjektive Tatseite gegeben ist), es sei denn, die Kontrollen lassen die Entdeckung der Bombe so wahrscheinlich oder geradezu sicher erscheinen, daß eine konkrete Gefahr auszuschließen war.

b) Das Kriterium für die Feststellung der Gefahr (d. h. der Maßstab für das Gefahrurteil) ist durch Kausal- und Wahrscheinlichkeitsgesetze gegeben, auf deren Grundlage man den Gang zukünftiger Ereignisse voraussagen kann. Hier ist anzumerken, daß die moderne Wissenschaftsphilosophie eine „logisch-strukturelle Identität der Vorgänge der Erklärung und des Vorhersehens" nachgewiesen hat, so daß sie für die Analyse der Voraussicht ebenso wie für diejenige der Erklärung eine „nomologisch-inferenziale" Auslegung vorgeschlagen hat[73]. Dem entspricht die logisch-formale Aussage: „Das Eintreten oder der Verlauf zukünftiger Ereignisse wird vorausgesehen durch die induktive oder deduktive Schlußfolgerung aus der Verbindung eines oder mehrerer Gesetze „G" mit einer oder mehreren Eingangsbedingungen „B"[74]. Die der Gefahrfeststellung zugrunde gelegten Gesetze können natürlich auch nach dem Zeitpunkt entdeckt worden sein, auf den sich das Gefahrurteil bezieht[75].

Man könnte fragen, ob es überhaupt möglich ist, auf der Grundlage der Kenntnis aller Tatumstände (die im Augenblick, auf den das Urteil sich bezieht, vorliegen) und der maßgeblichen Gesetze (auch wenn sie erst später erkannt wurden) ein Gefahrurteil zu fällen — oder muß es sich dann nicht vielmehr um ein Urteil über das sichere Eintreten eines Erfolges oder sein sicheres Ausbleiben handeln, das im Augenblick der Entscheidung bereits eine empirische Bestätigung gefunden hat? Man könnte also die Autonomie des Gefahrurteils im Verhältnis zu dem konkreten Eintritt (oder Ausbleiben) des Erfolges bestreiten[76].

In vielen Bereichen der Naturwissenschaft, insbesondere der medizinisch-biologischen Wissenschaften, haben die wissenschaftlichen Gesetze jedoch eine Wahrscheinlichkeitsstruktur[77]; dies gilt

73 So *Pasquinelli*, Nuovi principi di epistemogia, Milano 1974, S. 110ff., insbesondere S. 113f.; auch *Carnap*, Philosophical Foundations of Physics, 1966, it. Übersetzung von *Mangione* und *Vinassa de Regny*, I fondamenti filosofici della fisica. Introduzione alla filosofia della scienza, Milano 1982, S.30f.; *Popper*, Objective Knowledge. An Evolutionary Approach, 1972, it. Übersetzung von *Rossi*, Conoscenza oggetiva. Un punto di vista evoluzionistico, Roma 1975, S. 460f.

74 So *Pasquinelli* (Anm. 73).

75 So bereits *Schröder* (Anm. 4), S. 13f.

76 Vgl. die kritische Stellungnahme zu diesen Argumenten bei *Angioni* (Anm. 53), S. 106ff.

77 Siehe dazu die eingehenden Darlegungen bei *Stella*, Leggi scientifiche e spiegazione causale, Milano 1975, S. 311ff.

noch mehr für die Vorhersehbarkeit zukünftigen menschlichen Handelns[78]. Auf den Gebieten, die von zwingenden Gesetzen beherrscht sind, könnte die selbständige Geltung eines Gefahrurteils auf der fehlenden Kenntnis aller Tatumstände durch den Richter beruhen[79]. Außerdem verbietet sich, auch auf von zwingenden Gesetzen beherrschten Gebieten eine sichere Voraussage dann, wenn menschliches Eingreifen möglich ist, weil sich dieses jeder sicheren Voraussage entzieht. Auch in diesen Fällen, in denen der Erfolg aufgrund von Tatsachen nicht eingetreten ist, die nur als wahrscheinlich vorhersehbar waren, kann ein prognostisch-rückblickendes Urteil einen Sinn haben.

c) Die größte Schwierigkeit bei der Feststellung der Gefahr ist die Bestimmung des notwendigen Grades der Möglichkeit des Schadenseintritts.

Ein rein mathematischer oder statistischer Maßstab — der das Vorliegen der Gefahr auf die Fälle beschränkt, in denen das Eintreten des Erfolges wahrscheinlicher erscheint als sein Ausbleiben — findet dogmatisch keine Grundlage und ist jedenfalls in der Praxis nicht brauchbar[80]. Auf der anderen Seite ist auch die in der italienischen Lehre häufige Bezugnahme auf einen „annehmbaren Grad der Möglichkeit"[81] ebensowenig wie ähnliche Formulierungen (z. B. „vernünftige Möglichkeit", „beachtliche Möglichkeit")[82] geeignet, das Problem zu lösen, wenn nicht vorher festgelegt wird, *wann* ein solcher Grad der Möglichkeit vorliegt.

Wahrscheinlich hat die moderne deutsche Strafrechtswissenschaft den fruchtbarsten Weg eingeschlagen, indem sie versucht, zu einer *normativen* Definition der Gefahr zu gelangen[83]. Besonders einleuchtend scheint mir die Ansicht *Schünemanns*, nach der „der erforderliche Gefahrengrad erreicht ist, wenn die normalen Veranstaltungen für die Entschärfung der Situation nicht mehr ausreichen und zu diesem Zweck zu außergewöhnlichen Maßnahmen gegriffen werden muß, beziehungsweise müßte"[84]. Das Vorliegen einer konkreten Gefahr muß also immer dann angenommen werden, wenn zur Beseitigung einer Gefahrsituation für das geschützte Rechtsgut der Rückgriff auf außerhalb des normalen Verlaufs liegende Hilfsmittel

78 *Angioni* (Anm. 53), S. 109.

79 *Angioni* (Anm. 53), S. 115.

80 Vgl. im einzelnen die Bemerkungen bei *Cramer* (Anm. 70), S. 716.

81 So *M. Gallo* (Anm. 41), S. 2.

82 Vgl. z. B. *Grispigni* (Anm. 26), S. 76 f.; *Delitala* (Anm. 40), S. 422.

83 Vgl. *Schünemann* (Anm. 3), S. 796 f.; *Wolter* (Anm. 71), S. 840 ff.; *ders.* (Anm. 50), S. 223 ff.; *Demuth* (Anm. 50), S. 184 ff.

84 *Schünemann* (Anm. 3), S. 796 f.

erforderlich wird, auf die man bei einer normalen Entwicklung des sozialen Lebens nicht hätte zurückgreifen müssen (z. B. das zufällige Einwirken von Umständen, die den Eintritt des Schadenserfolges hindern).

Eine solche Bewertung muß vom Richter für den Zeitpunkt vorgenommen werden, auf den sich das Gefahrurteil bezieht[85]; es handelt sich also auch unter diesem Gesichtspunkt um eine ex-post-Prognose[86].

Aus dieser Sicht ergibt sich kein einheitlicher Grad der Möglichkeit, der für das Vorliegen einer Gefährdung gegeben sein muß; er nimmt vielmehr mit der wachsenden Bedeutung des bedrohten Rechtsguts ab, weil es bei Rechtsgütern von besonderem Rang notwendig erscheint, auch schon bei einer niedrigeren Gefährdungsschwelle besondere Schutzmaßnahmen zu ergreifen.

Die neuere deutsche Lehre scheint noch eine weitere Voraussetzung für das Vorliegen der konkreten Gefahr zu verlangen, nämlich daß sich ein Wirkungsobjekt im Einflußbereich des gefährlichen Verhaltens befindet[87]. Dieses Merkmal kann nur im Hinblick auf Individualrechtsgüter im engeren Sinne (nicht z. B. bei den gemeingefährlichen Delikten) Sinn haben. Aber auch bei den Individualrechtsgütern i. e. S. ist dieses Kriterium mit großer Vorsicht anzuwenden, um die übermäßig einengenden Ergebnisse zu vermeiden, zu denen die deutsche Lehre gelangt ist[88]. Die Entfernung des geschützten Wirkungsobjekts aus dem Bereich der Gefahrenquelle kann andererseits gerade auf dem Einsatz außerordentlicher Maßnahmen beruhen, die zur Abwehr der eingetretenen Gefährdungssituation ergriffen wurden.

4.4. Der Vorschlag, die vermuteten Gefährdungsdelikte in konkrete Gefährdungsdelikte umzuwandeln

Das grundlegende Problem der vermuteten Gefährdungsdelikte liegt in der möglichen Unschädlichkeit des unerlaubten Verhaltens (d. h. dem Fehlen der Gefährlichkeit). Das mögliche Auseinanderfal-

85 Es handelt sich um eine Bewertung nur zu dem Zweck, den Grad der Möglichkeit zu bestimmen, der für die Feststellung des Vorliegens einer konkreten Gefahr erforderlich ist, wenn auf der Grundlage der gegebenen Tatsachen und der Kausalgesetze festgestellt worden ist, daß eine bestimmte Situation in sich die Möglichkeit birgt, daß eine Rechtsgutsverletzung eintritt.

86 Dagegen *Wolter* (Anm. 50), S. 223 ff., der eine Diagnose ex-post annimmt.

87 *Wolter* (Anm. 71), S. 751 f.; *Demuth* (Anm. 50), S. 32 ff.

88 Besonders bezeichnend erscheint das von *Wolter* (Anm. 71), S. 750, angeführte Beispiel, der eine konkrete Gefahr für das Leben und die körperliche Unversehrtheit (im Sinne von § 315c StGB) sogar in dem Fall ausschließt, in dem ein Fahrer ein

len von Tatbestandsmäßigkeit und konkreter Gefährlichkeit für das Rechtsgut hat einen Teil der italienischen Lehre an der Zulässigkeit dieser Kategorie von Straftaten (und sogar an ihrer Vereinbarkeit mit den Prinzipien der Verfassung) zweifeln lassen[89]. Zwar hat diese Lehrmeinung in der Strafrechtswissenschaft immer mehr an Boden verloren[90]. Sie verdient jedoch wegen der Vielfalt und Eigenart ihrer Argumente hier vorgetragen zu werden:

Nach dieser Ansicht verstoßen die vermuteten Gefährdungstatbestände schon auf der Ebene des einfachen Gesetzes gegen Art. 49 Abs. 2 C. p., dem die sog. „realistische Verbrechenstheorie" zu entnehmen sei. Danach setzt jede Straftat nicht nur die Tatbestandsmäßigkeit, sondern auch die Verletzung oder Gefährdung des geschützten Rechtsguts voraus[91].

Das Modell der vermuteten Gefährdungsdelikte stehe außerdem in Widerspruch zu einer verfassungskonformen Konzeption der Straftat. Fehlt der Handlung jede konkrete Gefährlichkeit, so „ist der die Strafe bestimmende Grund nicht die begangene Tat, sondern eine persönliche Haltung, die wegen der Verletzung von Gehorsamsregeln auf einen gewissen Grad an sozialer Gefährlichkeit schließen läßt": „Man straft also nicht die Tat, sondern den Täter"[92].

Im Ergebnis müsse man also davon ausgehen, daß die strafbare Handlung immer, und nicht nur vermutlich, Merkmale effektiver Schädlichkeit aufweisen müsse. Andernfalls bestünde ein Widerspruch zwischen den Vorschriften, die vermutete Gefährdungsde-

Überholmanöver auf der Kuppe durchführt, während ein aus der Gegenrichtung kommender Fahrer vor dem Zusammenstoß aus unbekannten Gründen in einen Parkplatz einbiegt. Bei diesem Sachverhalt müßte aufgrund der oben dargelegten Merkmale zweifellos eine Gefahrenlage angenommen werden (da das Abbiegen in den Parkplatz nicht zu den Umständen zählt, auf die man in dem Augenblick, auf den sich das Gefahrurteil bezieht, vertrauen konnte). Grundsätzlich ist hier die Frage — wie sie auch *Wolter* stellt (Anm. 50, S. 252) — ob es notwendig ist, auf einen konkreten Gefahrbegriff Bezug zu nehmen, der sich selbst zur Unanwendbarkeit verurteilt.

89 *M. Gallo* (Anm. 41), S. 5ff.; *Bricola*, Stichwort „Teoria generale del reato", in: Novissimo digesto italiano, XIX, Torino 1973, S. 81 ff.; *E. Gallo* (Anm. 18), S. 31 ff.; *Patalano*, Significato e limiti della dommatica del reato di pericolo, Napoli 1975, S. 67 ff.

90 Der zuerst von *Stella* (Anm. 34), S. 32 ff., geäußerten Kritik sind zahlreiche Stellungnahmen gegen eine generelle Ablehnung von vermuteten Gefährdungsdelikten gefolgt. Siehe z. B. *Pulitanò*, L'errore di diritto nella teoria generale del reato, Milano 1976, S. 167 ff.; *ders.* (Anm. 2), S. 165 ff.; *Fiandaca* (Anm. 2), S. 190 ff.; *ders.* (Anm. 1), S. 453 f.; *Marinucci* (Anm. 2), S. 337 ff.; *ders.* (Anm. 3), S. 1216 ff.; *Fiandaca/Musco* (Anm. 11), S. 85—87; *Angioni* (Anm. 6), S. 108 ff.

91 Zu dieser Auslegung des Art. 49 Abs. 2 vgl. für alle *M. Gallo*, Stichwort „Dolo", in: Enc. dir., Bd. XIII, Milano 1964, S. 781 ff.; *Neppi Modona* (Anm. 13), S. 199 ff.

92 So *M. Gallo* (Anm. 41), S. 8.

likte vorsehen, und Art. 25 und 27 der Verfassung[93]. Deshalb sollen die vermuteten Gefährdungsdelikte in konkrete Gefährdungsdelikte umgewandelt werden, so daß dem Täter wenigstens Gelegenheit gegeben wird, den Nachweis für das absolute Fehlen jeder Gefahr in concreto zu liefern[94].

Es ist das Verdienst dieser Meinung, auf die verfassungsrechtlichen Grenzen hingewiesen zu haben, die dem Gesetzgeber schon bei der Entscheidung über die Gesetzestechnik gezogen sind. Sie übersieht jedoch die schwerwiegenden kriminalpolitischen Gründe, die der Rechtsfigur der vermuteten Gefährdungsdelikte zugrunde liegen. Deshalb scheint sich in der italienischen Lehre zunehmend die Ansicht durchzusetzen, die, ohne die Verfassungsmäßigkeit der vermuteten Gefährdungsdelikte zu bestreiten, den Schwerpunkt des wissenschaftlichen Interesses auf die Legitimation für jede einzelne dieser Vorschriften verlegt, und zwar auf der Grundlage einer differenzierten Analyse der verschiedenen Gebiete, auf denen dieses gesetzestechnische Modell verwendet wird[95].

Die vermuteten Gefährdungsdelikte haben in den Fällen, in denen das typisierte Verhalten nach den Grundsätzen der Erfahrung gefährlich ist, eine besondere Schutzfunktion für das jeweilige Rechtsgut. Der Täter wird also weder bestraft, weil er ungehorsam war, noch weil er persönlich eine Gefahr darstellt[96].

Auf der Ebene der Auslegung des einfachen Gesetzes sind zwei weitere Erwägungen anzuführen. Das Verständnis von Art. 49 Abs. 2 C. p. als Grundlage der sog. „realistischen" Verbrechenstheorie erscheint an sich schon zweifelhaft[97]; außerdem widerspricht die Forderung, die Tatbestände der vermuteten Gefährdungsdelikte in konkrete Gefährdungstatbestände umzuwandeln, offensichtlich der Absicht des Gesetzgebers (siehe z. B. den Unterschied zwischen Abs. 1 und Abs. 2 der Vorschrift über Brandstiftung, Art. 423 C. p.)[98]. Jedenfalls kann Art. 49 Abs. 2 C. p. nicht für Tatbestände gelten, die in offenem Gegensatz zu dem in dieser Vorschrift enthaltenen Grundsatz stehen.

93 *M. Gallo* (Anm. 41), S. 8 f.

94 Hierfür treten besonders ein *E. Gallo* (Anm. 18), S. 40 f., und *Patalano* (Anm. 89), S. 84—86.

95 Vor allem *Fiandaca* (Anm. 2), S. 190 ff.; *Pulitanò* (Anm. 90), S. 169 ff.

96 So *Pulitanò* (Anm. 90), S. 169 f.

97 Vgl. die kritische Stellungnahme bei *Stella* (Anm. 34), S. 1 ff.; vgl. auch *Mantovani* (Anm. 10), S. 187—190.

98 Vgl. hierzu schon *Delitala*, Intervento al Colloque préparatoire du X Congrès international de droit pénal (Rome 28—31 mai 1965), Rev. int. droit pénal 1969, 305 f.

Aber auch wenn man einen generellen Verzicht auf die Kategorie der vermuteten Gefährdungdelikte nicht befürworten kann, so dürfte doch eine eingehende Überprüfung der entsprechenden Tatbestände zu dem Ergebnis führen, daß manchen von ihnen jede empirisch-kriminologische Grundlage fehlt. Tatsächlich muß der Schaffung eines vermuteten Gefährdungstatbestandes immer die abstrakte Gefährlichkeit des typisierten Verhaltens zugrunde liegen. Die Tathandlung muß im Regelfall geeignet sein, das geschützte Rechtsgut zu verletzen (abgesehen von besonderen Umständen, die im konkreten Fall die tatsächliche Gefährlichkeit ausschließen können)[99].

Bietet der Tatbestand der Auslegung einen gewissen Spielraum, so muß diese sicherstellen, daß der Tatbestandsmäßigkeit auch die typische Gefährlichkeit entspricht. Im Grunde wird dieses Prinzip in der italienischen Rechtsprechung häufig angewendet.

So setzt die Erfüllung des Tatbestandes der Brandstiftung (Art. 423 Abs. 1 C. p.) voraus, daß ein Brand verursacht wird, der „durch seine Größe, seine Ausbreitung und die Schwierigkeit, ihn zu löschen", gekennzeichnet ist[100]. Es ist offensichtlich, daß sich der Brand in einer durch diese Merkmale charakterisierten Situation in der Regel auf ein Gebiet ausdehnen kann, so daß eine unbestimmte Anzahl von Personen betroffen sein kann, und daß daher eine Gemeingefahr angenommen werden muß, auch wenn im konkreten Fall das Vorliegen einer solchen Gefahr ausgeschlossen war[101].

Fehlt es jedoch trotz aller Auslegungsbemühungen an der abstrakten Gefährlichkeit der Handlung, so erfüllt der Tatbestand keine Schutzfunktion gegenüber Rechtsgütern, und seine Legitimation entfällt sowohl aus verfassungsrechtlicher als auch aus kriminalpolitischer Sicht. In einigen Bereichen ergibt sich übrigens im Wege der Auslegung, daß an dem konkret gefährlichen Charakter der Tat festgehalten werden muß. Dieses Ergebnis kann nur aus der Analyse der im Wege der Gefahrvermutung jeweils geschützten Rechtsgüter hergeleitet werden[102].

In der Regel ist das Fehlen der Gefährlichkeit im konkreten Fall unbeachtlich. Wegen des Schuldgrundsatzes sind hiervon jedoch jene Fälle auszunehmen, in denen das Fehlen der Gefährlichkeit für das geschützte Individualrechtsgut durch „absolut zuverlässige und

99 So *Pulitanò* (Anm. 2), S. 165ff., und ähnlich *Cramer*, Der Vollrauschtatbestand als abstraktes Gefährdungsdelikt, 1962, S. 67f.

100 Cass., Sez. IV, 20 marzo 1979, Mass. Uff. 1979, m. 143064.

101 Weitere interessante Beispiele bei *Vassalli* (Anm. 55), S. 628ff.

102 Siehe unten Ziff. 6. a).

lückenlose Maßnahmen" gesichert ist, die der Täter selbst getroffen hat (oder auf die er vertrauen konnte). Diese restriktive Auffassung des vermuteten Gefährdungsdelikts ist durch den Schuldgrundsatz gerechtfertigt und bedeutet keinerlei Minderung des Rechtsgüterschutzes[103].

II.

5. Die kriminalpolitischen Grundlagen der Angriffsdelikte

Auf den engen Zusammenhang zwischen Schutztechnik und Schutzobjekt wurde bereits hingewiesen. Deshalb kann die Untersuchung der verschiedenen Möglichkeiten der legislativen Technik (und der Gründe, auf die sie sich stützen) nicht von einer Betrachtung ihrer Anwendungsbereiche getrennt werden.

Die Figur des Angriffsdelikts findet fast ausschließlich im Bereich der Staatsschutzdelikte Verwendung. Sie hat ihre historischen Wurzeln in der überlieferten Lehre, die bei den crimina laesae maiestatis die Unterscheidung zwischen Vollendung und Versuch sowie zwischen Vorbereitungs- und Ausführungshandlungen ablehnt[104]. Dieser Lehre liegt — mindestens ursprünglich — das Bedürfnis zugrunde, auch sonst straflose Vorbereitungshandlungen zu bestrafen, ganz geringe Gefährdungen also, die im Rahmen der Versuchsstrafbarkeit nicht erfaßt werden können[105]. Diese Begründung wurde bereits in den italienischen Partikulargesetzbüchern der liberalen Epoche abgelehnt. Sowohl Art. 98 des toskanischen Strafgesetzbuches als auch Art. 159 des sardischen Gesetzes enthielten Legaldefinitionen des Angriffsdelikts, die auf der Vornahme einer Ausführungshandlung beruhten. (Das toskanische Gesetz sprach ausdrücklich von der „nächsten" Ausführungshandlung[106].)

Ein zweiter häufig angeführter Grund zur Rechtfertigung der Angriffsdelikte ist die Unmöglichkeit, bei manchen Verbrechensformen das vollendete Delikt zu bestrafen: Ist z. B. die Unabhängigkeit des Staates einmal verloren, so werden die Täter sicher nicht mehr bestraft werden[107]. Ein weiterer Grund kann der Wille des Gesetzgebers sein, in der Bestrafung das versuchte Verbrechen dem vollendeten gleichzustellen[108].

103 Vgl. die ähnliche Stellungnahme von *Schünemann* (Anm. 3), S. 798; *Brems*, Die ungefährliche Brandstiftung, JuS 1976, 24 f.

104 Kritisch *Florian* (Anm. 23), S. 114ff.

105 Vgl. *Delitala* (Anm. 26), S. 180f.

106 Zu diesen Partikulargesetzbüchern siehe im einzelnen *Florian* (Anm. 23), S. 118f.

107 *Delitala* (Anm. 26), S. 180; *Florian* (Anm. 23), S. 121.

108 *Delitala* (Anm. 26), S. 181.

Wenn man aber entsprechend der liberalen Tradition für die Angriffsdelikte dieselben Mindestanforderungen wie für den Versuch aufstellt, dann entfallen die historischen Gründe, die zur Schaffung dieser „berüchtigten"[109] Tatbestandsfigur geführt haben. Abgesehen von ganz wenigen Tatbeständen, in denen vollendete Delikte sonst tatsächlich nicht strafbar wären, erweist sich das Angriffsdelikt als ein historisches Relikt[110]; die Gleichstellung von Versuch und Vollendung hinsichtlich der Sanktion reicht offensichtlich für die Beibehaltung dieser Gruppe von Straftaten nicht aus.

6. *Die kriminalpolitischen Grundlagen der Gefährdungsdelikte*

Eine enge Beziehung zwischen Gesetzestechnik und Schutzobjekt besteht auch bei den Gefährdungsdelikten. Die italienische Lehre hat hierzu klargestellt, daß von einer qualitativen Unterscheidung der Rechtsgüter auszugehen ist; dabei ist zwischen institutionellen oder kollektiven und persönlichen Rechtsgütern streng zu trennen[111].

a) Institutionelle und kollektive Rechtsgüter

Bei den Rechtsgütern, die der Allgemeinheit oder einer Gruppe von Personen zustehen, „löst sich die Beeinträchtigung auf und verschwindet"[112]; die diffuse Gestalt des Schutzobjekts erschwert es, präzise Entsprechungen in der Wirklichkeit zu finden, so daß der Gesetzgeber auf vermutete Gefährdungstatbestände zurückgreifen muß, weil er die Bestrafung nicht auf einen greifbaren Schaden oder Gefährdungserfolg stützen kann. Dazu kommt, daß einige überindividuelle Rechtsgüter (z. B. das institutionelle Gut des reibungslosen Geschäftsganges und der Unparteilichkeit der öffentlichen Verwaltung oder das kollektive Gut der Integrität der Umwelt) nicht durch einzelne unerlaubte Handlungen, sondern nur durch verbreitete und häufige Wiederholungen typischer Verhaltensweisen verletzt werden[113]. Der Seriencharakter der beeinträchtigenden Handlung schließt es aus, einen (effektiven oder auch nur potentiellen) Kausalzusammenhang mit einzelnen Handlungen zu fordern[114]. Diese bei-

109 Diese Bezeichnung verwendet *Florian* (Anm. 23), S. 118.

110 In diesem Sinne *E. Gallo* (Anm. 33), S. 575 f.; *Grasso* (Anm. 24), S. 439.

111 *Fiandaca* (Anm. 1), S. 454 ff.

112 So *Pedrazzi*, Problemi di tecnica legislativa, in: Comportamenti economici e legislazione penale, Milano 1979, S. 32 f.; *Marinucci* (Anm. 3), S. 1218; *Fiandaca* (Anm. 1), S. 454—456. Siehe hierzu schon die Ausführungen von *Delitala* (Anm. 98), S. 306.

113 Vgl. *Loos*, Zum Rechtsgut der Bestechungsdelikte, Festschrift für Welzel, 1974, S. 891; *Marinucci* (Anm. 3), S. 1218; *Fiandaca* (Anm. 1), S. 456.

114 *Marinucci* (Anm. 3), S. 1218.

den Tatsachen lassen die Verwendung vermuteter Gefährdungsdelikte in Anbetracht des spezifischen Erscheinungsbildes der überindividuellen Rechtsgüter als besonders geeignet erscheinen[115]. Es ist jedoch anzumerken, daß in diesen Fällen in einem ziemlich untypischen Sinn von „vermuteter Gefahr" gesprochen wird. Dieser Ausdruck wird hier in bezug auf Rechtsgüter verwendet, die gar nicht im naturalistischen Sinne verletzt oder einer Gefahr ausgesetzt werden können, mindestens nicht durch eine einzelne Handlung[116]. Dennoch erscheint der Schluß als zu weitgehend, daß „im Bereich überindividueller (sozialer) Rechtsgüter die Unterscheidung von konkreter und abstrakter Gefährdung mangels greifbarer Tatobjekte, die gefährdet werden können, in aller Regel ihren Sinn verliert"[117]. Denn in vielen Fällen kann eine Bemühung um Konkretisierung dazu führen, konkret verletzbare Güter als Schutzobjekte festzustellen, die der Tatbestandsbegrenzung dienen und eine willkürliche Auslegung verhindern können[118]. Wenn man z. B. als Schutzgut der Straftat „Falsche Angaben in Gesellschaftsberichten" (Art. 2621 Ziff. 1 C. c.) die Wirtschaftsordnung ansieht[119], so ist offensichtlich, daß ein so allgemeines Rechtsgut keine wirksame und präzise Rolle bei der Tatbestandsauslegung übernehmen kann[120]. Die Vorschrift wird nur unter dem Gesichtspunkt der Information innerhalb der Gesellschaft verständlich, so daß als Schutzobjekt das Interesse der Empfänger der Information (als Gruppe) an der Kenntnis der wirtschaftlichen Lage der Gesellschaft zu sehen ist[121].

115 In diesem Sinne *Tiedemann* (Anm. 8), S. 85f.

116 *Fiandaca* (Anm. 1), S. 455; *Tiedemann* (Anm. 8), S. 86. Nach *Wolter* (Anm. 50), S. 325—328, und *Schünemann* (Anm. 3), S. 798, sollten aus der Gruppe der vermuteten Gefährdungsdelikte diejenigen Tatbestände ausgeschieden werden, bei denen die soziale Wertung ein „vergeistigtes Zwischenrechtsgut" entwickelt hat, dessen Verletzung einen selbständigen Unwert besitzt; diese Tatbestände haben einen „mittelbaren Erfolgsunwert", so daß sie als vermutete Gefährdungsdelikte im uneigentlichen Sinne gelten müßten. Siehe hierzu auch *Loos* (Anm. 113), S. 891f.

117 So *Tiedemann*, in: LK 10. Aufl., § 264 Rdn. 13.

118 Grundlegend hierzu *Marinucci* (Anm. 2), S. 341. Einen interessanten Versuch zur Konkretisierung institutioneller Rechtsgüter auf der Grundlage eines „anthropomorphen" Begriffs der institutionellen Einrichtungen unternimmt *Angioni* (Anm. 6), S. 187ff.

119 So *Zuccalà*, Il delitto di false comunicazioni sociali, Padova 1954, S. 113ff.

120 *Musco*, Bilanci „anomali" e false comunicazioni sociali: identificazione inevitabile?, Giur. Comm. 1981, II, 499ff.

121 *Pedrazzi*, Profili penali dell'informazione societaria, in: L'informazione societaria (Atti del Convegno internazionale di studi, Venezia 5-6-7 novembre 1981), Milano 1982, S. 1132f. Vgl. auch die noch engere Ansicht von *Musco* (Anm. 120), der das geschützte Interesse in einem Interesse innerhalb der Gesellschaft selbst sieht, d. h. in dem Interesse der Gesellschafter an der effektiven Kenntnis der wirtschaftlichen Lage der Gesellschaft.

Jedenfalls finden die vermuteten Gefährdungsdelikte im Bereich der überindividuellen Güter bevorzugt Anwendung. Dies zeigt sich nicht nur an den klassischen Straftaten gegen die öffentliche Verwaltung und gegen die Rechtspflege, die traditionell zu den Tatbeständen der vermuteteten Gefährdungsdelikte gehören, sondern auch an den neuen strafrechtlichen Regelungen zum Schutz der Umwelt oder der Bodenbeschaffenheit.

An dieser Stelle ist auf einige Punkte hinzuweisen, in denen die Auslegung oder die Gesetzestechnik besondere Probleme bietet.

aa) Durch eine generelle Vorverlegung des Strafrechtsschutzes sind die *Staatsschutzdelikte* gekennzeichnet.

Eine Verlegung des Schwerpunktes der Strafbarkeit auf nur vorbereitende Handlungen findet bei den verschiedenen Angriffsdelikten (die aus der Sicht des Gesetzgebers von 1930 Handlungen sanktionieren sollten, die nicht als Versuch strafbar sind), aber auch bei zahlreichen Tatbeständen der Aufforderung (istigazione), der Verschwörung (conspirazione) und der Kontaktaufnahme (intelligenze) statt. Parallel zu dieser Tendenz läuft eine zweite, die durch den Rückgriff auf unbestimmte Begriffe bei der Bildung der Tatbestände gekennzeichnet ist[122]. Durch die Verbindung dieser beiden Tendenzen besitzen die Tatbestände der Straftaten gegen den Staat keine reale Gefährlichkeit für die elementaren Güter der staatlichen Gemeinschaft, sondern übernehmen aus der Sicht des Gesetzgebers von 1930 nur die Funktion eines Instruments zur Unterdrückung jeder abweichenden Meinung vom Beginn ihrer ersten Äußerung an[123].

Wer diese Tatbestände auszulegen hat, befindet sich in einer schwierigen Rolle. Die Grundsätze der Verfassung gebieten die Wiederherstellung klarer Umgrenzungen der gesetzlichen Tatbestände; in keinem Fall dürfen die Vorschriften zum Schutze der Staatssicherheit zu Instrumenten der Unterdrückung bloßer Gesinnung werden[124]. Bei vielen dieser Delikte ist daher der Tatbestand im Sinne einer tatsächlichen konkreten Gefährdung des Schutzgutes auszulegen. Dieses Gebot erhält besondere Bedeutung bei den Tatbeständen, bei denen die strafbare Handlung in der Ausübung einer verfassungsrechtlich garantierten Freiheit besteht, wie z. B. der Meinungsfreiheit bei den Tatbeständen der Aufforderung oder der Verherrlichung. Hier kann eine Bestrafung nur aufgrund einer Abwägung zwi-

122 Eingehend hierzu *Grasso*, Nota introduttiva al titolo I, in: Commentario (Anm. 22), S. 435f.

123 Vgl. *E. Gallo/Musco* (Anm. 39), S. 10ff.

124 *Grasso* (Anm. 122), S. 436.

schen Rechtsgütern mit Verfassungsrang gerechtfertigt werden. Der Tatbestand muß also den Schutz eines Gutes mit Verfassungsrang bezwecken, und das strafbare Verhalten muß zumindest einen tatsächlichen konkreten Angriff, d. h. wenigstens eine konkrete Gefährdung des Schutzgutes darstellen[125]. Die Tatbestände der Aufforderung oder der Verherrlichung, die der Gesetzgeber von 1930 als vermutete Gefährdungsdelikte aufgefaßt hat und die immer wieder von der Rechtsprechung so ausgelegt werden, müssen daher im Wege der Auslegung um das Merkmal der konkreten Gefährdung des Schutzgutes ergänzt werden. Die Aufforderung oder die Verherrlichung ist also nur dann strafbar, wenn die Handlung konkret geeignet ist, die Begehung der Tat, die verherrlicht oder zu der aufgefordert wird, hervorzurufen[126].

bb) Die strafrechtlichen Regelungen des *Umweltschutzes* sind für eine Untersuchung über die Gefährdungsdelikte aus mehreren Gründen von besonderem Interesse. Hier erleben wir das Entstehen eines neuen Rechtsguts, der Integrität der Umwelt (oder genauer: der einzelnen Umweltgüter), das gegenüber dem traditionellen Katalog der Rechtsgüter (z. B. der menschlichen Gesundheit) selbständige Geltung erlangt[127].

Ferner ist die italienische Gesetzgebung zum Umweltschutz durch die enge Verbindung zwischen Strafrecht und Verwaltungs-

125 Vgl. für alle *Bognetti*, Apologia di delitto punibile ai sensi della Costituzione e interpretazione delle norme dell' art. 414 c. p., ultimo comma, Riv. it. dir. proc. pen. 1971, 18ff.; *ders.*, Apologia di delitto e principi costituzionali di libertà di espressione, Riv. it. dir. proc. pen 1960, 195f.; *Fiore*, I reati di opinione, Padova 1974, S. 165ff.; *E. Gallo/Musco* (Anm. 39), S. 99ff.; *Pedrazzi*, Sentenze „manipolative" in materia penale, Riv. it. dir. proc. pen. 1974, 444ff.

126 Diese Auffassung ist in zahlreichen Entscheidungen vom italienischen Verfassungsgericht vertreten worden. Siehe zum Delikt der „Aufforderung" Urteil vom 23. 4. 1974, Nr. 108 (Riv. it. dir. proc. pen. 1974, 444), das die Bestimmung des Art. 415 C. p. (Aufforderung zum Klassenhaß) für verfassungswidrig erklärt hat, insofern dort nicht vorgeschrieben ist, daß die Aufforderung in einer Weise erfolgen muß, die die öffentliche Ruhe gefährden kann; zum Delikt der Verherrlichung vgl. das Urteil vom 23. 4. 1970, Nr. 65 (Sentenze e ordinanze della Corte Costituzionale 1970, 497ff.), das aus der Sicht der Verfassung die Mindestvoraussetzungen für die Strafbarkeit der Verherrlichung im allgemeinen festlegt. Eine umfangreiche Sammlung der einschlägigen Urteile des Verfassungsgerichts findet sich bei *Pulitanò* (Anm. 2), S. 134.

127 Vgl. *Fiandaca/Tessitore*, Diritto penale e tutela dell'ambiente, in: *Neppi Modona* u. a. (Hrsg.), Materiali per una riforma del sistema penale, Milano 1984, S. 27f. Dieser Gesichtspunkt spricht für die Ansicht *Tiedemanns* (Anm. 8), S. 85, der in Abweichung von *Hassemer*, Theorie und Soziologie des Verbrechens, 1973, S. 75, betont, daß das Entstehen neuer Angriffsweisen auf traditionelle Rechtsgüter (z. B. die Gesundheit) in manchen Fällen zur Entstehung neuer Rechtsgüter führen kann (z. B. Umweltgüter).

recht gekennzeichnet: Der strafrechtliche Schutz hat neben dem Schutz durch das Verwaltungsrecht nur eine akzessorische Rolle[128]. Ein Beispiel hierfür bietet unser Gesetz über die Wasserverschmutzung, die sog. „lex Merli", die von dem Grundsatz ausgeht, daß alle Einleitungen genehmigt sein müssen und nicht die Toleranzgrenzen überschreiten dürfen, die in bestimmten Tabellen festgelegt sind. Die strafrechtliche Regelung hat nur die Funktion der Sanktionsbewehrung der verwaltungsrechtlichen Regelung. Ein großer Teil der Tatbestände betrifft die Erlaubnis und pönalisiert die Vornahme von Einleitungen ohne die vorgeschriebene Erlaubnis, trotz ihrer Versagung oder des Widerrufs; andere Übertretungstatbestände sanktionieren die Überschreitung der in den im Gesetzesanhang enthaltenen Tabellen festgelegten Toleranzgrenzen sowie die Nichtbeachtung besonderer Auflagen, die in der Erlaubnis vorgesehen sind[129].

In all diesen Fällen handelt es sich um vermutete Gefährdungsdelikte. Das kann auch gar nicht anders sein, denn eine konkrete Verletzung des geschützten Rechtsguts tritt in der Regel nicht durch eine einzige Zuwiderhandlung ein, sondern erst durch die Kumulierung von Handlungen verschiedener Art. Es ist hervorzuheben, daß alle Tatbestände, die auf Merkmale der Erlaubnis abheben, Verhaltensweisen sanktionieren, die in sich selbst neutral und damit frei von jeglicher — auch abstrakter — Gefährlichkeit für das Schutzgut sein können (z. B. dann, wenn die in den Tabellen vorgeschriebenen Toleranzgrenzen beachtet wurden[130]).

Man könnte auch den Versuch unternehmen, eine neue und andere Rechtfertigung für diese Tatbestände zu finden, indem man als Schutzobjekt ein „institutionelles Interesse von Verfassungsrang" definiert, nämlich das Interesse der regionalen oder lokalen Verwaltung, die Ordnung des Bodens und der Umwelt nach eigener Planung zu gestalten oder umzugestalten[131]. Die Unbestimmtheit eines solchen Gutes widerspricht jedoch der Aufgabe des Rechtsgutsbegriffs, die Tathandlung zu konkretisieren und zu begrenzen.

Schließlich war das vorgegebene Interesse am Schutz der Umweltgüter in gewissem Sinne der Grund für die Zuweisung der Kompetenz auf diesem Gebiet an die lokalen Behörden[132].

128 *Fiandaca/Tessitore* (Anm. 127), S. 27, 36—38.

129 Vgl. die Darstellung der sog. „Legge Merli" bei *F. Giampietro/P. Giampietro*, Commento alla legge sull'inquinamento delle acque e del suolo, Milano 1981.

130 Siehe *Fiandaca/Tessitore* (Anm. 127), S. 38 f.

131 In diesem Sinne *Baino*, La tutela penale del governo del territorio, Milano 1980, S. 29 ff.

132 So *Pulitanò* (Anm. 2), S. 173; weitere kritische Erwägungen bei *Fiandaca/Tessitore* (Anm. 127), S. 139 f.

cc) Im Bereich des *Wirtschaftsstrafrechts* zeigen sich zwei Tendenzen: einmal zur Vergeistigung und Verallgemeinerung des Rechtsguts (siehe z. B. die Definition der öffentlichen Wirtschaft und der Wirtschaftsordnung als Schutzgut bei einigen Tatbeständen), zum anderen zur Schaffung immaterieller Zwischenrechtsgüter, die letztlich instrumentalen Charakter zum Schutze anderer Rechtsgüter haben (z. B. die „Transparenz" von Bilanzen)[133]. Die Unbestimmtheit dieser Rechtsgüter, bei denen schädliche Erfolge kaum auszumachen sind, führt verschiedentlich dazu, daß die zu ihrem Schutz geschaffenen Tatbestände als vermutete Gefährdungsdelikte aufgefaßt werden[134]. Es ist jedoch vielfach möglich, individuelle (oder einer Gruppe von Subjekten zustehende) Rechtsgüter herauszuarbeiten, die geschützt und auch tatsächlich verletzt werden können[135], wie z. B. das Interesse der Empfänger von Informationen über die Gesellschaft bei der Straftat der falschen Angaben in Gesellschaftsberichten[136], das Vermögensinteresse der Gläubiger bei den Konkursdelikten[137] und dasjenige der Bankinstitute bei den Bankdelikten[138]. Die entsprechenden Tatbestände können also besser als Verletzungs- oder konkrete Gefährdungsdelikte verstanden werden und dadurch größere Klarheit gewinnen.

b) Individualrechtsgüter

Auf dem Gebiet des Schutzes individueller Rechtsgüter — vor allem des Lebens und der persönlichen Unversehrtheit — ist die Einführung von (insbesondere vermuteten) Gefährdungstatbeständen nicht durch besondere Merkmale des geschützten Rechtsguts bedingt. Sie muß deshalb ihre Rechtfertigung in anderen kriminalpolitischen Überlegungen finden. Gerade hier erweist sich aber die Verwendung dieser Technik der Tatbestandsbildung als ein Instrument zur Vorverlegung des Strafrechtsschutzes, das sehr modern und in gewissem Maße auch nicht vermeidbar ist. Nicht ohne Grund haben die jüngsten Versuche zu einer Aufwertung der umstrittenen

133 *Tiedemann* (Anm. 8), S. 83ff.; *Fiandaca* (Anm. 1), S. 455f.

134 *Fiandaca* (Anm. 1), S. 455f.

135 *Pedrazzi,* El bien juridico en los delitos economicos, in: *Barbero Santos* (Hrsg.), Los delitos socio-economicos, Madrid 1985, S. 285, betont die besonders heikle Aufgabe des Gesetzgebers auf diesem Gebiet, „eine Gruppe von Rechtsgütern abzugrenzen, die trotz des komplizierten sozial-ökonomischen Zusammenhangs ausreichend verständlich sind".

136 Vgl. *Pedrazzi* (Anm. 121).

137 Vgl. *Pedrazzi* Riflessioni sulla lesività della bancarotta, in: Studi in memoria di G. Delitala, Bd. II, Milano 1984, S. 1111ff.

138 Vgl. *Fiorella,* Intermediazione del credito e reati bancari. Prime riflessioni su una prospettiva di riforma, in: Materiali (Anm. 127), S. 240.

Gruppe der vermuteten Gefährdungsdelikte gerade dieses Gebiet im Auge[139].

Der Grund für diese Neubewertung ist sehr einleuchtend in der Begründung zum Alternativ-Entwurf formuliert: „In der heutigen hochtechnisierten, auf Massenproduktion und Massenkonsum ausgerichteten und angewiesenen Gesellschaft werden das menschliche Leben und die menschliche Gesundheit in einem bisher nicht bekannten Ausmaß bedroht"[140]. Die Technik des Rechtsgüterschutzes hat sich also der Kompliziertheit und Standardisierung der Produktionsprozesse in der modernen Gesellschaft anzupassen[141].

aa) Im Rahmen der Überlegungen über den Beitrag der Gefährdungsdelikte zum Schutz des Lebens und der körperlichen Unversehrtheit sind zunächst die gemeingefährlichen Delikte (oder „Delikte gegen die öffentliche Unversehrtheit") zu nennen. Gegen diese Einordnung könnten Bedenken erhoben werden, weil das Rechtsgut der gemeingefährlichen Delikte (die öffentliche Unversehrtheit) häufig zu den überindividuellen Rechtsgütern gezählt wird. Die öffentliche Unversehrtheit ist jedoch nicht eigentlich ein eigenes, selbständiges Rechtsgut, sondern eine begriffliche Abstraktion, die das Leben vieler Menschen umfaßt; diese Abstraktion spiegelt die Entscheidung des Gesetzgebers für einen erhöhten Strafrechtsschutz wider, durch den typischen, verbreiteten Gefahren zuvorgekommen werden soll, bevor sie sich gegen bestimmte Objekte richten[142]. Nicht zufällig wird deshalb im Alternativ-Entwurf die Verursachung gemeiner Gefahr bei den Delikten gegen die Person eingeordnet[143]. Gerade auf dem Gebiet der gemeingefährlichen Delikte begegnet man einer ganzen Gruppe von konkreten und vermuteten Gefährdungstatbeständen. Dabei enthalten die vermuteten Gefährdungstatbestände oft besonders bedeutungsträchtige Ausdrücke (z. B. Brand, Überschwemmung, Lawine), so daß ihre Anwendung im Wege der Auslegung stets auf typischerweise gefährliche Situationen beschränkt werden kann[144].

bb) Gerade auf dem Gebiet des Nebenstrafrechts haben die Gefährdungsdelikte zum Schutz des Lebens, der Gesundheit und der

139 So der Vorschlag in: Alternativ-Entwurf eines Strafgesetzbuches, Besonderer Teil, Straftaten gegen die Person, 1971, S. 49 (siehe unten Ziff. 7.4). Vgl. hierzu auch *Fiandaca* (Anm. 1), S. 464ff.

140 Alternativ-Entwurf (Anm. 139), S. 49.

141 In diesem Sinne *Pulitanò* (Anm. 90), S. 171.

142 *Fiandaca* (Anm. 1), S. 462.

143 So § 151 AE.

144 *Angioni* (Anm. 6), S. 109f.; *Mazzacuva*, Il disvalore di evento nell'illecito penale. L'illecito commissivo doloso e colposo, Milano 1983, S. 165f.

körperlichen Unversehrtheit besonders stark zugenommen; man denke nur an die Regelungen zur Verhütung von Arbeitsunfällen und an die Gesetzgebung zur friedlichen Verwendung der Kernenergie.

Für diese Entwicklung gibt es zahlreiche Gründe, unter denen enge Zusammenhänge bestehen. Vor allem die mit der Massenproduktion verbundene Verbreitung von Schäden (und in manchen Fällen auch ihr erheblicher Umfang) rechtfertigt präventive Eingriffe, die von dem manchmal zufälligen Eintritt eines Schadens oder einer konkreten Gefahr absehen und sich auf die „typischerweise" gefährlichen Verhaltensweisen beziehen[145]. Ferner bereitet die Feststellung einer kausalen Beziehung zwischen bestimmten Produktionsprozessen und bestimmten Verletzungsereignissen wegen der Unkenntnis der zugrunde liegenden Gesetze oft Schwierigkeiten (wie z. B. im Contergan-Fall). Denselben Schwierigkeiten begegnet man bei der Feststellung einer konkreten Gefährdung, weil auch sie notwendig die Kenntnis der Vorgänge, die den Erfolg herbeiführen, voraussetzt[146]. Der Verzicht auf die Schaffung von Verletzungstatbeständen bietet den Vorteil, im konkreten Fall von der Feststellung der kausalen Beziehung absehen zu können[147]. Man kann diese Argumente in der Mehrzahl der Fälle für übertrieben halten; jedenfalls verfügt der Gesetzgeber normalerweise über weitergehende Erkenntnisse als der Hersteller und kann daher eher die gefährlichen Tätigkeiten durch eine Erhöhung der Sicherheitsstandards regeln[148].

Außerdem ermöglicht es ein im voraus festgelegtes strenges System von Vorschriften der Strafnorm, ihre Funktion, Verhaltensstandards zu stabilisieren, leichter zu erfüllen, als dies durch die Einführung von konkreten Gefährdungsdelikten der Fall wäre: Die typische Unbestimmtheit dieser Deliktsart erschwert die Unterscheidung zwischen Erlaubtem und Unerlaubtem, und die Ungewißheit des Erfolgseintritts läßt weniger gewissenhafte Täter auf den Zufall vertrauen[149]. Schließlich wird ganz richtig gesagt, daß die Schaffung abstrakter Gefährdungstatbestände eine ausgeglichene Abwägung zwischen potentiell in Konflikt geratenden Rechtsgütern erlaubt: Die Freiheit des Unternehmers ist um so weniger eingeschränkt, als

145 Einen Hinweis in diesem Sinne gibt *Fiandaca,* Il reato commissivo mediante omissione, Milano 1979, S. 56–58.

146 Vgl. Armin *Kaufmann,* Tatbestandsmäßigkeit und Verursachung im Contergan-Verfahren, JZ 1971, 575f.

147 Armin *Kaufmann* (Anm. 146); Alternativ-Entwurf (Anm. 139), S. 53; *Fiandaca* (Anm. 1), S. 465; *Marinucci* (Anm. 3), S. 1214f.

148 Ähnliche Überlegungen bei Fiandaca (Anm. 1), S. 463.

149 Vgl. *Pulitanò* (Anm. 2), S. 166; *Fiandaca* (Anm. 1), S. 465.

es gelingt, eindeutige Vorschriften aufzustellen, die im vorhinein Leitlinien für sein Verhalten festlegen[150].

Wenn die Verwendung vermuteter Gefährdungsdelikte auf diesem Gebiet nicht nur gelegentlich unvermeidbar, sondern in manchen Fällen geradezu geboten erscheint, so darf doch nicht übersehen werden, daß das wahre Problem dieser Gesetzestechnik bei den empirischen Grundlagen der Prognose liegt, die der Bestimmung der verbotenen Verhaltensweise zugrunde gelegt wird: Es muß garantiert sein, daß nur Verhaltensweisen unter Strafe gestellt werden, die abstrakt (d. h. typisch) gefährlich sind für das geschützte Rechtsgut[151].

III.

7. Überlegungen de lege ferenda

7.1. Im allgemeinen

Die bisherigen Ausführungen erlauben den Schluß, daß eine moderne Kriminalpolitik nicht auf die Hilfe verzichten kann, die die Vorverlegung des Strafrechtsschutzes durch Einführung von Gefährdungsdelikten bietet. In einigen Fällen erscheint dies sogar wegen der besonderen Merkmale des Rechtsguts oder des gefährlichen Verhaltens geradezu geboten.

Diese erste Bewertung bedeutet aber nicht, daß man eine weitere Ausdehnung der Formen der Vorverlegung des Strafrechtsschutzes befürworten müßte. Eine Stellungnahme de lege ferenda (oder eine Kritik der geltenden Gesetzgebung) verlangt vielmehr, vorab die verfassungsrechtlichen Beschränkungen zu prüfen, die dem Gesetzgeber sowohl bei der Entscheidung über die Pönalisierung als auch hinsichtlich der legislatorischen Technik gesetzt sind. Es gilt also die Grenzen aufzufinden, die sich für die Vorverlegung des Strafrechtsschutzes aus dem verfassungsrechtlichen Bild des Strafrechtssystems ergeben[152].

In diesem Rahmen ergibt sich ein erstes Merkmal aus den legitimen Aufgaben des Strafrechts in einem säkularisierten und liberalen Rechtsstaat, wie er in unserer Verfassung vorgezeichnet ist. In einem solchen Staat kann die Funktion des Strafrechts weder in der Verfolgung transzendentaler Ziele noch in der Sicherung der ethischen

150 So *Fiandaca* (Anm. 1), S. 465; *Pedrazzi* (Anm. 112), S. 34; Alternativ-Entwurf (Anm. 139), S. 53.

151 Vgl. *Fiandaca* (Anm. 1), S. 463.

152 Auf die Rolle der Verfassung bei der Schaffung von Straftatbeständen und der Technik der Pönalisierung wird in der italienischen Lehre häufig hingewiesen; grundlegend dazu die Untersuchung von *Bricola* (Anm. 89), S. 7.

Unanfechtbarkeit von Haltungen und Gesinnungen liegen, sondern nur im Schutz der Rechtsgüter des einzelnen und der Allgemeinheit vor schädlichen oder gefährlichen Taten[153]. Daher muß der Gesetzgeber im Zeitpunkt der Pönalisierung eines bestimmten Verhaltens feststellen, ob es tatsächlich ein schützenswertes Gut verletzen kann; bei dieser Feststellung ist die Erkenntnishilfe der empirisch-kriminologischen Wissenschaften unverzichtbar. Hätte deshalb „ein unter Strafe gestelltes Verhalten entgegen der Annahme des Strafgesetzgebers nicht die unterstellten sozialschädlichen Folgen, so würde die Kriminalisierung dieser Verhaltensweise ihren Zweck verfehlen und wäre damit unnötig"[154].

Das schließt nicht aus, daß der Gesetzgeber auch Verhaltensweisen bestrafen kann, bei denen der Verdacht der Gefährlichkeit für ein Rechtsgut von erheblichem Wert besteht, ohne daß eine wissenschaftliche Bestätigung der Kausalwirkung vorliegt. In diesem Fall legt der Gesetzgeber eine Bewertung der verschiedenen in Frage kommenden Umstände zugrunde, wie z. B. die Bedeutung des bedrohten Rechtsguts, den Grad der Wahrscheinlichkeit des Schadenseintritts und die Wirkung der Beschränkung der individuellen Handlungsfreiheit durch ein bestimmtes Verbot[155]. Eine empirische Grundlage für die Inkriminierung eines bestimmten Verhaltens kann also auch bei wissenschaftlichem Zweifel an der Gefährlichkeit eines Verhaltens für ein schützenswertes Rechtsgut gegeben sein[156].

Einen zweiten Anhaltspunkt in diesem verfassungsrechtlichen Rahmen liefert das Bestimmtheitsgebot. Hierzu ist nur anzumerken, daß der italienische Verfassungsgerichtshof kürzlich aus diesem Grundsatz die bedeutende Folgerung gezogen hat, daß sich der Gesetzgeber bei der Fassung des Tatbestandes an empirisch nachweisbare Tatsachen halten muß. Der Gerichtshof hat daher die Straftat der Versklavung (plagio) für verfassungswidrig erklärt, weil dem Tatbestand ein logisch zusammenhängender und vernünftiger Inhalt fehlte. Der Widerspruch zur Verfassung lag „in der offensichtlichen Willkür der Anwendung der Vorschrift im konkreten Fall"[157].

153 Vgl. für alle *Roxin*, Sinn und Grenzen staatlicher Strafe, in: Strafrechtliche Grundprobleme, 1973, S. 1 ff.

154 So *Günther*, Die Genese eines Straftatbestandes. Eine Einführung in Fragen der Strafgesetzgebungslehre, JuS 1978, 9 f.

155 *Günther* (Anm. 154), S. 10 f.; *Fiandaca*, Il „bene giuridico" come problema teorico e come criterio di politica criminale, Riv. it. dir. proc. pen. 1982, 74 f.; *Pulitanò* (Anm. 2), S. 168 f.

156 In diesem Sinne *Pulitanò* (Anm. 2), S. 169.

157 So das Verfassungsgericht im Urteil vom 8. 7. 1981, Nr. 96, Riv. it. dir. proc. pen. 1981, 1147. Die Bedeutung dieses Urteils für den Grundsatz der Gesetzesbestimmt-

Weitere einschränkende Kriterien für die Entscheidung über die Kriminalisierung ergeben sich aus den Grundsätzen der Subsidiarität des Strafrechts und der Verhältnismäßigkeit. In der italienischen Lehre wird in der Regel mit dem verfassungsrechtlich zentralen Grundrecht der persönlichen Freiheit[158] der Grundsatz der Subsidiarität verbunden, der einen Anwendungsfall und eine Folge des allgemeineren Prinzips der Verhältnismäßigkeit darstellt (im Sinne der Forderung nach einem den Rechtsstaat kennzeichnenden Ausgleich[159] zwischen den kriminalpolitischen Zwecken, die mit der Pönalisierung verfolgt werden, und den möglichen negativen Folgen, die ein solcher Eingriff für die Grundrechte des einzelnen mit sich bringt[160]). Nur unter diesem Gesichtspunkt ist es möglich, alle Anwendungsfälle des Grundsatzes der Subsidiarität einzubeziehen, der sich, wie zu Recht festgestellt wurde, nicht in der Beantwortung der Frage erschöpft, *ob* eine Kriminalisierung überhaupt erforderlich ist. „Vielmehr umfaßt er auch die anschließende weitere Frage, *wie weit* bei grundsätzlicher Bejahung eines Strafbedürfnisses die Sanktionierung bestimmter Verhaltensweisen im einzelnen gehen soll"[161].

Ein Teil der italienischen Lehre will den Grundsatz der Verhältnismäßigkeit hier außerordentlich streng interpretieren. Da die strafrechtliche Sanktion direkt oder indirekt die persönliche Freiheit beschränke, ein Gut also, das im Rahmen der Verfassung hohe Priorität genießt, soll sie nur zum Schutz solcher Rechtsgüter eingesetzt werden, die in der Rangskala der Verfassungswerte eine entsprechende Stelle einnehmen. Im Rahmen des Verhältnismäßigkeitsgrundsatzes müsse dieses erste Kriterium des Ranges des Schutzgutes durch dasjenige der Schwere des Angriffs ergänzt werden (Schaden/Gefahr, direkte Gefahr/indirekte Gefahr), und aus der Verbindung dieser beiden Kriterien soll sich eine Beschränkung für den Gesetzgeber ergeben: Der Schweregrad, der für die Pönalisierung eines Angriffs erforderlich ist, steigt, je niedriger der Wert des Rechtsguts im Verfassungssystem ist. Daher sollen in keinem Fall Straftatbestände zum Schutze von Rechtsgütern geschaffen werden können, die nur von zweitrangiger Bedeutung sind[162].

heit untersucht *Marinucci* (Anm. 3), S. 1209f.; *Grasso*, Il reato omissivo improprio — La struttura obiettiva della fattispecie, Milano 1983, S. 215f.

158 So z. B. *Dolcini*, Sanzione penale o sanzione amministrativa: problemi di scienza della legislazione, Riv. it. dir. proc. pen. 1984, 611f.

159 So z. B. BVerfGE 39, 45—47; vgl. ferner *Günther* (Anm. 154), S. 11f.

160 Zum Grundsatz der Verhältnismäßigkeit vgl. *Hirschberg*, Der Grundsatz der Verhältnismäßigkeit, 1981.

161 So *Günther* (Anm. 154), S. 12.

162 Diese Ansicht vertritt *Angioni* (Anm. 6), S. 163ff.; *Dolcini* (Anm. 158), S. 613ff; vgl. auch Presidenza del Consiglio dei Ministri, Criteri orientativi per la scelta tra san-

Diese an sich eindrucksvolle Argumentation stößt wegen ihrer Enge auf grundlegende Bedenken: Die Verfassung hat eine andere Funktion als das Strafrecht, so daß aus ihr nur in einem grundsätzlichen Sinn oder nur mit Hilfe einer forcierten Auslegung ein Rechtsgutskatalog abgeleitet werden kann[163]. Aus dem Grundsatz der Verhältnismäßigkeit können also nicht so sehr generelle Merkmale für die notwendige Beschränkung des Strafrechts entnommen werden als vielmehr nur orientierende Hinweise oder nur potentiell verbindliche Richtlinien wie etwa die, daß die Vorverlegung des Strafrechtsschutzes um so eher zu legitimieren ist, je höher der Rang des Rechtsguts innerhalb des Systems der Verfassungswerte ist[164]. Zwingend folgt aus dem Grundsatz der Verhältnismäßigkeit der Schluß, daß in den Fällen, in denen die Handlung Ausdruck einer verfassungsrechtlich garantierten Freiheit ist, die Strafsanktion nur zum Schutze erstrangiger Verfassungsgüter und nur bei deren konkreter Beeinträchtigung eingreifen kann[165].

An diese einleitenden Bemerkungen sollen sich einige generelle Überlegungen zur Vorverlegung des Strafrechtsschutzes und einige spezielle Bemerkungen zu den konkreten Gefährdungsdelikten und den vermuteten Gefährdungsdelikten anschließen. Die Verwendung von Gefährdungsdelikten beruht nicht immer auf der direkten Absicht des Gesetzgebers, die strafrechtliche Schutzschwelle niedrig zu halten. In manchen Fällen hat sie ihren Ursprung vielmehr in der Unfähigkeit des Gesetzgebers, die Verletzung realer Handlungsobjekte, die tatsächlich angegriffen werden können und deshalb geeignet sind, Rechtsgüter darzustellen, in einen Tatbestand umsetzen. Wo das Rechtsgut unverständlich wird, sich vergeistigt oder verflüchtigt, sinkt auch die Schwelle der Strafbarkeit, ohne daß dieser Vorverlegung des strafrechtlichen Schutzes tatsächliche Gebote kriminalpolitischer Natur zugrunde lägen. In diesen Fällen ist die Einführung von Gefährdungsdelikten gerade aus der Sicht des Verhältnismäßigkeits- und des Subsidiaritätsgrundsatzes äußerst angreifbar.

Nur eine Konkretisierung der Rechtsgüter erlaubt es, Merkmale in den Tatbestand einzuführen, in denen sich die Verletzung eines

zioni penali e sanzioni amministrative (circolare 19 dicembre 1983), Gazzetta Ufficiale della Repubblica Italiana, Supplemento ordinario n.22 del 23 gennaio 1984.

163 Vgl. *Romano*, Legislazione penale e consenso sociale, JUS, im Druck; *Fiandaca* (Anm. 155), S. 55, 65f. In der deutschen Lehre vgl. die zutreffenden Ausführungen von *Vogler*, Möglichkeiten und Wege der Entkriminalisierung, ZStW 90 (1978), S. 139f.

164 In diesem Sinne *Fiandaca* (Anm. 155), S. 65f.; *ders.* (Anm. 1), S. 442f.

165 Siehe oben Ziff. 6a.

bestimmten Rechtsguts ausdrückt, und damit schon in der Wurzel die Möglichkeit eines Auseinanderfallens von Tatbestandsmäßigkeit und Schädlichkeit zu vermeiden[166]. In diesem Sinne kann es als Beispiel für eine gute gesetzestechnische Lösung gelten, wenn im Tatbestand der Vortäuschung einer Straftat das Merkmal „derart, daß ein strafrechtliches Verfahren eingeleitet werden kann", enthalten ist. Damit wird das geschützte Rechtsgut und die spezifische Verletzungsrichtung der Tat ausgedrückt[167].

„Konkretisierung versus Unbestimmtheit": Mit dieser treffenden Formel *Marinuccis*[168] ist es möglich geworden, die Diskussion über die Vorverlegung des strafrechtlichen Schutzes auf ihre tatsächlichen Proportionen zurückzuführen.

7.2. In bezug auf die konkreten Gefährdungsdelikte

Die konkreten Gefährdungsdelikte weisen einen erhöhten Grad an Unbestimmtheit auf. Die Unsicherheit bezüglich des Maßstabs der Gefahrfeststellung und bezüglich des erforderlichen Grades der Möglichkeit stellen ernste Fragen hinsichtlich der Vereinbarkeit dieser Tatbestände mit den Grundsätzen eines Rechtsstaates.

Es ist offensichtlich, daß die an sich schon zweifelhafte Praktikabilität dieser Tatbestände noch weiter abnimmt, wenn die Gefahrsituation auf Ereignisse von enormem Ausmaß bezogen wird, die empirisch nur schwer feststellbar sind, wie z. B. „Schaden für die nationalen Interessen" (Art. 264 C. p.) oder „Schwächung des nationalen Widerstandes gegen den Feind" (Art. 265 C. p.). In diesen Fällen hindert das große Mißverhältnis zwischen individuellem Verhalten und Erfolg — von einigen Ausnahmen abgesehen — die Feststellung eines (tatsächlichen oder möglichen) Kausalzusammenhanges, auf dessen Grundlage das tatbestandsmäßige Handeln umschrieben werden könnte[169].

Im Einzelfall hängt die Feststellbarkeit der Gefahr und damit die kriminalpolitische Praktikabilität dieser Tatbestände hauptsächlich von der Auffindbarkeit der naturwissenschaftlichen Gesetze ab, die als Maßstab der Beurteilung dienen können[170]. Die italienische Lehre hat deshalb neuerdings Merkmale für eine ausreichende Fest-

166 So *Marinucci* (Anm. 3), S. 1219ff.; *Mantovani,* Il problema dell'offensività del reato nelle prospettive di riforma del codice penale, in: *Vassalli* (Hrsg.), Problemi generali di diritto penale. Contributo alla riforma, Milano 1982, S. 66f.

167 So *Marinucci* (Anm. 3), S. 1222; siehe auch *Vassalli* (Anm. 55), S. 633ff.

168 *Marinucci* (Anm. 3), S. 1220.

169 *Pedrazzi* (Anm. 112), S. 33f.; *Fiandaca* (Anm. 1), S. 452f.

170 So *Fiandaca* (Anm. 1), S. 452.

stellbarkeit der konkreten Gefahr festgelegt: Es muß sowohl die Basishandlung, die zu der Gefahr führt, als auch der schädliche Erfolg spezifisch beschrieben sein und häufig auftretenden Phänomenen entsprechen; ferner muß zwischen den beiden Merkmalen ein häufiger und leicht feststellbarer Zusammenhang bestehen. Der Grad der Feststellbarkeit erhöht sich, wenn die Basishandlung bereits abstrakt gefährlich ist (z. B. § 315 c dt. StGB)[171].

Sind dagegen die Tatbestände nicht durch einen ausreichenden Bestand an Erfahrung über die zukünftige Entwicklung von Ereignissen gestützt, so stellt die Einführung des Merkmals der konkreten Gefährdung in einen Tatbestand, wie *Angioni* richtig bemerkt, nur einen Schachzug des Gesetzgebers dar, durch den die eigene Verantwortlichkeit auf den Richter abgeschoben wird[172]. Unter diesem Blickwinkel wird verständlich, wie fragwürdig der Vorschlag ist, generelle Gefährdungstatbestände einzuführen, die überhaupt von einer Beschreibung des Verhaltens absehen und die bloße Verursachung einer Gefahr für bestimmte Rechtsgüter inkriminieren[173]. Hier gilt immer noch die treffende Kritik *Bindings:* „Solche Vorschläge ... verraten nur eine außerordentlich geringe Einsicht für das gesetzgeberische Bedürfnis schärfster Umgrenzung krimineller Tatbestände"[174]. Derartige allgemeine Gefährdungstatbestände würden nicht nur einen unannehmbaren Grad an Unbestimmtheit aufweisen, da sie die Merkmale für die Feststellung der Rechtsgutsgefährdung nicht im voraus bestimmen, sondern sie wären auch unter dem Gesichtspunkt der Generalprävention nicht empfehlenswert: Nur die Verbindung einer konkreten Gefährdung mit einer Verhaltensweise, die schon abstrakt gefährlich ist, kann eine Leitlinie für das Verhalten des einzelnen abgeben[175].

Im Ergebnis ist wohl die Anwendbarkeit der konkreten Gefährdungstatbestände in der Praxis begrenzt und jedenfalls sehr zweifelhaft[176], auch wenn die Aufnahme der konkreten Gefährdung eines bestimmten Rechtsguts von Verfassungsrang in den Tatbestand in

171 *Angioni* (Anm. 44), S. 131 ff.; *Fiandaca* (Anm. 1), S. 451–453.

172 So *Angioni* (Anm. 44), S. 94.

173 Diesem Modell folgen die Vorschriften der Art. 422, 432, 433 Abs. 1 und 2 und 434 C. p., auch wenn bei Art. 422 eine typische Hilfsmaßnahme durch die subjektive Tatseite ausgeschaltet wird, insofern vorgesehen ist, daß die für die öffentliche Unversehrtheit gefährlichen Handlungen „in Tötungsabsicht" begangen wurden. Siehe hierzu *Angioni* (Anm. 40), S. 129.

174 *Binding*, Die Normen und ihre Übertretung, Bd. IV, 1917, S. 387.

175 So *Schröder* (Anm. 4), S. 25 ff.

176 Diese Ansicht wird sowohl in der italienischen als auch in der deutschen Lehre häufig vertreten; vgl. z. B. *Fiandaca* (Anm. 1), S. 465; *Wolter* (Anm. 71), S. 840. Hierzu gelten noch immer die Bemerkungen von *Binding* (Anm. 174), S. 374.

den Fällen geboten erscheint, in denen die Ausübung einer verfassungsrechtlich garantierten Freiheit unter Strafe gestellt werden soll[177]. Mit Recht kommt *Fiandaca* in seiner Untersuchung über die Gefährdungsdelikte zu dem Ergebnis, „daß das Modell der konkreten Gefahr am Ende weniger hält, als es anfangs zu versprechen scheint"[178].

7.3. In bezug auf die vermuteten Gefährdungsdelikte

Die vermuteten Gefährdungsdelikte entziehen sich in der Regel allen Einwänden bezüglich der Bestimmtheit des Tatbestandes. Ihnen gegenüber ist jedoch besondere Vorsicht hinsichtlich der übrigen Verfassungsprinzipien geboten. Um zu vermeiden, daß sie Tatbestände reinen Ungehorsams sanktionieren, muß zunächst gesichert sein, daß zwischen dem tatbestandsmäßigen Verhalten und dem Schutzgut eine beeinträchtigende Beziehung besteht. Das Verhalten muß also einem Schema entsprechen, das sich in anderen Fällen als verletzungsträchtig erwiesen hat[179]. Aus diesem Grundsatz läßt sich für den Bereich der Regelung von per se gefährlichen Verhaltensweisen ableiten, daß strafrechtliche Verbote nur solche Handlungen betreffen dürfen, die zumindest abstrakt gefährlich für das Rechtsgut sind, und nicht lediglich dem Bedürfnis nach Ordnung und Regelmäßigkeit des Verhaltens dienen[180].

Der Grundsatz der Subsidiarität verlangt, daß ein konkretes kriminalpolitisches Bedürfnis die Ausdehnung der Strafbarkeit durch Einführung von Gefährdungstatbeständen rechtfertigt[181].

Der Grundsatz der Verhältnismäßigkeit erfordert die Prüfung, ob die tatbestandsmäßige Handlung eine „hinreichende Beeinträchtigung" des Schutzgutes darstellt[182]. Die Pönalisierung von Verhaltensweisen, die sehr geringe, wenn auch nicht völlig zu vernachlässigende Angriffe auf ein Rechtsgut darstellen, ist nur dann zulässig, wenn es sich um ein Rechtsgut von hohem Verfassungsrang handelt.

Im Bereich des Umweltschutzes können hieraus einige Anregungen für eine Reform des geltenden Rechts abgeleitet werden. Auf diesem Gebiet ist die Unabhängigkeit des Strafrechtsschutzes vom

177 Siehe oben Ziff. 6 a.

178 *Fiandaca* (Anm. 1), S. 468 f.

179 Ähnlich *Pulitanò* (Anm. 2), S. 167 ff., und mit Bezugnahme auf das Wirtschaftsstrafrecht *Pedrazzi* (Anm. 112), S. 34.

180 Vgl. *Wolter* (Anm. 50), S. 278.

181 Nach Ansicht von *Günther* (Anm. 154), S. 12.

182 So *Schünemann*, Methodologische Prolegomena zur Rechtsfindung im Besonderen Teil des Strafrechts, Festschrift für Bockelmann, 1979, S. 129.

Verwaltungsrecht besonders schwer herzustellen; die rechtliche Regelung der Umwelt setzt eine koordinierte Verflechtung von Zuständigkeiten voraus, die sich notwendig im System der Kontrolle widerspiegelt[183]. Andererseits ist hier der Einsatz vermuteter Gefährdungsdelikte durch ausreichende kriminalpolitische Gründe gestützt, da die Verletzung des geschützten Rechtsguts in der Regel nur dann eintreten kann, wenn eine Vielfalt unerlaubter Verhaltensweisen zusammentrifft[184]. Im geltenden Recht sind jedoch diejenigen Straftatbestände fragwürdig, bei denen nur auf die formelle Erlaubnis (Fehlen, Ablehnung oder Widerruf der verwaltungsrechtlichen Genehmigung) abgestellt wird. Die Pönalisierung eines Verhaltens, das auch nicht abstrakt gefährlich ist, entspricht aber nur dem Schutzzweck einer bestimmten Art von Vorschriften. Dieser Zweck könnte besser durch Rückgriff auf ein System von Ordnungswidrigkeiten erreicht werden. Die Strafnorm sollte solchen Verhaltensweisen vorbehalten bleiben, die typischerweise eine gewisse Verletzungsgefahr für das Rechtsgut bergen (z. B. die Überschreitung der festgesetzten Toleranzgrenze[185]).

7.4. In bezug auf einige neue gesetzgeberische Vorschläge

Abschließend ist auf zwei Vorschläge zur Gesetzestechnik hinzuweisen, die dem Modell der vermuteten Gefahr folgen, dieses aber in einem gewissen Sinne überwinden.

a) Der erste Vorschlag wurde vom Alternativ-Entwurf mit der Einführung von „Risikodelikten eines neuen Typs" gemacht[186]. Sie sollten abstrakt gefährliche Verhaltensweisen beschreiben und in den Tatbestand eine Ausschlußklausel aufnehmen, die lauten sollte: „... ohne daß im Zeitpunkt der Handlung eine Schädigung anderer an Leib und Leben auszuschließen ist"[187].

Mit dieser Formulierung des Tatbestandes kann ein doppelter Effekt erzielt werden. Sie erlaubt eine Verurteilung in den Fällen, in denen Unsicherheit über die Eignung der Handlung zur Bewirkung von Erfolgen eines bestimmten Typs besteht, immer dann, „wenn im Zeitpunkt des Handelns ein Rechtsgut gefährdet werden könnte"[188]. Unter diesem Gesichtspunkt hätte die Tatbestandsfassung gegen-

183 In diesem Sinne *Fiandaca/Tessitore* (Anm. 127), S. 55 f.
184 So *Fiandaca/Tessitore* (Anm. 127), S. 61.
185 Vgl. *Fiandaca/Tessitore* (Anm. 127), S. 38 f.
186 Die Wendung stammt von Armin *Kaufmann* (Anm. 144), S. 576.
187 So § 151 AE; vgl. auch § 157 AE.
188 So Alternativ-Entwurf (Anm. 139), S. 57.

über den konkreten Gefährdungsdelikten den Vorteil, daß sowohl von einer exakten Feststellung der anzuwendenden naturwissenschaftlichen Gesetze als auch von der Feststellung der konkreten Gefährdung im Einzelfall abgesehen werden kann[189]. Die negative Klausel brächte andererseits bezüglich der üblichen vermuteten Gefährdungsdelikte eine Korrektur, die den vermuteten Charakter der Gefahr mildern könnte: Die Verantwortlichkeit wäre auszuschließen, wenn der Tat die Verletzungsmöglichkeit von Anfang an fehlt[190]; unter diesem Gesichtspunkt stellt die Begründung zum Alternativ-Entwurf fest, daß „entscheidend die Beurteilung eines objektiven Beobachters bei Vornahme der Handlung ist"[191]. Diese Technik der Tatbestandsbeschreibung kann nur zum Schutze von Individualgütern angewendet werden, weil bei überindividuellen Gütern „in der Regel die Möglichkeit entfällt, im Einzelfall den Beweis der Nichtgefährdung zu führen oder zuzulassen"[192].

Dieser Vorschlag erscheint sehr eindrucksvoll, ist aber nicht ohne Bedenken. Vor allem ist die Feststellung der Unschädlichkeit a priori vom nomologischen Gesichtspunkt aus nicht leichter als eine Feststellung a posteriori bezüglich des Vorliegens eines Kausalzusammenhangs oder einer konkreten Gefährdungssituation; der Vorschlag des AE belastet im Ergebnis den Täter mit dieser Unsicherheit. Das gibt unter dem Gesichtspunkt des Grundsatzes „in dubio pro reo" Anlaß zu Bedenken. Außerdem könnte die Einführung einer Negativklausel in Widerspruch zu der Funktion der Stabilisierung von Verhaltensstandards stehen, die der gesetzlichen Regelung von an sich gefährlichen Handlungen zugrunde liegt. Diese Funktion kann um so leichter erfüllt werden, je klarer die Grenzen zwischen erlaubtem und unerlaubtem Handeln gezogen sind. Die Aufnahme eines Merkmals in den Tatbestand, dessen Vorliegen vom Täter nur schwer erkannt werden kann und dessen Feststellung im konkreten Fall dem Richter obliegt, steht in Widerspruch zu dem generalpräventiven Ziel solcher Normen.

Schließlich erweist sich die Bezugnahme auf einen objektiven Beobachter bei der ex-ante-Bewertung der Gefahr immer dann als wenig geeignet, wenn der Täter im konkreten Fall aufgrund seiner besonderen Kenntnisse (auch eventuell aufgrund seiner besonderen Maßnahmen) Gewißheit über die Unschädlichkeit der Situation für

189 Armin *Kaufmann* (Anm. 146), S. 576; *Schroeder* (Anm. 5), S. 15.

190 *Fiandaca* (Anm. 1), S. 466.

191 Alternativ-Entwurf (Anm. 139), S. 53.

192 So grundsätzlich *Tiedemann* (Anm. 8), S. 86.

das Rechtsgut erlangen konnte (und zwar im Gegensatz zu den Schlüssen, die ein „objektiver Beobachter" ziehen konnte). Gleichermaßen ungeeignet ist die Bezugnahme auf den objektiven Beobachter, wenn die konkrete Gefährlichkeit des Verhaltens für das Rechtsgut nur für den Täter dank seiner spezifischen Erkenntnismöglichkeiten erkennbar war[193].

b) Der zweite Vorschlag bezieht sich auf individualisierende Vorschriften für bestimmte Adressaten nach dem Modell der injunctions, wie sie in den Vereinigten Staaten von Amerika üblich sind[194]. Diese Gesetzestechnik ist dem italienischen Strafrecht durchaus nicht unbekannt[195]. Ihre Verwendung erweist sich auf bestimmten Gebieten des Wirtschaftsstrafrechts als besonders geeignet, nämlich da, wo sich die Vielfalt (und manchmal auch die Widersprüchlichkeit) der Bewertungsmerkmale der konkreten Situation nicht in die Formen traditioneller generalisierender Vorschriften einfügen läßt[196]. Die Zuständigkeit von Organen mit spezieller Qualifikation für die Aufstellung individualisierender Vorschriften, die sich an bestimmte Empfänger richten (und entsprechende Strafdrohungen im Falle ihrer Verletzung), erlaubt es, der Vielfalt der spezifischen Situationen Rechnung zu tragen und besonders wirksame Orientierung und Abschreckung zu erreichen[197]. Dieses Modell des strafrechtlichen Rechtsgüterschutzes führt also zu einem vorverlegten Schutz, insofern von der Verletzung des geschützten Interesses abgesehen wird, und ist zur Kontrolle gefährlicher Verhaltensweisen auf bestimmten Gebieten besonders geeignet[198]. Es unterliegt auch nicht den verfassungsrechtlichen Bedenken, die gelegentlich im Hinblick auf den Gesetzesvorbehalt erhoben worden sind[199]. Der Grundsatz der Bestimmtheit des Tatbestandes kann hier gerade in einem höheren Maße beachtet werden, als dies bei der Verwendung von Vorschriften mit generalisierendem Charakter möglich ist, bei denen

193 *Brems* (Anm. 103).

194 Vgl. die Beispiele bei *Pedrazzi* (Anm. 112), S. 38.

195 Siehe z. B. Art. 28 Gesetz 20 maggio 1970, n. 300 (sog. Statuto dei lavoratori), sowie zahlreiche Vorschriften des Gesetzes 7 giugno 1974, n. 216, über die Börsenaufsicht.

196 Vgl. *Pedrazzi* (Anm. 112), S. 38f.; *Romano*, Diritto penale in materia economica, riforma del codice, abuso di finanziamenti pubblici, in: Comportamenti economici (Anm. 112), S. 203f.; *Marinucci*, Probleme der Reform des Strafrechts in Italien, ZStW 94 (1982), S. 367f.

197 So *Marinucci* (Anm. 196).

198 Z. B. *Romano* (Anm. 196). Er schlägt diese Technik für die strafrechtliche Regelung des Wettbewerbs vor.

199 Zu Art. 28 Statuto dei lavoratori siehe *Romano*, Repressione della condotta antisindacale. Profili penali, Milano 1974, S. 110ff.; dagegen *Bricola*, Lo statuto dell'impresa: Profili penali e costituzionali, Giur. comm. 1985, 737f.

dem Richter die notwendige Konkretisierung anvertraut wird[200]. Allerdings muß der Gesetzgeber die Voraussetzungen für den Eingriff der Verwaltungsorgane mit der gebotenen Genauigkeit festlegen[201].

200 Einen Hinweis in diesem Sinne gibt *Pedrazzi* (Anm. 112), S. 39

201 Ähnlich wohl Corte Costituzionale, z. B. Urteil Nr. 168/1971 zu Art. 650 C. p., Giur. cost. 1971, 1774 ff.

Die Vorverlegung des Strafrechtsschutzes durch Gefährdungs- und Unternehmensdelikte im ungarischen Strafrecht

Von Dr. Kálmán *Györgyi*, Budapest

I. Stufen des strafrechtlichen Rechtsgüterschutzes

1. Rechtsgüterschutz und Tatbestandstypen

a) Das Rechtsgut

In der modernen ungarischen Strafrechtslehre herrscht die Auffassung vor, daß die wichtigste Aufgabe des Strafrechts der Schutz der Gesellschaft vor gefährlichen Handlungen sei. Neben dieser Schutzfunktion wird auch die Erziehungsaufgabe des Strafrechts betont[1].

Auch § 1 ung.StGB[2] verweist auf diese beiden Funktionen: „Der Zweck dieses Gesetzes ist der Schutz vor gesellschaftsgefährlichen Taten sowie die Erziehung zur Einhaltung der Regeln des sozialistischen gesellschaftlichen Zusammenlebens und zur Achtung vor dem Gesetz ...".

Neben der Schuld und der Strafbarkeit ist die Gesellschaftsgefährlichkeit der Tat im ungarischen Recht ein grundlegendes Begriffsmerkmal der Straftat. Der Inhalt der Gesellschaftsgefährlichkeit wird in § 10 Abs. 2 ung.StGB durch eine Aufzählung der wichtigsten Rechtsgüter bestimmt: „Eine gesellschaftsgefährliche Tat ist ein Tun oder Unterlassen, das die staatliche, gesellschaftliche oder wirtschaftliche Ordnung der Ungarischen Volksrepublik, die Person oder die Rechte der Staatsbürger verletzt oder gefährdet." Unter Gesellschaftsgefährlichkeit versteht man also die Verletzung oder Gefährdung eines strafrechtlich geschützten Gutes durch die Straftat[3]. Die

1 *Földvári*, Magyar büntetöjog. Általános rész (Ungarisches Strafrecht. Allgemeiner Teil), Budapest 1984, S. 18; *Békés*, in: *Földvári* (Hrsg.), Magyar büntetöjog. Általános rész (Ungarisches Strafrecht. Allgemeiner Teil), Budapest 1980, S. 10 ff.

2 1978 évi IV. törvény a Büntetö Törvénykönyvröl (Gesetz IV von 1978 über das Strafgesetzbuch), Magyar Közlöny (Ungarisches Amtsblatt) Nr. 92 vom 31. 12. 1978, geändert durch die gesetzeskräftige Verordnung Nr. 19 von 1984, Magyar Közlöny Nr. 45 vom 29. 10. 1984. Eine deutsche Übersetzung des ungarischen StGB findet sich in: Jahrbuch für Ostrecht XXI (1980), S. 183.

3 So die Amtliche Begründung zum StGB, in: Büntetö Törvénykönyv (Strafgesetzbuch), zusammengestellt v. *K. Kádár/Moldoványi*, Budapest 1979, S. 46. Es ist jedoch

Rechtsgutsbeeinträchtigung führt gerade dazu, daß die Tat für die Gesellschaft gefährlich ist[4]. Der terminus technicus „Gesellschaftsgefährlichkeit" bezieht sich ebensowenig wie der Ausdruck „Sozialgefährlichkeit" ausschließlich auf Handlungen, die sich in der Gefährdung des Rechtsgutes erschöpfen; er umfaßt vielmehr auch solche Verhaltensweisen, die zu Schädigungen führen[5].

Unter dem Begriff „Rechtsgut" versteht man überwiegend die strafrechtlich geschützten gesellschaftlichen Verhältnisse; daneben wird auch von geschützten „Interessen" oder „Werten" gesprochen[6]. In der ungarischen Literatur wird vom Rechtsgut das sogenannte Handlungsobjekt unterschieden[7]. Manche Autoren verbinden allerdings beide Begriffe eng miteinander, da die gesellschaftlichen Verhältnisse ohne ihre Träger unvorstellbar seien. *Földvári* vermeidet sogar den Ausdruck „Handlungsobjekt" und spricht statt dessen von der „Handlungsseite" der Straftat[8]. Demgegenüber ist mit einer vordringenden Auffassung zu betonen, daß der Begriff des Handlungsobjekts im Gegensatz zu dem des Rechtsguts wertfrei und deskriptiv ist[9] und daß er ebenso wie die sonstigen objektiven Tatbestandselemente zu behandeln ist[10]. Wir halten daher an der Unterscheidung

darauf hinzuweisen, daß die ungarische Strafrechtswissenschaft dem sog. Rechtsgutsdenken keine so bedeutende Rolle beimißt wie die deutsche, da sich der Begriff des Rechtsguts dort vielfach im Begriff der Gesellschaftsgefährlichkeit der Tat auflöst; vgl. *Wiener*, A hivatali büntettek (Die Amtsdelikte), Budapest 1972, S. 33 ff.

4 In der ungarischen Literatur wird seit langem neben dem Begriff des Rechtsguts auch der Begriff des Objekts der Straftat verwendet. Innerhalb dieses Begriffs wird eine weitere Differenzierung zwischen allgemeinem Objekt (Gesamtheit der strafrechtlich geschützten gesellschaftlichen Verhältnisse), Gruppenobjekt (eine zusammenhängende Gruppe der geschützten Verhältnisse) und unmittelbarem Objekt (die konkreten Lebensverhältnisse) vorgenommen; vgl. *Finkey*, A magyar büntetőjog tankönyve (Lehrbuch des ungarischen Strafrechts), 4. Aufl. Budapest 1914, S. 234; *Földvári* (Anm. 1), S. 82 ff. Auf diese terminologischen Fragen wollen wir hier nicht eingehen. In diesem Bericht verwenden wir den Begriff des Rechtsguts im gleichen Sinne wie den Begriff des Objekts der Straftat; vgl. auch *Wiener* (Anm. 3), S. 33.

5 Vgl. *Földvári*, Az egység és a halmazat határesetei a büntetőjogban (Grenzfälle der Einheit und Mehrheit von Straftaten im Strafrecht), Budapest 1962, S. 70 ff.; *Triffterer*, Österreichisches Strafrecht. Allgemeiner Teil, 1985, S. 45.

6 *Békés*, Magyar büntetőjog I. Általános rész (Ungarisches Strafrecht I. Allgemeiner Teil), Budapest 1973, S. 111; *M. Kádár/Kálmán*, A büntetőjog általános tanai (Allgemeine Lehren des Strafrechts), Budapest 1966, S. 254 ff.; nach *Tokaji*, in: *Földvári* (Hrsg.), Strafrecht, 1980, S. 106, ist „das Rechtsgut irgendein strafrechtlich geschütztes gesellschaftliches Verhältnis, bzw. ein rechtlich geschütztes Element der gesellschaftlichen Verhältnisse bzw. ihre geschützten Funktionsbedingungen".

7 Das Handlungsobjekt wird auch „Gegenstand der Straftat" genannt, vgl. *Lekschas/Renneberg*, Strafrecht. Allgemeiner Teil, 2. Aufl. Berlin-Ost 1978, S. 226.

8 *Földvári* (Anm. 1), S. 86.

9 *Wiener* (Anm. 3), S. 33.

10 *Tokaji*, A bűncselekménytan alapjai a magyar büntetőjogban (Grundlagen der Verbrechenslehre im ungarischen Strafrecht), Budapest 1984, S. 105 ff.

fest, wobei wir unter Handlungsobjekten nur körperliche Erscheinungen verstehen[11].

b) Tatbestandstypen

Es erscheint angebracht, zunächst die Tatbestandstypen zu benennen, die im Zusammenhang mit der Vorverlegung des Strafrechtsschutzes eine Rolle spielen.

Auch im ungarischen Schrifttum ist die Einteilung der Straftaten in Verletzungs- und Gefährdungsdelikte sowie bei letzteren in abstrakte und konkrete Gefährdungsdelikte bekannt[12]. Diese Einteilung erfolgt nach der Intensität der Rechtsgutsbeeinträchtigung. Obwohl die genannten Kategorien allgemein verwendet werden, herrscht über ihre inhaltliche Bedeutung viel Streit.

Schon im 19. Jahrhundert unterschied *Pauler* zwischen Verbrechen und Polizei-Übertretungen, wobei Verbrechen als „unmittelbare Rechtsverletzungen" angesehen wurden, während die Übertretungen „mittelbar als Anlaß zur Rechtsverletzung dienen" sollten[13]. Später unterschied *Finkey* zwischen Verletzungs- und Gefährdungsdelikten; er sah allerdings beide als Erfolgsdelikte an[14]. Erst *Angyal* erkannte den Unterschied zwischen dem Erfolg der Handlung und dem Erfolg im Rechtssinne. Als rechtlichen Erfolg betrachtete er die Rechtsgutsverletzung oder -gefährdung, als Handlungserfolg dagegen die äußerlich wahrnehmbare Veränderung am Handlungsobjekt[15].

Später setzte sich die Unterteilung der Straftaten in Material- und Immaterial- (oder Formal-)Delikte allgemein durch. Die Verletzungs- und die Gefährdungsdelikte wurden dabei als zwei Arten der Materialdelikte aufgefaßt[16]. Dies kann auch heute noch als herrschende Lehre angesehen werden[17]. Allerdings ist diese Einteilung mit verschiedenen Unsicherheiten belastet. Denn auch in der neue-

11 Nach *Jescheck*, Allg. Teil, 3. Aufl. 1978, S. 220, können auch „unkörperliche Gegenstände" Handlungsobjekte sein; kritisch dazu *Triffterer* (Anm. 5), S. 48.

12 Vgl. Amtliche Begründung (Anm. 3), S. 46.

13 *Pauler*, Büntetöjogtan (Strafrechtslehre), Bd. I, 3. Aufl. Pest 1872, S. 61 ff.

14 „Eine bestimmte Verletzung oder Gefährdung des Rechtsguts ist das, was im Strafrechte als Erfolg anzusehen ist. Es ist deshalb verfehlt, zwischen Taten mit oder ohne Erfolg (materiellen und formellen Delikten) zu unterscheiden, weil eine Handlung ohne Erfolg unvorstellbar ist." *Finkey* (Anm. 4), S. 243.

15 *Angyal*, A magyar büntetöjog tankönyve (Lehrbuch des ungarischen Strafrechts), Bd I, 5. Aufl. Budapest 1931, S. 42.

16 *Heller*, A magyar büntetöjog általános tanai (Allgemeine Lehren des ungarischen Strafrechts), 2. Aufl. Budapest 1945, S. 86 ff.

17 *Kádár/Kálmán* (Anm. 6), S. 247 ff; *Békés* (Anm. 6), S. 124 ff; *Tokaji* (Anm. 10), S. 190 ff; *Földvári* (Anm. 1), S. 94.

ren Literatur wird der Erfolg von einigen Autoren als schädliche Veränderung des Rechtsgutes definiert[18], was zur Wiederbelebung des Begriffs des „rechtlichen Erfolges" geführt hat; andererseits ergeben auch die übrigen im Schrifttum vertretenen Erfolgsbegriffe – auch wenn sie sich nicht auf das Rechtsgut beziehen – keine eindeutig abgrenzbaren Deliktsgruppen.

So ist nach *Tokaji* „der Erfolg eine im gesetzlichen Tatbestand als Merkmal festgelegte Veränderung der Außenwelt, die im Zusammenhang mit der Tatbestandshandlung eintritt"[19]. Nach dieser Auffassung wären auch solche Tatbestände als Erfolgsdelikte anzusehen, bei denen der Tatbestand nur die Verletzung oder Gefährdung eines *Rechtsguts* enthält (z. B. § 139 Abs. 2 ung.StGB: „schwer gefährdet"; § 174 ung.StGB: „erhebliche Interessen verletzt"), obwohl diese Fälle aus dogmatischer Sicht anders zu beurteilen sind als diejenigen Tatbestände, bei denen sich der Erfolgseintritt in einer Veränderung am Handlungsobjekt (z. B. dessen Tod oder Verletzung) niederschlägt. Diejenigen Arten des Erfolges, die kein Handlungsobjekt voraussetzen, nennt *Békés* „gesellschaftliche Erfolge"[20].

Zusammenfassend kann man feststellen, daß die ungarische Lehre überwiegend auch die Verletzung oder Gefährdung eines Rechtsguts als Erfolg definiert, wenn diese Verletzung oder Gefährdung im Tatbestand ausdrücklich genannt ist; ist dies nicht der Fall, so unterfällt die Verletzung oder Gefährdung des Rechtsguts nicht dem Begriff des Erfolges.

Viski hat bereits früher überzeugend dargetan, daß der Begriff des Rechtsguts nicht zur Abgrenzung der Material- von den Immaterialdelikten und auch nicht zur Unterscheidung von Verletzungs- und Gefährdungsdelikten geeignet ist. Dies beruht auf der Tatsache, daß Rechtsgüter auf verschiedenen Stufen der Abstraktion definiert werden können; außerdem kann eine Tat bei Tatbeständen mit mehreren Rechtsgütern eines dieser Rechtsgüter verletzen, ein anderes dagegen nur gefährden. Schließlich kann ein Rechtsgut als solches nur abstrakt verletzt oder gefährdet werden. Deshalb hat *Viski* vorgeschlagen, die Einteilung nach den im Tatbestand beschriebenen Handlungsobjekten vorzunehmen. Danach wäre zwischen Delikten mit einem Handlungsobjekt (Materialdelikten) und Delikten ohne Handlungsobjekt (Immaterialdelikten) zu unterscheiden. Verletzungs- und Gefährdungsdelikte seien zwei Arten der Materialde-

18 *Kádár/Kálmán* (Anm. 6), S. 249.
19 *Tokaji* (Anm. 10), S. 190.
20 *Békés* (Anm. 6), S. 125.

likte. Die Immaterialdelikte seien entweder Formal- oder Effektdelikte[21]. Diese Einteilung beruht auf der Voraussetzung, daß man Handlungsobjekt und Rechtsgut klar unterscheidet und den ersteren Begriff ausschließlich auf körperliche Erscheinungen anwendet.

Die Einteilung *Viskis* erscheint uns überzeugender als die sonstigen Klassifizierungsversuche in der ungarischen Literatur, jedoch ist auch sie nicht unanfechtbar. Nicht alle Tatbestände, die ein Handlungsobjekt aufweisen, sind nämlich notwendig auch Erfolgsdelikte. So gibt es z. B. beim Diebstahl ein Handlungsobjekt — die fremde Sache —, und dennoch ist der Diebstahl kein Materialdelikt, weil er keinen über die „Wegnahme" hinausgehenden Erfolg verlangt[22]. Andererseits kann man aber über materielle Gefährdungsdelikte nur dann sprechen, wenn der Tatbestand die konkrete Gefährdung eines Handlungsobjekts beschreibt. In der Typisierung, wie sie *Viski* vorgenommen hat, bilden die abstrakten Gefährdungsdelikte keine selbständige Gruppe. Während bei den konkreten Gefährdungsdelikten eine tatsächliche Gefahr für ein Handlungsobjekt vorausgesetzt wird, ist eine abstrakte Gefährdung nur hinsichtlich von Rechtsgütern, nicht aber von Handlungsobjekten vorstellbar. Daher lehnt *Viski* auch die verbreitete Unterscheidung zwischen abstrakten und konkreten Gefährdungsdelikten, „die mehr Schaden stiftet als Nutzen bringt"[23], ab, weil diese Unterscheidung auf unterschiedlichen Kriterien beruhe. *Viski* betrachtet nur die konkreten Gefährdungsdelikte als Gefährdungsdelikte; die Straftaten, die die herrschende Meinung als abstrakte Gefährdungsdelikte versteht, fügt er in die Gruppe der Formaldelikte ein.

Innerhalb der herrschenden Meinung werden verschiedene Begriffe des abstrakten Gefährdungsdelikts vertreten. In Betracht kommen einmal „die im allgemeinen, typischerweise zu einer Gefahr führenden Handlungen"[24], bei denen der Gesetzgeber die Gefährlichkeit der Handlung unwiderleglich vermutet[25], andererseits diejenigen Handlungen, deren Eignung zur Herbeiführung des Erfolges vom

21 *Viski*, A veszélyeztetés, mint materiális büncselekmény (Die Gefährdung als Materialdelikt), Állam-és Jogtudomány 11 (1968), S. 59 ff; *ders.*, Rechtswidrigkeit bei den Gefährdungsdelikten, Acta Juridica Academiae Scientiarum Hungaricae 10 (1968), S. 276 ff.

22 So *Triffterer* (Anm. 5), S. 62; *Finkey* (Anm. 4), S. 244.

23 *Viski*, Acta Juridica 10 (1968), S. 281. Auch *Földvári* lehnt den Begriff der abstrakten Gefährdungsdelikte ab; *Földvári* (Anm. 1), S. 95.

24 *Viski*, A veszélyeztetési büncselekmények a X. Nemzetközi Büntetöjogi Kongresszus napirendjén (Die Gefährdungsdelikte auf der Tagesordnung des X. Internationalen Strafrechtskongresses). Magyar Jog 17 (1970), S. 14.

25 *Viski*, Acta Juridica 10 (1968), S. 281.

Richter zu beurteilen ist[26]. Einige Autoren ordnen den Begriff des abstrakten Gefährdungsdelikts beiden Gruppen zu, andere verstehen darunter nur die sogenannten Eignungsdelikte[27]. Nach unserer Auffassung, die mit derjenigen *Viskis* übereinstimmt, gehört dagegen nur die erstgenannte Gruppe zu den abstrakten Gefährdungsdelikten.

c) Die Relativität des Begriffs der Vorverlegung des Strafrechtsschutzes

Der Gesetzgeber hat bei der Ausgestaltung der Straftatbestände in gewissem Umfang freie Hand. In diesem Sinne kann der Gesetzgeber entscheiden, was er als Vollendung eines Tatbestandes bezeichnet. Der Begriff der Vorverlegung des Strafrechtsschutzes ist daher relativ und kann mehrere Bedeutungen annehmen. Bezieht man ihn auf die Tatbestände des Besonderen Teils, so kann man von Vorverlegung des Strafrechtsschutzes sprechen, wenn die Strafbarkeit auf Verwirklichungsstufen einer Tat ausgedehnt wird, die vor der Vollendung liegen. Nimmt man dagegen die klassischen Erfolgstatbestände als Bezugspunkt, so liegt schon in der Einführung von Gefährdungstatbeständen eine Vorverlegung des Strafrechtsschutzes. Im folgenden werden beide Bereiche — wenn auch nur skizzenhaft — erörtert.

2. *Die Verletzungsdelikte*

a) Begriff

Versteht man unter Verletzungsdelikten solche Materialdelikte, die eine negative Veränderung des Handlungsobjekts verursachen, so weist nur eine Minderheit der Tatbestände des ungarischen Strafgesetzbuchs diese Qualität auf. Wesentlich weiter ist dagegen der Kreis der Delikte, die zu einer tatsächlichen Rechtsgutsverletzung führen[28].

Verletzungsdelikte können selbständige Grundtatbestände sein, aber auch qualifizierte Fälle von konkreten oder abstrakten Gefährdungsdelikten können durch den Eintritt eines Verletzungserfolges definiert werden. Beispiele für Verletzungstatbestände im ungarischen StGB sind u. a. der Anschlag (§ 143 ung.StGB), die Tötung (§ 166 ung.StGB), die Abtreibung (§ 169 ung.StGB), die Körperverletzung

26 *Jescheck*, Allg. Teil, S. 211 f.

27 *Földvári* (Anm. 1), S. 95; *Triffterer* (Anm. 5), S. 63 f. Die Einteilung war auch auf dem X. AIDP-Kongreß umstritten; *Viski* (Anm. 24), S. 13 f.

28 Die Straftaten gegen die Menschheit (XI. Abschnitt) und gegen die Landesverteidigungspflicht (XIX. Abschnitt) sowie die Militärstraftaten (XX. Abschnitt) werden hier nicht behandelt.

(§ 170 ung.StGB), die Herbeiführung eines Unfalls auf einer öffentlichen Straße (§ 187 ung.StGB), die Umweltschädigung (§ 280 ung.StGB), die Naturschädigung (§ 281 ung.StGB), der Steuerbetrug (§ 310 ung.StGB), der Betrug (§ 318 ung.StGB), die Untreue (§ 319 ung.StGB), die Erpressung (§ 323 ung.StGB) und die Sachbeschädigung (§ 324 ung.StGB). Typische Rechtsgüter der Verletzungsdelikte sind das Leben, die körperliche Unversehrtheit, die Gesundheit und das Vermögen. Taten, die sich gegen diese Rechtsgüter richten, können gleichzeitig noch andere Rechtsgüter verletzen oder gefährden, etwa aufgrund bestimmter Eigenschaften des Handlungsobjekts oder im Hinblick auf besondere subjektive Unrechtselemente[29]. Zur Vollendung dieser Delikte sind der Eintritt des tatbestandsmäßigen Erfolges sowie das Bestehen eines Kausalzusammenhanges zwischen der tatbestandlichen Handlung und dem Erfolg erforderlich[30]. Typische Formen des Erfolges sind der Tod, die Erkrankung oder die körperliche Verletzung eines Menschen sowie ein Vermögensschaden. Die in den Tatbeständen zum Schutze des Lebens und der körperlichen Unversehrtheit genannten Arten des Erfolges treten verschiedentlich auch als qualifizierende Umstände bei anderen Straftaten in Erscheinung, beispielsweise bei den Verkehrsdelikten, bei der Herbeiführung einer Gemeingefahr (§ 259 ung.StGB), bei terroristischen Handlungen (§ 261 ung.StGB) und bei der Entführung eines Luftfahrzeugs (§ 262 ung.StGB).

b) Der Versuch beim Verletzungsdelikt

Verletzungsdelikte sind dann vollendet, wenn der tatbestandsmäßige Erfolg eingetreten ist. Die Regelungen über den Versuch und die Vorbereitung bestimmen die strafrechtliche Verantwortlichkeit für die der Vollendung vorgelagerten Stufen der vorsätzlichen Straftat.

Zum Versuch enthält das ungarische Strafgesetzbuch folgende Regelung:

> § 16: Wegen Versuchs wird bestraft, wer mit der Begehung einer vorsätzlichen Straftat beginnt, sie aber nicht beendet.

29 *Tokaji* (Anm. 10), S. 122ff., nennt diese „subjektive Gesellschaftsgefährlichkeitselemente". Im Hintergrund der unterschiedlichen Benennung steht ein Streit über die Merkmale der Straftat sowie über das Verhältnis zwischen Rechtswidrigkeit und Gesellschaftsgefährlichkeit. Vgl. *Viski*, Tézisek a büncselekményfogalom felépitéséhez (Thesen zum Aufbau des Verbrechensbegriffs), Állam-és Jogtudomány 17 (1974), S. 360 ff.

30 Hier kann von der „objektiven Zurechnung" bzw. der „objektiven Relevanz", die als Korrektiv zum naturwissenschaftlichen Kausalzusammenhang verwendet werden, abgesehen werden; vgl. dazu *Viski*, Közlekedési büntetöjog (Verkehrsstrafrecht), Budapest 1974, S. 360ff.

§ 17 Abs. 1: Auf den Versuch ist der Strafrahmen anzuwenden, der für die vollendete Straftat festgesetzt ist.

Abs. 2: Die Strafe kann uneingeschränkt gemildert oder es kann von Strafe abgesehen werden, wenn der Versuch an einem untauglichen Objekt oder mit einem untauglichen Mittel begangen wird.

Abs. 3: Wegen Versuchs wird nicht bestraft, wer durch freiwilligen Rücktritt die Vollendung der Straftat aufgibt oder wer freiwillig den Eintritt des Erfolges verhindert.

Abs. 4: Wird durch den Versuch in den Fällen des Abs. 2 und 3 eine andere Straftat verwirklicht, so wird der Täter wegen dieser Tat bestraft.

aa) Begriff des Versuchs

Nach § 16 ung.StGB setzt der Versuch dreierlei voraus: den auf die Vollendung der Straftat gerichteten Vorsatz, den Beginn der Begehung und das Ausbleiben der Vollendung[31].

Vom Stadium der Vollendung wird der Versuch durch deren Ausbleiben, d. h. durch das Fehlen wenigstens eines Tatbestandsmerkmals, abgegrenzt. Bei materiellen Verletzungsdelikten kann die volle Tatbestandsverwirklichung entweder wegen Abbrechens der Tatbestandshandlung oder wegen Nichteintritts des Erfolges ausbleiben.

Von der Vorbereitung läßt sich der Versuch durch den Beginn der Begehung der Tat abgrenzen. Die Grenzlinie stellt, wie es in der ungarischen Literatur häufig heißt, der gesetzliche Tatbestand dar[32]. Das Versuchsstadium wird schon mit der teilweisen Verwirklichung eines Tatbestandsmerkmals erreicht; nur was „den Tatbestand der Straftat auch teilweise nicht verwirklicht, ist Vorbereitung"[33].

Während die Abgrenzung zwischen Versuch und Vollendung in der Regel keine größeren Probleme aufwirft[34], ist die Grenzziehung zwischen Versuch und Vorbereitung insbesondere bei den sogenannten offenen Tatbeständen nicht leicht[35]. In der Praxis sind je-

31 *Tokaji* (Anm. 10), S. 312.

32 Vgl. *Tokaji* (Anm. 10), S. 305.

33 So *Horváth*, Az élet, testi épség, egészség büntetőjogi védelme (Strafrechtlicher Schutz des Lebens, der körperlichen Unversehrtheit und der Gesundheit), Budapest 1965, S. 299; *Földvári* (Anm. 1), S. 173 ff.

34 Freilich gibt es auch solche Fälle. So ist z. B. die Vollendung des Diebstahls in der Praxis umstritten; vgl. *Földvári* (Anm. 1), S. 170. Besondere Probleme entstehen dann, wenn der Tatbestand mehrere Verletzungserfolge enthält, wie z. B. bei der Tötung mehrerer Menschen (§ 166 Abs. 2 f ung. StGB). Hier wird eine vollendete und eine versuchte Tötung als Versuch der Tötung an mehreren Menschen angesehen. Büntető elvi határozatok (Strafrechtliche Grundsatzentscheidungen) Budapest 1973, S. 755.

35 *Tokaji* (Anm. 10), S. 312.

doch hierzu Lösungen für die einzelnen Tatbestände entwickelt worden[36].

Subjektiv wird beim Versuch der auf die Vollendung gerichtete Vorsatz vorausgesetzt, wobei auch dolus eventualis ausreicht. Die versuchte Beteiligung wird nach ungarischem Strafrecht nicht als Versuch bestraft, da unter „Straftat" im Sinne des § 16 ung.StGB nur eine im Besonderen Teil enthaltene Tat zu verstehen ist. Auf den Versuch der Teilnahme können jedoch die Vorschriften über die Vorbereitung angewandt werden, sofern diese im jeweiligen Fall strafbar ist.

bb) Strafgrund des Versuchs

Hinsichtlich des Strafgrundes des Versuchs herrscht in Ungarn eine vermittelnde Auffassung vor, die die Strafbarkeit des Versuchs einerseits mit dem verbrecherischen Willen des Täters, andererseits mit der unmittelbaren Gefährdung des Rechtsguts begründet[37]. Die Versuchsdefinition entspricht insoweit der objektiven Auffassung, als der Beginn der Tatbestandsverwirklichung erforderlich ist. Die Regelung der Strafzumessung beim Versuch sowie die Strafbarkeit des untauglichen Versuchs zeugen dagegen vom Einfluß der subjektiven Theorie.

cc) Bestrafung des Versuchs

§ 17 Abs. 1 ung.StGB ermöglicht es dem Gericht, bei einem Versuch auch das Höchstmaß der für die vollendete Tat angedrohten Strafe zu verhängen. Nach herrschender Lehre[38] und auch nach der Praxis der Gerichte verdient der Versuch jedoch in der Regel mildere Bestrafung als das vollendete Delikt[39]. Diese Auffassung findet auch im Strafgesetzbuch selbst Widerhall, da dieses ungeachtet der grundsätzlichen Gleichstellung von Versuch und Vollendung für jenen eine sogenannte zweistufige Strafmilderung zuläßt (§ 87 Abs. 3 ung.StGB). Die prinzipielle Gleichbehandlung von Versuch und Voll-

36 So ist z. B. das Aufheben eines Messers mit Tötungsvorsatz nicht versuchte Tötung, sondern nur Vorbereitung, wenn die Nähe zum Opfer fehlt und kein entschlossener Stich oder Schlag vorgenommen wurde. Versuch ist dagegen die Beimischung von Gift in eine Speise oder ein Getränk mit Tötungsvorsatz; Grundsatzentscheidungen (Anm. 34), S. 304 f.

37 *Finkey* (Anm. 4), S. 293; *Tokaji* (Anm. 1), S. 307 ff; *Földvári* (Anm. 1), S. 175 ff.

38 *Tokaji* (Anm. 10), S. 307 ff; *Földvári* (Anm. 1), S. 175 ff.

39 In einer Entscheidung des Obersten Gerichts heißt es: „Nach dem Strafgesetzbuch ist auch auf den Versuch das Strafmaß anzuwenden, das für die vollendete Straftat festgesetzt ist. Es widerspricht dieser gesetzlichen Vorschrift nicht, wenn in den meisten Fällen der Versuch in der Gerichtspraxis milder bestraft wird als die vollendete Straftat. Es ist in der Regel als mildernder Umstand zu bewerten, daß die Straftat im Versuchsstadium geblieben ist."; Grundsatzentscheidungen (Anm. 34), 1982, S. 31.

endung wird von einigen Autoren mit objektiven, von anderen mit subjektiven Erwägungen begründet[40].

Der Versuch ist generell, d. h. bei allen vorsätzlichen Straftaten, strafbar.

dd) Der untaugliche Versuch

§ 17 Abs. 2 ung.StGB unterscheidet nicht zwischen absolut und relativ untauglichen Versuchen. Nach der Rechtsprechung ist die Untauglichkeit immer im Hinblick auf die konkrete Ausführungshandlung zu beurteilen[41]. So gilt es beispielsweise als Abtreibungsversuch am untauglichen Objekt, wenn der Täter die Frau irrig für schwanger hält, und als Tötungsversuch, wenn die Mutter ihr totgeborenes Kind in der Annahme ertränkt, es sei lebendig. Ein untaugliches Mittel wird beispielsweise angenommen, wenn das vom Täter verwendete Gas unter den gegebenen Belüftungsverhältnissen den Tod nicht verursachen konnte oder wenn der Täter einen Lotteriegewinn mit Hilfe eines nachträglich ausgefüllten Lottozettels erzielen will (Betrugsversuch)[42].

Die theoretische Begründung für die Strafbarkeit des untauglichen Versuchs ist in der ungarischen Literatur umstritten. Von der herrschenden Lehre wird die Strafbarkeit hier als ein Zugeständnis an die subjektive Theorie angesehen[43]. Verschiedene Autoren weisen darauf hin, daß sie wegen der mangelnden Gesellschaftsgefährlichkeit solcher Taten im Hinblick auf den materiellen Verbrechensbegriff des ungarischen Strafrechts kaum begründet werden kann[44].

Die Lösung dieses schwierigen Problems wird vom Strafgesetzbuch weitgehend dem Richter anvertraut, da dieser einerseits eine Strafe innerhalb des gewöhnlichen Strafrahmens verhängen, andererseits aber die Strafe auch uneingeschränkt mildern oder sogar von ihrer Verhängung absehen kann. Dieser weite Ermessensspiel-

40 Nach *Kádár/Kálmán* (Anm. 6), S. 553, bleibt der Versuch, was die Gesellschaftsgefährlichkeit angeht, nicht hinter der vollendeten Straftat zurück. *Földvári* (Anm. 1), S. 176, begründet dagegen die Gleichstellung damit, daß „in vielen Fällen der Vorgang der Verwirklichung der Straftat durch Umstände unterbrochen wird, die von der Person des Täters völlig unabhängig sind".

41 Grundsatzentscheidungen (Anm. 34), 1973, S. 307 f.

42 *Békés* (Anm. 6), S. 257 ff.

43 *Békés* (Anm. 6), S. 259 ff; *Tokaji* (Anm. 10), S. 308 ff.; *Földvári* (Anm. 1), S. 177.

44 Will man sich nicht mit diesem Systembruch abfinden, so muß man entweder auf die Strafbarkeit des untauglichen Versuchs verzichten, was nicht ernsthaft vorgeschlagen wird, oder man muß die gesetzliche Definition der Gesellschaftsgefährlichkeit erweitern. Letzteres hat *Viski* (Anm. 29), S. 390, vorgeschlagen. Danach soll der geltende § 10 Abs. 2 ung. StGB um den Passus: „... bzw. die auf die Verletzung oder Gefährdung dieser Rechtsgüter gerichtet und geeignet ist" erweitert werden.

raum wird als wirksames Korrektiv gegenüber einer einseitigen Durchsetzung der subjektiven Versuchsauffassung angesehen.

Nach ungarischer Auffassung folgt aus dem Begriff der Straftat, daß Wahndelikte nicht bestraft werden können, da die Vorstellung des Täters den fehlenden Straftatbestand nicht ersetzen kann.

ee) Der Rücktritt vom Versuch

§ 17 Abs. 3 ung.StGB gewährt demjenigen Straflosigkeit, der freiwillig vom Versuch zurücktritt. Rücktritt im engeren Sinne ist nur vom unbeendeten Versuch möglich, während beim beendeten Versuch die freiwillige Abwendung des Erfolges verlangt wird. Nach der amtlichen Begründung zum ungarischen Strafgesetzbuch spricht für die Straflosigkeit des freiwilligen Rücktritts, daß die Gesellschaft größeres Interesse am Ausbleiben des verbrecherischen Erfolges als an der Bestrafung des Täters hat, daß der Täter nicht hemmungslos gesellschaftsfeindlich ist und daß die Motivation gegen die Tatbegehung durch die Möglichkeit der Straflosigkeit verstärkt wird[45]. Die strafbefreiende Wirkung des freiwilligen Rücktritts ist freilich nicht umfassend; beim sogenannten qualifizierten Versuch bleibt der Täter vielmehr wegen der bereits vollendeten Delikte strafbar (§ 17 Abs. 4 ung.StGB).

c) Die Vorbereitung

Während der Versuch einer Straftat generell strafbar ist, wird ihre Vorbereitung nur in bestimmten Fällen unter Strafe gestellt. Anders als beim Versuch, wo eine unmittelbare Gefährdung des Rechtsguts besteht, liegt bei der Vorbereitung nur eine entferntere Gefahr vor[46]. Soweit auch Vorbereitungshandlungen unter Strafe gestellt werden, liegt darin eine gegenüber der Versuchsstrafbarkeit weitergehende Vorverlegung des Strafrechtsschutzes.

Im ungarischen Strafgesetzbuch ist die Strafbarkeit der Vorbereitung wie folgt geregelt:

> § 18 Abs. 1: Sofern das Gesetz dies ausdrücklich bestimmt, wird wegen Vorbereitung bestraft, wer, um eine Straftat zu begehen, die hierfür erforderlichen oder günstigen Voraussetzungen schafft, zur Begehung aufruft, sich dazu anbietet oder bereit erklärt oder sich zur gemeinschaftlichen Begehung verabredet.
>
> Abs. 2: Wegen Vorbereitung bleibt straflos,
>
> a) wer durch freiwilligen Rücktritt den Beginn der Ausführung der Straftat vereitelt;
>
> b) wer, um die Ausführung der Straftat zu vereiteln, den Aufruf, das Anerbieten oder die Bereitschaft zur Begehung zurückzieht oder sich dafür

45 Amtliche Begründung (Anm. 3), S. 53 f.

46 *Tokaji* (Anm. 10), S. 305.

einsetzt, daß die anderen Beteiligten die Ausführung aufgeben, vorausgesetzt, daß aus irgendeinem Grunde mit der Ausführung der Tat nicht begonnen wird;

c) wer die Vorbereitung bei der Behörde anzeigt.

Abs. 3: Wird durch die Vorbereitung in den Fällen des Abs. 2 eine andere Straftat verwirklicht, so wird der Beteiligte deswegen bestraft.

Vorbereitungshandlungen bleiben in der Regel straflos. Die Auswahl der unter Strafe gestellten Vorbereitungsfälle beruht im allgemeinen auf dem hohen Grad der Gesellschaftsgefährlichkeit der entsprechenden Taten[47]. Die Strafbarkeit von Vorbereitungshandlungen im Sinne des § 18 Abs. 1 ung.StGB wird in der jeweiligen Vorschrift des Besonderen Teils angeordnet (vgl. z. B. § 166 Abs. 3 ung.StGB). Strafbar ist die Deliktsvorbereitung etwa bei den Straftaten gegen den Staat (X. Abschnitt des ungarischen StGB), beim verbotenen Grenzübertritt (§ 217 Abs. 5 ung.StGB), bei der Verletzung eines Staatsgeheimnisses (§ 221 Abs. 4 ung.StGB), bei der Gefangenenmeuterei (§ 246 Abs. 5 ung.StGB), beim Herbeiführen einer Gemeingefahr (§ 259 Abs. 5 ung.StGB), bei terroristischen Handlungen (§ 261 Abs. 3 ung.StGB), bei der Entführung eines Luftfahrzeugs (§ 262 Abs. 3 ung.StGB) und bei der Geldfälschung (§ 304 Abs. 4 ung.StGB).

Verschiedentlich stellt der Gesetzgeber auch nur eine oder mehrere bestimmte Vorbereitungshandlungen unter Strafe, z. B. die Verabredung zur Kuppelei (§ 207 Abs. 4 ung.StGB). Die herrschende Meinung ordnet auch diese Fälle als echte Vorbereitungshandlungen ein[48] und stellt sie damit den sogenannten delicta sui generis gegenüber, bei denen eine Vorbereitungsbehandlung als vollendetes Delikt unter Strafe gestellt ist, wie z. B. bei der Aufforderung zur Falschaussage (§ 242 ung.StGB).

Strafgrund der Vorbereitung ist die — wenn auch ferner liegende — Gefährdung des Rechtsguts sowie die auf die Ausführung der Straftat gerichtete Absicht des Täters. Diese Absicht begründet die Gefährlichkei der sonst strafrechtlich meist irrelevanten Handlungen.

Aus der Aufzählung der Vorbereitungshandlungen in § 18 Abs. 1 ung.StGB ergibt sich, daß auch versuchte Anstiftung und Beihilfe als Vorbereitungshandlungen bestraft werden können[49].

47 *Pintér*, A veszély fogalma és jelentösége a büntetöjogban (Der Begriff der Gefahr und seine Bedeutung im Strafrecht), Budapest 1965, S. 67 ff.; *Wiener*, in: *Szabó* (Hrsg.), Állam-é Jogtudományi Enciklopédia (Enzyklopädie der Staats- und Rechtswissenschaften), Band I, Budapest 1980, S. 448.

48 *Békés* (Anm. 6), S. 248; *Tokaji* (Anm. 10), S. 84.

49 *Losonczy*, A tettesség és a részesség a büntetöjog rendszerében (Täterschaft und Teilnahme im Strafrechtssystem), Budapest 1966, S. 297 ff., 324 ff.

Die Fälle strafbarer Vorbereitung werden durchwegs mit geringeren Strafen als vollendete Delikte bedroht. So liegt etwa der Strafrahmen für den Grundtatbestand der Tötung bei Freiheitsstrafe von fünf bis 15 Jahren, während die Vorbereitung dieses Delikts mit Freiheitsstrafe bis zu drei Jahren bestraft werden kann. Hinzuweisen ist in diesem Zusammenhang auf qualifizierte Fälle der Vorbereitung, wie sie sich bei den Staatsschutzdelikten finden: Die Vorbereitung des Landesverrats ist mit Freiheitsstrafe von einem bis zu fünf Jahren, bei Begehung in Kriegszeiten mit Freiheitsstrafe von einem bis zu acht Jahren bedroht.

Die strafbefreiende Wirkung des Rücktritts von der Vorbereitung beruht auf denselben kriminalpolitischen Erwägungen wie die Strafbefreiung beim Rücktritt vom Versuch. Bei den selbständigen Vorbereitungsdelikten, z. B. bei der Aufforderung zur Falschaussage, sind die Rücktrittsvorschriften nicht anwendbar. Ebenso wie beim Versuch bleibt die strafrechtliche Verantwortlichkeit für die in der Vorbereitungsphase bereits vollendeten oder versuchten Delikte auch im Falle des Rücktritts von der Vorbereitung bestehen.

3. *Das Unternehmensdelikt*

Im Gegensatz zum früheren ungarischen StGB von 1878, in dem beispielsweise der Hochverrat (§126 ung.StGB 1878) als Unternehmenstatbestand[50] geregelt war[51], enthält das geltende ungarische Strafgesetzbuch keine derartigen Tatbestände. Die Besonderheit der Unternehmenstatbestände, zu denen beispielsweise auch der Schmuggel und der Landesverrat zählten[52], hatte darin bestanden, daß die Strafmilderung wegen Versuchs ebenso ausgeschlossen war wie die Strafbefreiung beim Rücktritt vom Versuch. Da nunmehr die Strafdrohungen von Versuch und Vollendung einander angeglichen sind, bestand nach Auffassung des ungarischen Gesetzgebers keine Notwendigkeit zur Beibehaltung der Unternehmenstatbestände. Allerdings finden sich auch im geltenden ungarischen Strafrecht Tatbestände, bei denen der Versuch faktisch der Vollendung gleichgestellt ist. So ist beispielsweise nach § 139 ung.StGB die strafbare Verschwörung eine Handlung, die darauf gerichtet ist, die staatliche, gesellschaftliche oder wirtschaftliche Ordnung der ungarischen Volksrepublik zu beseitigen oder zu schwächen. Ein Versuch der Verschwörung ist nicht denkbar, da sich die Handlung entweder noch im Vor-

50 Vgl. *Jescheck*, Allg. Teil, S. 246; *Triffterer* (Anm. 5), S. 359; *Lekschas/Renneberg* (Anm. 7), S. 327.

51 *Finkey* (Anm. 4), S. 816 ff.

52 *Angyal* (Anm. 15), S. 164, 172.

bereitungsstadium befindet oder, sofern die Verschwörung bereits besteht, als Vollendung anzusehen ist[53].

4. *Selbständige Gefährdungsdelikte*

a) Arten der Gefährdungsdelikte

Als selbständige Gefährdungsdelikte bezeichnen wir a) die konkreten Gefährdungsdelikte, b) die abstrakten Gefährdungsdelikte und c) die Eignungsdelikte. Unter konkreten Gefährdungsdelikten verstehen wir Tatbestände, bei denen die Vollendung mit der konkreten Gefährdung des Handlungsobjekts eintritt. Abstrakte Gefährdungsdelikte sind demgegenüber solche Tatbestände, bei denen die tatbestandsmäßige Handlung typischerweise eine Gefahr herbeiführt, die Gefährdung selbst jedoch nicht in den Tatbestand aufgenommen ist. Bei den Eignungsdelikten gehört auch die Eignung der tatbestandsmäßigen Handlung zur Herbeiführung einer Gefahr zum Tatbestand und bedarf daher besonderer richterlicher Feststellung.

Der Begriff der Gefahr wird von der in Ungarn herrschenden Lehre objektiv als Wahrscheinlichkeit des Eintritts eines Schadens definiert. Bei der abstrakten Gefahr sind noch nicht alle zur Herbeiführung der Schädigung des geschützten Gutes notwendigen Faktoren vorhanden, so daß noch keine unmittelbare Gefahr für dieses Gut besteht. Dagegen sind bei der konkreten Gefahr schon sämtliche relevanten Faktoren präsent, und es besteht die reale Möglichkeit, daß der Erfolg eintritt[54].

b) Konkrete Gefährdungsdelikte

Das ungarische StGB sieht folgende konkrete Gefährdungsdelikte vor: Gefährdung im Berufsbereich (§ 171 ung.StGB), Vernachlässigung der Fürsorgepflicht (§ 173 ung.StGB), Straftat gegen die Verkehrssicherheit (§ 184 ung.StGB), Gefährdung des Bahn-, Luft- oder Schiffsverkehrs (§ 185 ung.StGB), Gefährdung im Straßenverkehr (§ 186 ung.StGB), Gefährdung eines Minderjährigen (§ 195 ung.StGB) und Herbeiführung einer Gemeingefahr (§ 259 ung.StGB). Bei einigen Straftaten führt der Eintritt einer konkreten Gefährdung zur Qualifikation des Grunddelikts, wie z. B. bei der Umweltschädigung (§ 280 Abs. 2 ung.StGB), der Körperverletzung (§ 170 Abs. 5 ung.StGB) und der Tötung (§ 166 Abs. 2g ung.StGB).

53 Nach *Földvári*, Büntetöjog. Különös rész (Strafrecht. Besonderer Teil), Budapest 1972, S. 16, ist ein Versuch prinzipiell denkbar, kann aber praktisch außer acht gelassen werden.

54 *Viski*, Acta Juridica 10 (1968), S. 282; *Pintér* (Anm. 47), S. 53.

Die Zahl der konkreten Gefährdungsdelikte hat in den letzten Jahrzehnten zugenommen. Das frühere StGB von 1878 hatte lediglich die Aussetzung und verschiedene gemeingefährliche Straftaten als konkrete Gefährdungsdelikte ausgestaltet. Einen Wendepunkt bedeutete die Einführung des Tatbestandes der Gefährdung von Leben oder körperlicher Unversehrtheit durch Mißachtung oder Vernachlässigung von Berufsvorschriften im Jahre 1948[55]. Die neuere Gesetzgebung bildete dann das jetzige System der Verkehrsdelikte heraus. Eine ganz neuartige Konstruktion stellt schließlich der Tatbestand der Körperverletzung mit konkreter Lebensgefährdung dar.

Der Gefährdungserfolg besteht nach dem Wortlaut des Gesetzes in der „unmittelbaren Gefährdung des Lebens, der körperlichen Unversehrtheit oder der Gesundheit" (§§ 171, 186 ung.StGB), der „Gefährdung des Lebens, der körperlichen Unversehrtheit oder der Gesundheit" (§§ 173, 185 ung.StGB), der „Gefährdung der körperlichen, geistigen oder moralischen Entwicklung des Minderjährigen" (§ 195 ung.StGB), einer „Gemeingefahr" (§ 259 ung.StGB) oder einer „Lebensgefahr" (§§ 166 Abs. 2g, 170 Abs. 5, 280 Abs. 2 ung.StGB). Es fällt auf, daß in einigen Tatbeständen eine „unmittelbare" Gefährdung verlangt wird, während in anderen die „einfache" Gefährdung des Rechtsguts ausreicht. Der unterschiedliche Wortlaut bedeutet jedoch nicht, daß bei den nicht als „unmittelbar" bezeichneten Gefährdungen eine bloße abstrakte Gefahr genügen würde; die Wortwahl hängt vielmehr mit den Traditionen der ungarischen Gesetzgebung zusammen[56].

Auch die Gefährdung der Verkehrssicherheit (§ 184 ung.StGB) ist nicht als bloß abstrakte Gefährdung anzusehen. Lehre und Praxis sind sich darin einig, daß hier das Bestehen einer konkreten Situation vorausgesetzt wird, „bei der die Gefahr eines Unfalls besteht, der das Leben oder die körperliche Unversehrtheit eines anderen verletzen oder bedeutenden materiellen Schaden verursachen würde"[57]. Im Zuge der Differenzierung der gesetzlichen Regelung wurden die Straßenverkehrsgefährdungen aus dem allgemeinen Tat-

55 *Viski/Imre/Ternai*, Közúti közlekedési balesetek elbirálása (Die Beurteilung von Straßenverkehrsunfällen), Budapest 1963, S. 32 ff.

56 Nach *Viski*, Gefährdung (Anm. 21), S. 67 f., stellt die Aufnahme des Attributs „unmittelbar" einen Pleonasmus dar; es wäre ein einheitlicher Sprachgebrauch im Gesetz wünschenswert. *Tokaji* (Anm. 10), S. 191, unterscheidet dagegen innerhalb der konkreten Gefahr zwischen verschiedenen Gefahrenstufen; nach ihm stellt die „unmittelbare" Gefahr eine Stufe der konkreten Gefahr dar.

57 So die Amtliche Begründung (Anm. 3), S. 249; *Viski/Imre/Ternai* (Anm. 55), S. 193. Es ist eine andere Frage, ob es nicht zweckmäßiger wäre, diese Umstände beim richtigen Namen zu nennen.

bestand der „Gefährdung von Leben oder körperlicher Unversehrtheit" ausgeschieden. Dieser 1948 eingeführte allgemeine Tatbestand stellte auch die fahrlässige Gefährdung im Straßenverkehr generell unter Strafe und entsprach damit der damaligen Entwicklung der Motorisierung. Das StGB von 1961 übernahm noch diese Konzeption[58], die jedoch schon bald durch die Weiterentwicklung des Straßenverkehrs überholt wurde. Zunächst ging die Anklagebehörde dazu über, diese Vorschrift nicht mehr anzuwenden; dann wurde die Strafbarkeit der fahrlässigen Gefährdung durch eine Gesetzesnovelle des Jahres 1971 wesentlich eingeschränkt. Das geltende Strafgesetzbuch von 1978 verzichtete schließlich auf die Bestrafung der fahrlässigen Gefährdung sowie der fahrlässigen leichten Körperverletzung im Straßenverkehr. Beide Tatbestände wurden in Ordnungswidrigkeiten umgewandelt. Strafbar blieb nur die fahrlässige schwere Körperverletzung im Straßenverkehr (§ 187 ung.StGB). Dieser spektakuläre Rückzug der Gefährdungskonzeption im Bereich des Straßenverkehrs ist um so bemerkenswerter, als *M. Kádár* noch im Jahre 1961 für die generelle Bestrafung der fahrlässigen Gefährdung plädiert hatte[59].

Im ungarischen Strafrecht werden die durch konkrete Gefährdungsdelikte verursachten weiteren schweren Folgen in der Regel als qualifizierte Fälle der Gefährdungsdelikte angesehen und nicht unter Anwendung der Konkurrenzregelungen beurteilt. Diese qualifizierten Fälle beziehen sich auf eine Skala von Verletzungserfolgen. Als Erschwerungsgründe gelten einmal verschiedene Grade der Körperverletzung sowie die Verursachung des Todes, zum anderen aber auch verschiedene qualifizierende Umstände, die sonst tatbestandlich nicht erfaßt werden. Diese Gesetzgebungstechnik sei am Beispiel der Gefährdung im Straßenverkehr (§ 186 ung.StGB) dargestellt:

§ 186 Abs. 2: Die Strafe ist

a) Freiheitsstrafe bis zu fünf Jahren, wenn die Straftat eine schwere Körperverletzung,

b) Freiheitsstrafe von zwei bis zu acht Jahren, wenn die Straftat eine dauernde Entstellung, eine schwere Gesundheitsstörung oder einen Massenunfall,

c) Freiheitsstrafe von fünf bis zu zehn Jahren, wenn die Straftat den Tod,

d) Freiheitsstrafe von fünf bis zu fünfzehn Jahren, wenn die Straftat den

58 § 258 ung. StGB 1961.

59 *M. Kádár*, A gondatlan bünösség; a gondatlanságból elkövetet büncselekményekért való felelösség (Fahrlässige Schuld, Verantwortlichkeit für Fahrlässigkeitsdelikte), Állam-és Jogtudományi Intézet Értesitöje 4 (1961) S. 4 ff.; deutsche Zusammenfassung in: Acta Juridica Academiae Scientiarum Hungaricae 3 (1961), S. 331 f.

Tod von mehr als zwei Menschen oder einen Massenunfall mit Todesfolge
zur Folge hat.

Die qualifizierten Fälle der vorsätzlichen Gefährdungsdelikte sind mit strengerer Strafe als die allgemeinen fahrlässigen Verletzungsdelikte bedroht. Infolge dieser Strenge erfassen die qualifizierten Fälle der vorsätzlichen Gefährdungsdelikte nicht nur die Vorsatz-Fahrlässigkeits-Kombinationen, sondern in einigen Fällen auch den auf den Erfolg gerichteten Vorsatz. So wird beispielsweise die vorsätzliche Körperverletzung mit schwerer Gesundheitsstörung mit Freiheitsstrafe bis zu fünf Jahren bestraft (§ 170 Abs. 4 ung.StGB), der durch denselben Umstand qualifizierte Fall der Gefährdung im Straßenverkehr jedoch mit Freiheitsstrafe von zwei bis zu acht Jahren (§ 186 Abs. 2b ung.StGB). Dieses System der Qualifikationen hat den Vorteil, daß es Konkurrenzfragen vermeidet.

Fahrlässige konkrete Gefährdungen sind in folgenden Fällen unter Strafe gestellt: Gefährdung im Berufsbereich (§ 171 Abs. 1, 2 ung.StGB), Straftat gegen die Verkehrssicherheit (§ 184 Abs. 3 ung.StGB) und Gefährdung des Bahn-, Luft- oder Schiffsverkehrs (§ 185 Abs. 3 ung.StGB). Im Bereich des Straßenverkehrs sind fahrlässige Gefährdung und leichte Körperverletzung, wie gesagt, bloße Ordungswidrigkeiten[60]. Das System der Qualifikationen folgt im übrigen dem Vorbild der vorsätzlichen Gefährdungsdelikte.

Eine Sonderstellung unter den konkreten Gefährdungsdelikten nimmt die Herbeiführung einer Gemeingefahr ein. Unter einer Gemeingefahr verstehen Lehre und Rechtsprechung eine Gefahr, die eine unbestimmte oder eine größere (wenn auch bestimmte) Zahl von Personen oder Sachen von bedeutendem Wert bedroht[61]. Der Tatbestand setzt eine konkrete Gefährdung der (im Gesetz nicht ausdrücklich hervorgehobenen) Handlungsobjekte voraus; sein Anwendungsbereich ist daher recht eng. Dem begrüßenswerten Vorschlag *Viskis*, den Tatbestand in ein Eignungsdelikt umzugestalten[62], ist der Gesetzgeber bisher nicht gefolgt.

Von praktischer Bedeutung sind die konkreten Gefährdungsdelikte vor allem im Bereich des Verkehrs. Daneben ist noch der Tatbestand der Gefährdung im Berufsbereich hervorzuheben, der sämtliche Gefährdungen in diesem Zusammenhang — mit Ausnahme der

60 1968. evi I. törvény a szabálysértésekröl (Gesetz I von 1968 über die Ordnungswidrigkeiten — OWiG) in der Fassung vom 23. 8. 1983, Magyar Közlöny Nr. 37, § 116/B.

61 Amtliche Begründung (Anm. 3), S. 320.

62 *Viski*, Gefährdung (Anm. 21), S. 68 f.

Verkehrsgefährdungen — umfaßt. Hierzu gehören vor allem Betriebsunfälle, Bauunfälle, ärztliche Kunstfehler sowie Unfälle, die mit Schußwaffen verursacht werden[63].

Geschützte Rechtsgüter sind bei den konkreten Gefährdungsdelikten vor allem das Leben, die körperliche Unversehrtheit und die Gesundheit, bei einigen Tatbeständen ergänzend auch das Vermögen (z. B. bei der Straftat gegen die Verkehrssicherheit, § 184 ung.StGB, und beim Herbeiführen einer Gemeingefahr, § 259 ung.StGB). Im Vorfeld der konkreten Gefährdungsdelikte liegt eine Reihe von Ordnungswidrigkeitentatbeständen, bei denen in der Regel eine abstrakte Gefährdung des Rechtsguts pönalisiert wird. Abstrakte Gefährdungen werden beispielsweise von § 46 OWiV (grobe Verletzung der Vorschriften über das Vorfahrtsrecht und das Überholen)[64], § 19 OWiV (verbotenes Benutzen von Schußwaffen) und § 17 OWiV (Verletzung der Brandordnung) erfaßt.

c) Abstrakte Gefährdungsdelikte

Auch im ungarischen StGB findet sich eine erhebliche Anzahl abstrakter Gefährdungsdelikte. Als Beispiele sind zu erwähnen: Spionage (§ 147 ung.StGB), unterlassene Hilfeleistung (§ 172 ung.StGB), Trunkenheit am Steuer (§ 188 ung.StGB), verbotenes Überlassen eines Kraftfahrzeugs (§ 189 ung.StGB), Zuhälterei (§ 206 ung.StGB), falsche Anschuldigung (§ 233 ung.StGB), Falschaussage (§ 238 ung.StGB), Begünstigung (§ 244 ung.StGB), terroristische Handlung (§ 261 ung.StGB), Entführung eines Luftfahrzeugs (§ 262 ung.StGB), Mißbrauch von Sprengstoff, strahlenden Stoffen und Gift (§§ 263—265 ung.StGB), gemeingefährliche Arbeitsscheu (§ 266 ung.StGB), Mißbrauch von Betäubungsmitteln (§ 282 ung.StGB), Kurpfuscherei (§ 285 ung.StGB), Verletzung der Seuchenbekämpfungsordnung (§ 294 ung.StGB) sowie falsche Qualitätszusicherung (§ 295 ung.StGB).

Die abstrakten Gefährdungsdelikte umfassen fast alle Lebensbereiche mit Ausnahme des Schutzes des Lebens, der körperlichen Unversehrtheit und des Vermögens; ihre Bedeutung ist aber auf den einzelnen Gebieten unterschiedlich. Abstrakte Gefährdungstatbestände sind besonders häufig bei den Straftaten gegen den Staat, gegen die Freiheit, die Ehe, die Familie, die Jugend, die Sexualmoral, die Staatsverwaltung, die Rechtspflege, die Reinheit der Amtsführung und die Wirtschaftsordnung.

63 *Földvári* (Anm. 53), S. 353.

64 Regierungsverordnung Nr. 17/1968 vom 14. 4. 1968 in der Fassung vom 23. 8. 1983, Magyar Közlöny Nr. 37 (OWiV), § 46.

In der Praxis der Gerichte spielt der Tatbestand der Trunkenheit am Steuer (§ 188 ung.StGB) die wichtigste Rolle. Dieser Tatbestand lautet:

§ 188 Abs. 1: Wer in einem durch ein alkoholisches Getränk beeinflußten Zustand ein Bahn- oder Luftfahrzeug, ein Wasserfahrzeug oder eine schwimmende Arbeitsmaschine mit Kraftantrieb oder auf einer öffentlichen Straße ein Kraftfahrzeug führt, begeht ein Verbrechen und wird mit Freiheitsstrafe bis zu einem Jahr, mit Besserungs- oder Erziehungsarbeit oder mit Geldstrafe bestraft.

Abs. 2: Die Strafe wegen dieses Verbrechens ist:
a) Freiheitsstrafe bis zu drei Jahren, wenn die Straftat eine schwere Körperverletzung,
b) Freiheitsstrafe bis zu fünf Jahren, wenn die Straftat eine dauernde Entstellung, eine schwere Gesundheitsstörung oder einen Massenunfall,
c) Freiheitsstrafe von zwei bis zu acht Jahren, wenn die Straftat den Tod,
d) Freiheitsstrafe von fünf bis zu zehn Jahren, wenn die Straftat den Tod von mehr als zwei Menschen oder einen Massenunfall mit Todesfolge zur Folge hat.

Abs. 3: Wer in einem durch ein alkoholisches Getränk beeinflußten Zustand durch Führen eines Wasserfahrzeugs, einer schwimmenden Arbeitsmaschine ohne Kraftantrieb oder eines Fahrzeugs ohne Kraftantrieb auf öffentlicher Straße die in Abs. 2 bezeichneten Folgen verursacht, wird nach der dort vorgesehenen Regelung bestraft.

Der Grundtatbestand ist ein abstraktes Gefährdungsdelikt[65]; die darauf aufbauenden qualifizierten Fälle enthalten Verletzungserfolge verschiedener Schweregrade. Die fahrlässig verursachten schweren Folgen bilden also qualifizierte Fälle des vorsätzlichen Grunddelikts.

Bis zur Einführung des Strafgesetzbuchs von 1978 galt das Führen eines Kraftfahrzeugs unter Alkoholeinfluß als qualifizierter Fall der fahrlässigen Verkehrsgefährdungsdelikte[66]. Vor 1971 war der Tatbestand der Trunkenheit am Steuer sogar nur als subsidiäres Delikt ausgestaltet; wegen dieser Tat konnte nur verurteilt werden, wenn keine konkrete Gefährdung eingetreten war, während die Alkoholisierung des Täters bei konkreten Gefährdungsdelikten nur als Strafzumessungstatsache in Betracht kam[67].

65 Ein „vom Alkohol beeinflußter Zustand" wird in der Gerichtspraxis in der Regel bei einer Blutalkoholkonzentration von 0,8 Promille (nach Widmark) festgestellt; vgl. *Bodgál/Pintér*, in: *Fonyó* (Hrsg.), Magyar büntetöjog. Különös rész (Ungarisches Strafrecht. Besonderer Teil), Budapest 1981, S. 172 ff. Bei niedrigerer Blutalkoholkonzentration liegt eine Ordnungswidrigkeit (§ 116/A ung. OWiG) vor.

66 *Földvári* (Anm. 53), S. 208 ff. Diese Lösung wurde bei der Vorbereitung des neuen StGB 1978 von *Viski* (Anm. 30), S. 264, empfohlen, jedoch ohne Erfolg.

67 Vgl. *Horváth* (Anm. 33), S. 424 ff.

Die Neuregelung der Trunkenheit am Steuer ist auch unter einem weiteren Gesichtspunkt von Interesse. Hier gilt nämlich als ungeschriebenes Tatbestandsmerkmal, daß der Verletzungserfolg durch die schuldhafte Übertretung anderer Vorschriften der Straßenverkehrsordnung verursacht wird. Die Mißachtung der Verkehrsvorschriften wiederum geht ursächlich auf die Trunkenheit des Fahrers zurück. Begrifflich stellen die qualifizierten Fälle von § 188 ung.StGB fahrlässige Erfolgsdelikte dar; sie gelten jedoch als vorsätzliche Straftaten im Sinne des Gesetzes.

Eine formell ähnliche Konstruktion weist auch der Tatbestand der verbotenen Überlassung eines Kraftfahrzeugs (§ 189 ung.StGB) auf. Hier begründet die verbotene Überlassung des Fahrzeugs an einen Dritten allerdings die Verantwortlichkeit des Täters für die von dem Dritten begangenen fahrlässigen Straftaten. Dem System der Qualifikationen liegt offensichtlich die Annahme zugrunde, daß sich die Fahrlässigkeit des Täters auf alle denkbaren Folgen — von der Körperverletzung bis zum Massenunfall mit Todesfolge — erstreckt, wenn der Täter die Unfähigkeit des Dritten zur Führung des Kraftfahrzeugs erkannt hat.

Bei den abstrakten Gefährdungsdelikten ist in der Regel nur die vorsätzliche Begehung unter Strafe gestellt. Eine Ausnahme enthält jedoch beispielsweise § 238 Abs. 6 ung.StGB (Falschaussage), wo auch die fahrlässige Begehung bestraft wird.

Im Vorfeld der abstrakten Gefährdungsdelikte liegen zahlreiche Ordnungswidrigkeitentatbestände, die fernere oder schwächere Gefährdungen der geschützten Rechtsgüter unter Strafe stellen. Als Beispiele sind zu erwähnen: Trunkenheit am Steuer (§ 116/A OWiG), Mißbrauch strahlender Stoffe (§ 89 OWiG), Mißbrauch von Betäubungsmitteln (§ 90 OWiG), gemeingefährliche Arbeitsscheu (§ 91 OWiG).

d) Eignungsdelikte

Der Gesetzgeber kann die Eignung einer Tat zur Verletzung oder Gefährdung von Rechtsgütern im Tatbestand durch verschiedene Wendungen zum Ausdruck bringen. So wird die Aufhetzung (§ 148 ung.StGB) definiert als Handlungen, die geeignet sind, Haß zu entfachen; die Verleumdung (§ 179 ung.StGB) als Behauptung von Tatsachen, die geeignet sind, die Ehre zu verletzen; das Verbreiten einer Greuelnachricht (§ 270 ung.StGB) als Behauptung von Tatsachen, die geeignet sind, die öffentliche Ruhe zu stören; und das Rowdytum (§ 271 ung.StGB) als gewalttätige Handlungen, die geeignet sind, bei anderen Empörung oder Schrecken auszulösen.

Zu dieser dritten Gruppe der Gefährdungsdelikte können auch diejenigen Tatbestände gezählt werden, bei denen die Gefährdung oder Verletzung eines Rechtsguts als Quasi-Erfolg auftritt. So verlangt beispielsweise ein qualifizierter Fall der Verschwörung (§ 139 Abs. 2 ung.StGB), daß die Tat die staatliche, gesellschaftliche oder wirtschaftliche Ordnung schwer gefährdet; bei manchen Wirtschaftsdelikten findet sich das Tatbestandsmerkmal, daß die Tat die Interessen der Volkswirtschaft oder eines engeren Wirtschaftsbereiches verletzt bzw. erheblich verletzt (z. B. §§ 287, 290, 291 ung.StGB).

Während sich der Täter bei den abstrakten Gefährdungsdelikten nicht auf das Ausbleiben einer konkreten Gefahr berufen kann, müssen ihm bei den hier erwähnten Tatbeständen die „Eignung" oder die „Gefährdung der Interessen" nachgewiesen werden. Eignungsdelikte finden sich im Bereich der Straftaten gegen den Staat, gegen die Menschenwürde, gegen die öffentliche Ordnung und gegen die Wirtschaftsordnung.

Auch hier wird das Vorfeld der Straftatbestände häufig durch Ordnungswidrigkeiten abgedeckt, wie z. B. Rowdytum (§ 93 OWiG) und verschiedene Wirtschaftsordnungswidrigkeiten (§§ 108—108/G OWiG). Bei den Ordnungswidrigkeiten liegt in der Regel eine abstrakte oder schwächere Gefährdung des Rechtsguts vor.

II. Das kriminalpolitische Anliegen und die Gründe der Schaffung von Gefährdungstatbeständen

Die Einführung von Gefährdungstatbeständen läßt sich auf keine einheitliche kriminalpolitische Absicht zurückzuführen; es ist vielmehr nach den verschiedenen Arten der Gefährdungsdelikte zu unterscheiden.

1. Bei dem „klassischen" konkreten Gefährdungsdelikt der Aussetzung, das schon im alten StGB von 1878 geregelt war, spielte einerseits die erhöhte Schutzbedürftigkeit des Verletzten, andererseits das Fehlen oder die mangelnde Beweisbarkeit des Verletzungsvorsatzes eine Rolle. Bei den gemeingefährlichen Delikten (Brandstiftung, Verursachung einer Überschwemmung) war der Gedanke von Bedeutung, daß über den unmittelbaren Vermögensschaden hinaus ein unabsehbarer Kreis von Personen und Vermögensgegenständen gefährdet wird.

Der Schaffung des ersten modernen Gefährdungstatbestandes, der „Gefährdung von Leben oder körperlicher Unversehrtheit", lagen verschiedene Erwägungen zugrunde. Es handelte sich trotz des allgemein gefaßten Titels um keinen generellen Gefährdungstatbestand, sondern um eine Regelung, die sich auf Gefährdungen im beruflichen Bereich beschränkte. Man war damals der Auffassung, daß eine zu große Kluft zwischen den Strafrahmen für folgenlose Übertretungen der Berufsvorschriften einerseits und fahrlässigen Erfolgsdelikten andererseits bestehe. Außerdem spielte die — damals — neue Idee eine Rolle, daß bei der Begründung strafrechtlicher Verantwortlichkeit die Bedeutung des Handelsunrechts gegenüber derjenigen des Erfolgsunrechts verstärkt zu berücksichtigen und daß die Relevanz von Zufallskomponenten einzuschränken sei. Schließlich stand hinter der Neuregelung von 1948 die gesellschaftspolitische Absicht, die strafrechtliche Verantwortlichkeit in den von dem neuen Tatbestand umfaßten Tätigkeitsbereichen, insbesondere im Straßenverkehr und bei ärztlichen Kunstfehlern, zu verschärfen[68]. Außerdem machte es das Abgehen von der Konstruktion des fahrlässigen Erfolgsdelikts möglich, die psychische Einstellung des Täters zur Pflichtverletzung und zur Gefährdung auf der Ebene des Tatbestandes zu berücksichtigen. (Die Konstruktion des fahrlässigen Erfolgsdelikts verschleiert demgegenüber den Charakter der Pflichtverletzung sowie den bei der bewußten Fahrlässigkeit bestehenden Gefährdungsvorsatz[69].) Die Einführung des neuen Gefährdungstatbestandes im Jahre 1948 bedeutete eine Vorverlegung des Strafrechtsschutzes. Das Anliegen, die Zufallskomponente aus dem Strafrecht auszuschalten, vermag offensichtlich nicht nur die Einführung konkreter Gefährdungsdelikte zu begründen, sondern auch und noch mehr die weitergehende Forderung nach der Ersetzung von Erfolgs- und konkreten Gefährdungsdelikten durch Tatbestände, die an der abstrakten Gefährlichkeit der Tat ausgerichtet sind. Auf diese Frage werden wir sogleich zurückkommen.

Konkrete Gefährdungsdelikte sind im ungarischen Strafgesetzbuch vor allem zum Schutze des Lebens und der körperlichen Unversehrtheit vorgesehen, und zwar für Verhaltensweisen, bei denen die Wahrscheinlichkeit eines Schadenseintritts groß ist. Die gefährlichen Handlungen werden entweder durch die Verletzung von Berufsvorschriften charakterisiert oder durch abschließende oder beispielhafte Aufzählungen näher bestimmt[70].

2. Ein Teil der Erwägungen, auf denen die Schaffung abstrakter Gefährdungsdelikte beruht, bezieht sich auf die traditionellen Straf-

68 *Viski/Imre/Ternai* (Anm. 55), S. 32 ff.; *Viski* (Anm. 30), S. 234 ff.
69 *Békés* (Anm. 6), S. 151 ff.
70 *Viski* (Anm. 24), S. 12 f.

tatbestände; häufig werden abstrakte Gefährdungsdelikte aber auch mit neuen gesellschaftlich-technischen Entwicklungen in Verbindung gebracht.

Bei den meisten abstrakten Gefährdungsdelikten kann festgestellt werden, daß die tatbestandsmäßige Handlung ihrer Art nach so gefährlich ist, daß angesichts der Empfindlichkeit des Rechtsguts schon die abstrakte Gefährlichkeit zur Begründung der Strafbarkeit ausreicht, ohne daß es des Eintritts eines Erfolges bedarf. So ist beispielsweise die Verschwörung (§ 139 ung.StGB) schon mit dem Entstehen einer staatsfeindlichen Gruppe vollendet, die Trunkenheit am Steuer (§ 188 ung.StGB) mit dem Fahren unter Alkoholeinfluß, die verbotene Überlassung eines Kraftfahrzeugs (§ 189 ung.StGB) mit dem Überlassen des Fahrzeugs an eine zum Fahren ungeeignete Person und die Verletzung der Unterhaltspflicht (§ 196 ung.StGB) mit dem Ausbleiben der geschuldeten Zahlung. Treten die schädlichen Folgen tatsächlich ein, so führt dies bei einigen abstrakten Gefährdungsdelikten zur Verschärfung der Strafe.

Zum Teil sind bei der Entstehung solcher Tatbestände auch Schwierigkeiten bei der Feststellung des Erfolges oder der konkreten Gefährdung von Bedeutung. Außerdem spielt die Erwägung eine Rolle, daß sich die Normadressaten im Interesse der Verhütung möglicher schädlicher Folgen bestimmten Geboten und Verboten zu unterwerfen haben. Da diese Gebote und Verbote unbedingt durchzusetzen sind, ist schon der bloße Ungehorsam unter Strafe zu stellen, etwa nach der Erwägung, daß derjenige, der einen Rasen schützen will, nicht die Schädigung von Grashalmen, sondern das Betreten des Rasens verbieten wird.

3. Bei den Eignungsdelikten soll die Erforderlichkeit der Eignung zur Rechtsgutsverletzung den Anwendungsbereich des Tatbestandes einengen. So verlangt beispielsweise der Tatbestand des Rowdytums (§ 271 ung.StGB) nicht nur „herausforderndes, gemeinschaftsfeindliches gewaltsames Verhalten", sondern dieses Verhalten muß auch dazu geeignet sein, „bei anderen Empörung oder Schrekken auszulösen". Hier sind auch beweisrechtliche Erwägungen von Bedeutung. Bei dem genannten Tatbestand bedarf es nicht etwa des Beweises, daß die Empörung tatsächlich eingetreten ist, sondern es ist lediglich nach objektiven Maßstäben festzustellen, ob das Verhalten des Täters dazu geeignet war, Empörung hervorzurufen.

III. Grenzen der Vorverlegung des Strafrechtsschutzes; Ausgleich von Unbilligkeiten

1. Durch Gefährdungstatbestände geschützte Rechtsgüter

Konkrete Gefährdungsdelikte schützen vor allem das Leben, die körperliche Unversehrtheit und die Gesundheit, in engem Umfang auch das Vermögen. Die abstrakten Gefährdungsdelikte umfassen ein breites Band von Rechtsgütern, beziehen sich jedoch nicht auf diejenigen Rechtsgüter, die durch konkrete Gefährdungsdelikte geschützt werden. Die Eignungsdelikte schützen die Rechtsgüter des Staates, der Menschenwürde, der öffentlichen Ordnung und der Wirtschaftsordnung.

Mit gewissen Einschränkungen läßt sich sagen, daß die Erfolgsdelikte und die konkreten Gefährdungsdelikte gegen Individualrechtsgüter gerichtet sind, während die abstrakten Gefährdungsdelikte und die Eignungsdelikte überwiegend Rechtsgüter der Allgemeinheit betreffen. Bei den konkreten Gefährdungsdelikten ist in der Regel auch die fahrlässige Begehung strafbar, bei den übrigen Gefährdungsdelikten nicht.

2. Ausschluß konkreter Gefährdung?

Nur bei den konkreten Gefährdungsdelikten und den Eignungsdelikten setzt die Erfüllung des Tatbestandes voraus, daß eine konkrete Gefährdung des Handungsobjekts eintritt bzw. daß die Tat zur Verletzung geeignet ist. Bei den abstrakten Gefährdungsdelikten wird die Gefährlichkeit der Tat dagegen vom Gesetzgeber unwiderleglich vermutet. Weder das Gesetz noch die Rechtsprechung erkennt hier die Möglichkeit eines Gegenbeweises an. Allenfalls wäre daran zu denken, daß eine konkret ungefährliche Handlung nur einen geringen Grad an gesellschaftlicher Gefährlichkeit (§ 28 ung.StGB) aufweist[71]. Ebenso wie *Viski* halten wir aus kriminalpolitischen Gründen die Möglichkeit für verfehlt, die gesetzliche Gefährlichkeitsvermutung zu widerlegen, da „eine solche Lösung die präventive Wirkung der Rechtsnormen schwächen und gerade dem eigentlichen Ziel nicht dienen würde, daß sich nämlich jedermann solcher Taten enthalten soll, die erfahrungsgemäß generell und typisch gefährlich sind"[72].

71 Nach *Tokaji* (Anm. 10), S. 192, kann bei immateriellen Delikten das ausnahmsweise Fehlen einer Rechtsgutsverletzung die Gesellschaftsgefährlichkeit der Tat unmittelbar und damit die Straftat selbst ausschließen. Der Mangel der Gesellschaftsgefährlichkeit als Straftatausschließungsgrund ist in der Literatur allerdings umstritten und wird in der Praxis nicht anerkannt; vgl. *Békés* (Anm. 6), S. 97 ff.; *Földvári* (Anm. 1), S. 79.

72 *Viski* (Anm. 30), S. 14.

Ganz anders ist die Frage zu beurteilen, ob die Zahl der abstrakten Gefährdungsdelikte unbegrenzt vermehrt werden sollte. Die Schaffung neuer Straftatbestände kann nur dann empfohlen werden, wenn diese aufgrund einer verantwortlichen kriminalpolitischen Entscheidung unentbehrlich sind. Bevor man sich hierzu entschließt, sollte man zunächst von der Möglichkeit Gebrauch machen, auf andere Formen rechtlicher Verantwortlichkeit, z. B. im Rahmen von Ordnungswidrigkeiten, zurückzugreifen.

3. Rücktrittsmöglichkeiten bei vollendeten Gefährdungsdelikten

Das ungarische Strafgesetzbuch enthält eine Reihe von Rücktrittsregelungen für vollendete Gefährdungsdelikte. Die Rechtsfolgen des Rücktritts sind hier jedoch nicht einheitlich geregelt.

In einigen Fällen wirkt der Rücktritt als Strafaufhebungsgrund, wie z. B. die Anzeigeerstattung bei der Verschwörung (§ 139 Abs. 5 ung.StGB), das Abstandnehmen beim Aufruhr (§ 140 Abs. 6 ung.StGB), die Anzeigeerstattung bei der Spionage (§ 147 Abs. 4 ung.StGB), die nachträgliche Leistung bei der Verletzung der Unterhaltspflicht (§ 196 Abs. 4 ung.StGB) und das Verlassen der Gruppe bei der durch eine Gruppe begangenen Gewalt gegen eine Amtsperson (§ 229 Abs. 6 ung.StGB).

In anderen Fällen ist dagegen für den Rücktritt lediglich die Möglichkeit uneingeschränkter Strafmilderung (§ 87 Abs. 4 ung.StGB) und — in besonders begründeten Fällen — des Absehens von Strafe vorgesehen. Dies gilt für die freiwillige Beseitigung der Gefahr bei der Straftat gegen die Verkehrssicherheit (§ 184 Abs. 4 ung.StGB), für die Aufklärung bei der falschen Anschuldigung (§ 236 Abs. 2 ung.StGB) und der Falschaussage (§ 241 Abs. 2 ung.StGB).

In weiteren Fällen schließlich bietet der Gesetzgeber dem Rücktrittswilligen lediglich die Möglichkeit uneingeschränkter Strafmilderung an, z. B. bei der freiwilligen Aufgabe des Widerstandes bei der Gefangenenmeuterei (§ 246 Abs. 4 ung.StGB), bei der Beseitigung einer Gemeingefahr (§ 259 Abs. 4 ung.StGB) und beim Abstandnehmen von einer terroristischen Handlung oder der Entführung eines Luftfahrzeugs (§§ 261 Abs. 5, 262 Abs. 4 ung.StGB).

In all diesen Fällen wird die Strafaufhebung bzw. die Strafmilderungsmöglichkeit damit begründet, daß die Gesellschaft stärker an der Abwendung der Gefahr als an der (vollen) strafrechtlichen Verantwortlichkeit des Täters interessiert ist[73]. Einige der Rücktrittsvor-

[73] Dieser Gesichtspunkt kehrt in der Amtlichen Begründung immer wieder; vgl. S. 194, 197, 207 et passim.

schriften setzen weiter voraus, daß die Tat, von der der Täter zurückgetreten ist, noch nicht zu „schweren Folgen" (beim Aufruhr) bzw. zu „schädlichen Folgen" (bei der Straftat gegen die Verkehrssicherheit) geführt hat. Der Gesichtspunkt eines etwaigen Ausgleichs gegenüber der Vorverlegung des Strafrechtsschutzes wird im Zusammenhang mit diesen Rücktrittsvorschriften in der ungarischen Literatur nicht erwähnt.

Die unterschiedliche Regelung der Rechtsfolgen des Rücktritts wird damit begründet, daß die Gewährung absoluter Straffreiheit in manchen Fällen mißbraucht werden könnte. Die erwähnten Rücktrittsvorschriften können nicht analog auf ähnliche Fälle angewandt werden. So begründet die Beseitigung der Gefahr zwar beim Tatbestand der Gefährdung des Schiffsverkehrs (§ 185 Abs. 4 ung.StGB) die Möglichkeit der uneingeschränkten Strafmilderung oder des Absehens von Strafe; Entsprechendes gilt aber nicht für die Gefährdung im Straßenverkehr (§ 186 ung.StGB), da diese Vorschrift keine Rücktrittsregelung enthält.

Tritt der Täter vom Versuch einer Straftat strafbefreiend zurück, so bleibt er wegen etwa bereits vollendeter Delikte, wie schon erwähnt, strafbar (§ 17 Abs. 4 ung.StGB). Diese Vorschrift ist auch dann anzuwenden, wenn es sich bei der bereits vollendeten Tat um ein Gefährdungsdelikt handelt. So kann beispielsweise ein Täter, der von der versuchten Tötung mit einem Kraftfahrzeug zurücktritt, wegen Gefährdung im Straßenverkehr (§ 186 Abs. 1 ung.StGB) bestraft werden. Diese Lösung läßt sich außer mit dem Wortlaut des Gesetzes auch mit der Erwägung begründen, daß durch die Handlung des Täters nicht nur das Leben einer anderen Person, sondern auch ein weiteres Rechtsgut (die Sicherheit des Straßenverkehrs) beeinträchtigt wurde. Daß der Täter Verletzungsvorsatz in bezug auf eine schwerere Straftat hatte, schließt die Feststellung des Gefährdungsvorsatzes in bezug auf den Straßenverkehr nicht aus.

IV. Reformüberlegungen

Hinsichtlich des Umfanges der Pönalisierung im Bereich der Gefährdungsdelikte kann die ungarische Regelung zum größten Teil als zufriedenstellend bewertet werden. Es läßt sich allerdings die Frage stellen, ob die teilweise Entkriminalisierung fahrlässiger Verkehrsdelikte (bei folgenloser Gefährdung und leichter Körperverletzung) nicht auch auf fahrlässige Gefährdungen im Berufsbereich ausgedehnt werden sollte. Solche Fälle kommen in der Praxis nur äußerst selten vor die Gerichte. Dies gilt sowohl für Gefährdungen im Betrieb[74] als auch für Gefährdungen durch ärztliches Handeln. Bei ärztlichen Kunstfehlern wird eine (folgenlose) fahrlässige Gefährdung meist nur dann angenommen, wenn ein Erfolg eingetreten ist, der Kausalzusammenhang jedoch vor Gericht nicht nachgewiesen werden konnte[75]. Unter diesen Umständen bleibt jedoch der kriminalpolitische Vorteil der Strafbarkeit fahrlässiger Gefährdung aus: An die Stelle des Zufalls des Erfolgseintritts tritt der Zufall des Verfahrens.

Als bedenklich erscheint die Ausgestaltung der Tatbestände der Trunkenheit am Steuer (§ 188 ung.StGB) und der verbotenen Überlassung eines Kraftfahrzeugs (§ 189 ung.StGB), weil die Erfolgsqualifikationen hier unmittelbar an die abstrakte Gefährdung anknüpfen, so daß die ihrem Wesen nach fahrlässigen Erfolgsdelikte als vorsätzliche Straftaten mit allen Konsequenzen bei den Rechtsfolgen behandelt werden.

Vor 25 Jahren hat *M. Kádár* die Einführung eines allgemeinen Gefährdungstatbestandes ins Strafgesetzbuch empfohlen. Er ging davon aus, daß durch Fahrlässigkeit ebenso schwere Folgen verursacht werden können wie durch vorsätzliches Handeln und verlangte deshalb, daß auch Handlungen, die unersetzliche Rechtsgüter bewußt oder unbewußt unmittelbar gefährden, generell unter Strafe gestellt werden sollten[76]. Auch *Viski* bestritt die Notwendigkeit eines solchen Tatbestandes nicht, wollte seine tatsächliche Einführung jedoch in die ferne Zukunft verschieben[77]. Wir können uns diesen Forderungen nicht anschließen, da uns die praktische Durchsetzbarkeit einer solchen Regelung nicht als gesichert erscheint. Aber auch unabhängig von den bestehenden Beweisschwierigkeiten halten wir die Ausdehnung der Strafbarkeit auf Gefährdungen aller Art für unzweckmäßig. Es mag zwar auf den ersten Blick verlockend erscheinen, in

74 *Viski*, Gefährdung (Anm. 21), S. 97.

75 Siehe z. B. Büntetöjogi Döntvénytár (Strafrechtliche Entscheidungssammlung), Budapest 1976, S. 68 ff.

76 Mit der Begründung, daß „die Forderung an die sozialistischen Staatsbürger, ein höheres Niveau der Sorgfalt zu erreichen, notwendig den Verhältnissen des Sozialismus entspringt und keine willkürliche Forderung eines auf Gewalt gestützten ‚Wohlfahrtsstaates' darstellt", *M. Kádár* (Anm. 59), S. 16.

77 „Aus dem Gesagten kann die Folgerung abgeleitet werden, daß im sozialistischen Strafrecht ein genereller Gefährdungstatbestand zum erhöhten Schutz des Lebens und der körperlichen Integrität, zur Erziehung der Staatsbürger zu einer erhöhten Sorgfalt in der Zukunft erforderlich sein wird. Heute aber und noch lange Zeit hindurch bestehen noch nicht die gesellschaftlichen Voraussetzungen für die Schaffung eines solchen Tatbestandes", *Viski*, Acta Juridica 10 (1968), S. 297.

den Gefährdungstatbeständen den Vorrang der Präventionsidee gegenüber dem Gedanken der auf den Erfolg blickenden Repression verwirklicht zu sehen, doch beurteilen wir die allgemeine Feststellung, daß „die Vermehrung der Zahl der Gefährdungsdelikte zu billigen"[78] sei, mit einiger Zurückhaltung. Die Schaffung von Gefährdungsdelikten setzt eine umfassende Abwägung zahlreicher kriminalpolitischer Aspekte voraus. Schließlich ist zu berücksichtigen, daß der relative Vorteil der Einführung von Gefährdungstatbeständen verloren geht, wenn deren praktische Durchsetzung nicht gewährleistet ist[79].

[78] *Pintér* (Anm. 47), S. 186.
[79] *Viski* (Anm. 24), S. 14.

Die Vorverlegung des Strafrechtsschutzes durch Gefährdungs- und Unternehmensdelikte im polnischen Strafrecht

Von Dr. habil. Andrzej *Spotowski*, Warschau

I. Einführung

Ursprünglich bestand keine strafrechtliche Verantwortlichkeit für Handlungen, die zu keinem schädlichen Erfolg führten; die Tatbestände des Strafrechts erfaßten vielmehr nur Fälle, in denen der Täter einen für die Gesellschaft nachteiligen Erfolg herbeiführte. Erst im Laufe der Zeit gelangte man zu der Erkenntnis, daß bestimmte Verhaltensweisen auch dann von gesellschaftlicher Bedeutung sein können, wenn sie nicht zu schädlichen Veränderungen der Außenwelt führen. Daher beschränkt sich das polnische Strafrecht heute nicht mehr auf die Pönalisierung von Verletzungen bestimmter Rechtsgüter. Die Vorverlegung der Strafbarkeit wird mit Hilfe von Konstruktionen erreicht, die auch dem deutschen Strafrecht bekannt sind; gewisse Eigentümlichkeiten des polnischen Strafrechts auf diesem Gebiet machen jedoch eine vergleichende Betrachtung lohnend.

II. Verletzungsdelikte

Den Kernbereich des polnischen Strafrechts bilden nach wie vor die Verletzungsdelikte. Im Besonderen Teil des polnischen Strafgesetzbuchs von 1969[1] überwiegen ebenso wie in dem früher geltenden Strafgesetzbuch von 1932 solche Tatbestände, die die Verletzung eines geschützten Rechtsguts zur Voraussetzung der Strafbarkeit machen. Dies gilt etwa für den Bereich der Tötungs- und Körperverletzungsdelikte, aber auch für die strafbaren Verletzungen von Vermögen und Eigentum einschließlich der neuartigen Tatbestände der Aneignung gesellschaftlichen Vermögens. Der polnische Strafgesetzgeber hat die Tatbestände meist allgemein gefaßt und kasuistische Regelungen vermieden[2]. Diese Tendenz hat sowohl Vor- als auch Nachteile: Die Verwendung von Allgemeinbegriffen läßt manche

1 *Geilke* (Übers.), Der polnische Strafkodex, 1970.

2 Zum Aufbau des polnischen Strafrechts siehe *Andrejew*, Das polnische Strafrecht, in: Das ausländische Strafrecht der Gegenwart, Bd. 6, 1982.

Abgrenzungsfrage entfallen (vgl. z. B. die fehlende Unterscheidung verschiedener Arten der vorsätzlichen Tötung im polnischen Recht; Art. 148 pStGB); andererseits kann dadurch die Tatbestandsbestimmtheit beeinträchtigt und der Bereich des Strafbaren ausgedehnt werden.

III. Versuch und Vorbereitung

Aus Art. 11 pStGB ergibt sich, daß grundsätzlich sowohl der taugliche als auch der untaugliche Versuch jeder Straftat strafbar ist, ohne daß dies im Besonderen Teil eigens angeordnet werden müßte[3]. Eine Einschränkung der Versuchsstrafbarkeit auf bestimmte, schwerere Delikte ist also im polnischen Recht nicht vorgesehen.

Art. 11 pStGB enthält folgende Definition des Versuchs: „Wegen Versuchs ist verantwortlich, wer mit dem Vorsatz, eine verbotene Tat zu begehen, sein Verhalten unmittelbar auf deren Vollendung richtet, wobei die Vollendung unterbleibt." Eine ähnliche, gleichfalls auf die „Unmittelbarkeit" der Versuchshandlung gegenüber der Vollendung abstellende Definition des Versuchs galt bereits nach dem früheren polnischen Strafgesetzbuch von 1932.

Die Grenzziehung zwischen Vorbereitung und strafbarem Versuch hängt freilich nicht allein von der gesetzlichen Definition, sondern auch von deren Auslegung durch Rechtsprechung und Lehre ab. Die Versuchsdefinition des polnischen Strafgesetzbuchs läßt die Frage offen, nach welchem Kriterium die „Unmittelbarkeit" des Versuchs zu beurteilen ist, insbesondere ob hierbei objektive oder subjektive Maßstäbe anzulegen sind. Dabei ist zunächst diejenige Auffassung zurückzuweisen, die einen Versuch schon dann bejaht, wenn sich die verbrecherische Zielsetzung des Täters aus dessen Verhalten unzweideutig ergibt; denn das Gesetz verlangt ausdrücklich, daß die Handlung nicht nur die rechtswidrige Zielsetzung verdeutlicht, sondern daß sie darüber hinaus unmittelbar auf die Verwirklichung des Tatbestandes gerichtet ist. Daher bildet die Feststellung, daß der Täter den Tatbestand verwirklichen wollte, erst die Voraussetzung für die Prüfung der entscheidenden Frage, ob seine Handlung unmittelbar auf die Vollendung der Tat gerichtet war.

Wenngleich die Versuchsdefinition des polnischen Strafgesetzbuchs von 1969 im wesentlichen derjenigen des Strafgesetzbuchs von 1932 entspricht, so hat sich die Rechtslage gegenüber früher doch insoweit erheblich geändert, als das heutige polnische StGB auch den

3 *Spotowski*, Erscheinungsformen der Straftat im deutschen und polnischen Recht, 1979, S. 17ff.

Begriff der Vorbereitung definiert. Im Gegensatz zu früher, als die Grenze zwischen dem strafbaren Versuch und der grundsätzlich straflosen Vorbereitungshandlung allein mit Hilfe der Versuchsdefinition gezogen werden mußte, kann man heute gleichzeitig auf die Legaldefinition der Vorbereitung zurückgreifen. Ein Verhalten, das auf dem Weg zur Vollendung liegt und bereits über das Stadium der Vorbereitung hinaus gediehen ist, aber noch keine Vollendung der Tatbestandserfüllung darstellt, muß demnach als Versuch eingeordnet werden, da ein und dasselbe Verhalten nicht gleichzeitig Vorbereitungshandlung und Versuch derselben Straftat sein kann.

Nach Art. 14 § 1 pStGB liegt die Vorbereitung einer Straftat dann vor, wenn der Täter zum Zwecke ihrer Begehung Mittel erwirbt oder anfertigt, Informationen sammelt, einen Tatplan entwirft oder andere, ähnliche Handlungen vornimmt, die die Voraussetzungen zur Ausführung einer Handlung schaffen sollen, die unmittelbar zur Vollendung führt, oder wenn er sich zur Begehung einer Straftat mit einer anderen Person in Verbindung setzt. Diese Vorschrift nennt konkrete Vorbereitungshandlungen. Mischt also beispielsweise jemand Gift, so ist dies nach Art. 14 § 1 pStGB Vorbereitung zur Tötung oder Körperverletzung, wobei aus der Formulierung dieser Vorschrift deutlich hervorgeht, daß das Verhalten des Täters objektiv auszulegen ist. Vorbereitung ist also jede Handlung, durch die objektiv das Mittel zur Begehung einer Straftat hergestellt wird, unabhängig davon, wie der Täter diesen Sachverhalt subjektiv einschätzt. Die Handlung bleibt also beispielsweise auch dann Vorbereitung, wenn sie nach der Vorstellung des Täters unmittelbar zur Verwirklichung des Tatbestandes führen sollte.

Wenn bei der Feststellung der Vorbereitung im Sinne des Art. 14 § 1 pStGB eine objektive Betrachtungsweise anzuwenden ist, so muß dasselbe auch für die Feststellung des Versuchs gelten. Würde man unterschiedliche Maßstäbe verwenden, so könnte das systemwidrige Ergebnis eintreten, daß ein und dieselbe Handlung gleichzeitig als Vorbereitung und als Versuch derselben Straftat anzusehen wäre. Dementsprechend steht die herrschende Lehre in Polen auf dem Standpunkt, daß auch die Abgrenzung des Versuchs von der Vorbereitung einerseits und von der Vollendung andererseits nach objektiven Kriterien geschehen muß. Dies bedeutet allerdings nicht, daß subjektive Elemente völlig vernachlässigt würden; die grundsätzlich objektive Betrachtungsweise schließt es jedoch aus, Versuch anzunehmen, solange dessen „Unmittelbarkeit" nicht objektiv festgestellt ist.

Die Vorbereitung einer Straftat ist im Gegensatz zum Versuch nur in gesetzlich bestimmten Fällen strafbar, nämlich bei den schwersten Straftaten gegen politische und wirtschaftliche Grundinteressen der Volksrepublik Polen (Art. 128 pStGB), bei Straftaten gegen die öffentliche Sicherheit (Art. 142 pStGB), bei der Urkundenfälschung (Art. 265 pStGB) und bei einigen anderen Delikten.

Für die Bestrafung eines Versuchs steht grundsätzlich derselbe Strafrahmen zur Verfügung wie für das vollendete Delikt; nur bei untauglichen Versuchen kann die Strafe außerordentlich gemildert oder sogar auf eine Bestrafung ganz verzichtet werden. Der Strafrahmen für Vorbereitungshandlungen wird in dem jeweiligen Tatbestand des Besonderen Teils festgesetzt, wobei die Strafandrohung durchweg niedriger ist als diejenige für Vollendung und Versuch.

In Polen kann der Täter, der sich im Stadium der strafbaren Vorbereitung oder des Versuchs einer Straftat befindet, durch Änderung seines Verhaltens der Bestrafung entgehen oder die Strafe zumindest mildern. Nach Art. 13 § 1 pStGB wird nicht wegen Versuchs bestraft, wer freiwillig von der geplanten Handlung zurückgetreten ist oder den verbrecherischen Erfolg verhindert hat. Hat der Täter freiwillig versucht, das Eintreten des Erfolges zu verhindern, so kann das Gericht nach Art. 13 § 2 pStGB die Strafe außerordentlich mildern. Auch der Rücktritt von Vorbereitungshandlungen ist möglich: Nach Art. 15 pStGB bleibt eine Vorbereitung straflos, wenn der Täter freiwillig von ihr zurückgetreten ist, insbesondere wenn er die vorbereiteten Mittel vernichtet oder ihre künftige Benutzung verhindert hat.

IV. Unternehmensdelikte

Der Versuch und die Vollendung einer Straftat können ausnahmsweise in einem einheitlichen Straftatbestand zusammengefaßt werden. Die deutsche Strafrechtslehre spricht in diesen Fällen von Unternehmensdelikten, und das deutsche StGB enthält in § 11 Abs. 1 Nr. 6 StGB eine entsprechende Legaldefinition. In Polen hat diese Konstruktion bisher wenig Beachtung gefunden, und auch der Gesetzgeber hat keine Definition des Unternehmensdelikts vorgesehen. Nach deutscher Auffassung liegt die kriminalpolitische Funktion der sogenannten echten Unternehmenstatbestände darin, daß sie den Versuch der Vollendung gleichstellen und damit die in § 23 Abs. 2 StGB vorgesehene Strafmilderung ausschließen[4]. In Polen bedarf es einer derartigen Regelung nicht, da der Versuch ohnehin im

4 *Eser*, in: *Schönke/Schröder*, 22. Aufl. 1985, § 11 Rdn. 62.

gleichen Maße wie die Vollendung bestraft werden kann. Für Polen könnte die Konstruktion des Unternehmensdelikts allenfalls im Bereich des untauglichen Versuchs bedeutsam sein, da nur dort eine außerordentliche Strafmilderung in Frage kommt.

Der Besondere Teil des polnischen Strafgesetzbuchs enthält allerdings Tatbestände, in denen der Ausdruck „unternehmen" vorkommt. So bestimmt Art. 123 pStGB: „Wer in der Absicht, die Unabhängigkeit zu beseitigen, einen Gebietsteil abzutrennen, die Verfassung gewaltsam umzustürzen oder die Verteidigungsmacht der Volksrepublik Polen zu schwächen, in Verbindung mit anderen Personen Aktionen unternimmt, die die Erreichung dieses Zieles bezwecken, wird mit Freiheitsentziehung von mindestens fünf Jahren oder mit dem Tode bestraft." Ähnlich heißt es in dem neu eingeführten Art. 282a pStGB: „Wer in der Absicht, öffentliche Unruhe oder Aufruhr hervorzurufen, Handlungen unternimmt, wird mit Freiheitsentziehung bis zu drei Jahren bestraft." Diese Tatbestände werden in der polnischen Strafrechtslehre nicht unter einem besonderen Begriff zusammengefaßt, obwohl ihnen gemeinsam ist, daß sie die Grenze der Strafbarkeit sehr weit nach vorne verschieben, ja daß diese Grenze kaum noch exakt zu bestimmen ist. Unternehmenstatbestände wie im deutschen Recht wollte der polnische Strafgesetzgeber hier jedoch nicht schaffen; dies ergibt sich daraus, daß der Versuch, ja sogar die Vorbereitung des Verbrechens nach Art. 123 pStGB eigens unter Strafe gestellt ist (vgl. Art. 128 § 3 pStGB). Bei Art. 282a pStGB dürfte jedoch für die Versuchsstrafbarkeit kein Raum bleiben, da der Tatbestand bereits jegliches Handeln, das die Auslösung öffentlicher Unruhe bezweckt, als Vollendung unter Strafe stellt.

V. Gefährdungsdelikte

Das Verständnis der Gefährdungsdelikte im polnischen Strafrecht entspricht im wesentlichen der Auffassung der deutschen Lehre. Auch in Polen wird zwischen abstrakten und konkreten Gefährdungsdelikten unterschieden[5]. Auch die Mischform des abstrakt-konkreten Gefährdungsdelikts ist anerkannt, während der Begriff des Eignungs- oder Risikodelikts nicht übernommen wurde.

Als abstrakte Gefährdungsdelikte werden solche Delikte bezeichnet, bei denen die Gefährdung eines Rechtsguts lediglich die ratio legis darstellt und der Nachweis der Gefährdung in concreto

5 *Radecki*, Przestępstwa narażenia życia i zdrowia człowieka na niebezpieczeństwo w kodeksie karnym PRL z 1969 r (Die Gefährdungsdelikte gegen das Leben und die Gesundheit im polnischen StGB von 1969), 1977, S. 28 ff.

für die Tatbestandsverwirklichung nicht erforderlich ist. Die Gefährlichkeit des Verhaltens wird in diesen Fällen vom Gesetzgeber unterstellt.

Bei den konkreten Gefährdungsdelikten muß demgegenüber tatsächlich eine Gefahr für das geschützte Rechtsgut eingetreten sein, wenn der Tatbestand erfüllt sein soll. Die konkrete Gefahr stellt dabei den Erfolg der Handlung des Täters dar, so daß die konkreten Gefährdungsdelikte auch als Erfolgsdelikte angesehen werden können.

Bei der Mischform der abstrakt-konkreten Gefährdungsdelikte wird einerseits ein bestimmtes, als gefährlich geltendes Verhalten verlangt, andererseits der Nachweis, daß ein Rechtsgut tatsächlich gefährdet wurde.

Im polnischen Recht stellt z. B. Art. 31 Drogensuchtgesetz[6] ein abstraktes Gefährdungsdelikt dar: „Wer unbefugt entgegen den Bestimmungen dieses Gesetzes einer anderen Person Rauschmittel verabreicht oder sie zum Genuß derselben verleitet, wird mit Freiheitsentziehung bis zu drei Jahren bestraft." Demgegenüber beschreibt Art. 160 § 1 a pStGB ein konkretes Gefährdungsdelikt: „Wer einen Menschen der unmittelbaren Gefahr des Todes, einer schweren Körperverletzung oder einer Gesundheitszerrüttung aussetzt, wird mit Freiheitsentziehung bis zu drei Jahren bestraft." In diesem Fall muß also eine konkrete Gefahr für Leib oder Leben entstanden sein, während hinter Art. 31 Drogensuchtgesetz die Annahme des Gesetzgebers steht, jede unbefugte Verabreichung von Rauschmitteln sei gefährlich und daher strafwürdig.

Der Begriff der Gefahr, der für die Bestimmung des Anwendungsbereichs der Gefährdungsdelikte von großer Bedeutung ist, wird in der polnischen Strafrechtslehre unterschiedlich definiert[7]. Meist wird die Gefahr als eine Situation umschrieben, bei der mit großer Wahrscheinlichkeit ein negativer Erfolg eintritt. Teilweise wird die Gefahr auch als ein objektiver und dynamischer Zustand verstanden, bei dessen weiterer Entwicklung der Erfolg mit großer Wahrscheinlichkeit eintritt. In der polnischen Lehre wird der Gefahrbegriff hauptsächlich im Hinblick auf die konkreten Gefährdungsdelikte erörtert, bei denen das Gesetz oft von „unmittelbarer

6 Gesetz vom 31. 1. 1985 über die Bekämpfung der Rauschgiftsucht, Dziennik Ustaw (Gesetzblatt) 1985, Nr. 4.

7 *Cieślak*, Pojęcie niebezpieczeństwa w prawie karnym (Der Gefahrbegriff im Strafrecht), Zeszyty Naukowe Uniwersytetu Jagiellońskiego, 1955, 149; *Radecki* (Anm. 5), S. 12 ff.

Gefahr" spricht (vgl. Art. 137, 139, 158 § 1, 160, 191 pStGB). Die Unmittelbarkeit wird dabei entweder als zeitliches Element oder als hoher Grad der Wahrscheinlichkeit verstanden.

Im polnischen Strafrecht werden vor allem Rechtsgüter wie Leben, Gesundheit und Vermögen gegen Gefährdungen geschützt, wobei im allgemeinen nur die Gefahr einer intensiven Gesundheitsbeeinträchtigung oder eines umfangreichen Vermögensschadens strafrechtlich von Bedeutung ist; geringfügige Gefährdungen dieser Rechtsgüter werden also strafrechtlich nicht erfaßt. Eine wichtige Rolle spielen Gefährdungsdelikte darüber hinaus im Bereich des Straßenverkehrs, des Rauschmittelmißbrauchs und des Umweltschutzes, in den beiden zuletzt genannten Bereichen allerdings mehr als gesetzgeberische Konzeption denn in der Praxis.

Der polnische Gesetzgeber hat relativ spät und nicht immer konsequent auf die Zunahme des Straßenverkehrs reagiert[8]. Art. 215 pStGB 1932 bestimmte hierzu: „Wer die Gefahr einer Feuersbrunst, einer Überschwemmung, eines Gebäudeeinsturzes oder einer Verkehrskatastrophe zu Lande, zu Wasser oder in der Luft auslöst, wird mit Gefängnis bestraft." Die fahrlässige Herbeiführung einer derartigen Gefahr wurde mit Arreststrafe bis zu sechs Monaten geahndet. Diese sehr weit gefaßte Vorschrift stellte lange Zeit hindurch die einzige Grundlage für strafrechtliche Reaktionen auf Fehlverhalten im Straßenverkehr dar. Nachdem dieser Zustand in der Strafrechtslehre kritisiert worden war, wurde 1959 eine Strafbestimmung über die Trunkenheit am Steuer eingeführt, die dieses Verhalten als abstraktes Gefährdungsdelikt mit Vergehensstrafe bedrohte.

Durch das neue Strafgesetzbuch von 1969 und das Übertretungsgesetzbuch von 1971 hat sich diese Lage wesentlich geändert. Auch nach geltendem Recht (Art. 137 § 1 pStGB[9]) ist allerdings die Herbei-

8 *Buchała*, Przestępstwa przeciwko bezpieczeństwu w komunikacji drogowej (Verkehrsdelikte), 1973; *Bachrach*, Przestępstwa i wykroczenia drogowe w nowym prawie polskim (Verkehrsdelikte und Übertretungen nach neuem polnischem Recht), 1974.

9 Art. 137 lautet:
§ 1. Wer ein Ereignis herbeiführt, das das menschliche Leben oder die menschliche Gesundheit oder Vermögen in bedeutendem Umfange gefährdet, in Gestalt:
1. einer Verkehrskatastrophe zu Lande, zu Wasser oder in der Luft;
2. eines Gebäudeeinsturzes, einer Überschwemmung oder eines Abrutsches von Erde, Felsen oder Schnee;
3. einer Explosion von Sprengstoffen oder leicht entzündlichen Stoffen bzw. andersartiger gewaltsamer Freisetzung von Energie, Verbreitung von giftigen, erstickenden oder ätzenden Substanzen oder einer radioaktiven Strahlung,

wird mit Freiheitsentziehung von mindestens drei Jahren bestraft.
§ 2. Handelt der Täter fahrlässig, wird er mit Freiheitsentziehung bis zu acht Jahren bestraft.

führung der unmittelbaren Gefahr einer Verkehrskatastrophe zu Lande, zu Wasser oder in der Luft mit Freiheitsentziehung von sechs Monaten bis zu acht Jahren bedroht. Dieser Regelung wurde allerdings mit Art. 136 § 1 pStGB eine weitere Vorschrift zur Seite gestellt: „Wer ein Ereignis herbeiführt, das das menschliche Leben, die menschliche Gesundheit oder Vermögen in bedeutendem Umfang durch eine Verkehrskatastrophe gefährdet, wird mit Freiheitsentziehung von mindestens drei Jahren bestraft." Der Charakter und der Anwendungsbereich dieses Tatbestandes sind umstritten. Auf den ersten Blick scheint es sich um einen Gefährdungstatbestand zu handeln. Dann treten aber Probleme bei der Bestimmung des Verhältnisses von Art. 136 zu Art. 137 pStGB auf. Dafür, daß beide Tatbestände als konkrete Gefährdungsdelikte anzusehen sind, spricht allerdings Art. 141 pStGB, wonach das Gericht in den Fällen der Art. 136—140 pStGB die Strafe außerordentlich mildern oder von der Verhängung einer Strafe absehen kann, wenn der Täter die drohende Gefahr ganz oder teilweise abgewendet hat. Wollte man nun aber Art. 136 pStGB als konkretes Gefährdungsdelikt auffassen, so wäre in Art. 137 pStGB die Herbeiführung der Gefahr eines gefährlichen Ereignisses, also der Gefahr einer Gefahr, unter Strafe gestellt. Da dies als wenig sinnvoll erscheint, hat man Art. 136 pStGB dahingehend interpretiert, daß das dort vorausgesetzte Ereignis (die Verkehrskatastrophe) erst dann vorliegt, wenn ein erheblicher Schaden bereits entstanden ist und darüber hinaus weitere Folgen für Leib und Leben und/oder für Vermögen in bedeutendem Umfang drohen. Art. 136 pStGB erlangt bei dieser Auslegung also den Charakter eines Verletzungs-Gefährdungsdelikts: Der Täter muß eine Verkehrskatastrophe herbeiführen, die eines der genannten Rechtsgüter verletzt, zugleich aber noch weitere Schäden befürchten läßt. Art. 136 pStGB wäre also beispielsweise dann erfüllt, wenn bei einem Zusammenstoß mehrerer Kraftfahrzeuge ein Mensch getötet wird, außerdem aber noch Gefahren für weitere Menschen und Fahrzeuge drohen. Hinzuweisen ist in diesem Zusammenhang noch auf Art. 145 pStGB, der die Verantwortlichkeit für die Herbeiführung eines Verkehrsunfalls als reines Verletzungsdelikt ausgestaltet.

Auch Art. 146 und 147 pStGB sollen der Gefährdung des Straßenverkehrs entgegenwirken. Art. 146 pStGB erfaßt die pflichtwidrige Zulassung eines nicht verkehrssicheren Kraftfahrzeugs zum Verkehr sowie die Überlassung eines Kraftfahrzeugs an einen Betrunkenen oder an eine Person ohne Fahrerlaubnis. Art. 147 pStGB stellt die Wahrnehmung von Aufgaben der Verkehrssicherung in betrunkenem Zustand unter Strafe. Beide Tatbestände sind als abstrakte Gefährdungsdelikte zu verstehen, wenngleich manche Autoren insbesondere in Art. 147 § 2 pStGB einen konkreten Gefährdungstatbestand erblicken[10]. Einige Jahre lang wurden auch Berufskraftfahrer, die ihr Fahrzeug in betrunkenem Zustand führten, von den polnischen Gerichten nach Art. 147 § 2 pStGB[11] bestraft. Nachdem diese Rechtsprechung in der Lehre heftig kritisiert worden war, erklärte das polnische Oberste Gericht diese extensive Auslegung von Art. 147 § 2 pStGB für unrichtig, so daß die bloße Trunkenheit am Steuer nunmehr allgemein nicht als Straftat, sondern als bloße Übertretung (Art. 87 Übertretungsgesetzbuch) anzusehen ist. Dies erscheint freilich im Hinblick auf die erhebliche Beeinträchtigung der Verkehrssicherheit durch betrunkene Fahrer als rechtspolitisch zweifelhaft.

Gefährdungstatbestände finden sich auch im Bereich der Rauschgiftdelikte. Bis zum 1. 3. 1985 galten hier Art. 161 pStGB, der die unbefugte Abgabe von Rauschmitteln betraf, sowie Art. 30 des Gesetzes vom 8. 1. 1951, wonach die Verwendung von Rauschmitteln in Anwesenheit anderer Personen strafbar war. An die Stelle dieser Vorschriften sind nunmehr die Strafbestimmungen des Gesetzes vom 31. 1. 1985 über die Vorbeugung gegenüber der Drogensucht getreten. Die neuen Strafbestimmungen sind durchweg als abstrakte Gefährdungsdelikte gefaßt. Sie stellen weitgehend auch Tätigkeiten im Umfeld der Drogenszene unter Strafe, z. B. den unbefugten Anbau von Mohn, die Herstellung von Rauschmitteln oder von hierzu bestimmten Apparaturen, schließlich die Verabreichung von Rauschmitteln sowie die Verleitung zu deren Genuß. Nicht mehr strafbar ist allerdings der bloße Gebrauch von Rauschmitteln in Anwesenheit Dritter. Die bis 1985 geltenden Strafbestimmungen wurden verhältnismäßig selten angewandt, obwohl in den letzten Jahren der Drogenmißbrauch auch in Polen stark zugenommen hatte und insbesondere in den Großstädten bei Jugendlichen zu einem sozialen Problem geworden war. Ob die neuen Strafbestimmungen in der Praxis größere Bedeutung gewinnen werden, läßt sich zur Zeit noch nicht abschätzen.

10 Siehe *Radecki* (Anm. 5).

11 Art. 147 lautet:

§ 1. Wer im Zustand der Trunkenheit Handlungen ausführt, die unmittelbar mit der Gewährleistung der Sicherheit des Fahrzeugverkehrs zusammenhängen, wird mit Freiheitsentziehung bis zu zwei Jahren, Freiheitsbeschränkung oder Geldstrafe bestraft.

§ 2. Ebenso wird bestraft, wer im Zustand der Trunkenheit andere als die in § 1 bezeichneten beruflichen Handlungen vornimmt, deren Vornahme in diesem Zustand das menschliche Leben oder die menschliche Gesundheit oder Vermögen in bedeutendem Umfange unmittelbar zu gefährden geeignet ist.

Auch im Bereich des Umweltschutzes greift das polnische Strafrecht auf Gefährdungstatbestände zurück. Art. 140 § 1 Nr. 2 pStGB stellt die Herbeiführung einer Gemeingefahr durch Verunreinigung des Wassers unter Strafe; hierbei handelt es sich um ein konkretes Gefährdungsdelikt. Das Gesetz vom 31. 1. 1980 über den Schutz und die Gestaltung der Umwelt[12] verlegt die Grenze der Strafbarkeit weiter vor, indem es ein abstraktes und ein abstrakt-konkretes Gefährdungsdelikt schafft. Art. 107 dieses Gesetzes bedroht denjenigen mit Strafe, der eine Verpflichtung zum Schutz der Umwelt verletzt und dadurch zumindest fahrlässig die Verunreinigung eines Binnengewässers, der Luft oder des Bodens verursacht, so daß eine Gefahr für Leben und Gesundheit des Menschen entstehen kann. Auch eine bloß fahrlässige Pflichtverletzung wird bestraft, wenn sie zu den genannten Folgen führt. Art. 108 dieses Gesetzes stellt außerdem die Nichtbenutzung sowie die mangelhafte Wartung von Umweltschutzanlagen unter Strafe. Es ist jedoch zu bemerken, daß die Praxis diese Vorschriften, die die Grenze der Strafbarkeit bei Verstößen gegen den Umweltschutz sehr weit vorverlagern, kaum anwendet. Der Grund hierfür liegt wohl außerhalb des Strafrechts.

Das polnische Übertretungsgesetzbuch (Art. 70ff.) enthält zahlreiche abstrakte Gefährdungstatbestände; die dort inkriminierten Handlungen stellen schwache abstrakte Gefährdungen für Leib und Leben dar. Andererseits enthält das Übertretungsgesetzbuch auch konkrete Gefährdungstatbestände wie z. B. die Herbeiführung eines gefährlichen Zustandes für Leben und Gesundheit durch die fehlerhafte Herstellung bestimmter Anlagen (Art. 71 Übertretungsgesetzbuch; Sanktionsdrohung: Haft bis zu drei Monaten oder Geldstrafe).

Die Strafbarkeit von Gefährdungshandlungen beschränkt sich im polnischen Strafrecht im wesentlichen auf vorsätzliches Verhalten; manche Gefährdungsdelikte können jedoch sowohl vorsätzlich als auch fahrlässig begangen werden. Letzteres gilt etwa für die Herbeiführung der unmittelbaren Gefahr einer Verkehrskatastrophe (Art. 137, 139 pStGB). Auch Vorsatz-Fahrlässigkeitskombinationen lassen sich bei manchen Gefährdungsdelikten finden, wie etwa bei Art. 107 Umweltschutzgesetz, wo die Pflichtverletzung sowohl vorsätzlich als auch fahrlässig begangen werden kann. Solche Regelungen sind jedoch für Polen als Ausnahmen anzusehen, da gefährliche Handlungen in der Regel nur bei vorsätzlicher Begehungsweise bestraft werden.

12 Gesetz vom 31. 1. 1980 über den Schutz und die Gestaltung der Umwelt, Dziennik Ustaw 1980, Nr. 3.

Die Strafdrohungen liegen bei Gefährdungsdelikten in der Regel erheblich niedriger als bei Verletzungsdelikten, und bei abstrakten Gefährdungen wiederum niedriger als bei konkreten Gefährdungen. Schwache abstrakte Gefährdungen werden häufig als Übertretungen eingeordnet; diese entsprechen in etwa den Ordnungswidrigkeiten des deutschen Rechts[13], können allerdings nicht nur mit Geldstrafe, sondern auch mit Freiheitsbeschränkungsstrafe oder mit Haft bis zu drei Monaten geahndet werden. Die Stufenfolge vom Verletzungs- zum abstrakten Gefährdungsdelikt läßt sich an folgendem Beispiel zeigen: Die vorsätzliche schwere Körperverletzung ist mit Freiheitsentziehung von einem Jahr bis zu zehn Jahren bedroht (Art. 155 § 1 pStGB), die konkrete Gesundheitsgefährdung mit Freiheitsentziehung bis zu drei Jahren (Art. 160 § 1 pStGB), eine geringe abstrakte Gesundheitsgefährdung wie das sorgfaltswidrige Werfen schwerer Gegenstände mit Geldstrafe oder Verwarnung (Art. 75 Übertretungsgesetzbuch). Die Regel, daß abstrakte Gefährdungen milder behandelt werden als entsprechende konkrete Gefährdungen, gilt freilich nicht ohne Ausnahme. So wird für die unbefugte Verabreichung von Rauschmitteln, d. h. für ein abstraktes Gefährdungsdelikt, Freiheitsentziehung bis zu drei Jahren (bis zum 1. 3. 1985: bis zu fünf Jahren) angedroht, und die gleiche Sanktion kann gegen denjenigen verhängt werden, der einen anderen in die (konkrete) Gefahr der Ansteckung mit einer Geschlechtskrankheit bringt (Art. 162 pStGB).

VI. Das kriminalpolitische Anliegen der Vorverlegung des Strafrechtsschutzes

Die Schaffung von Gefährdungstatbeständen ist wohl auf mehrere Gründe zurückzuführen. Allgemein wird im polnischen Schrifttum auf die Entwicklung der Technik verwiesen, die zu immer neuen Gefährdungen führe; dadurch erlangten wiederum die Gefährdungsdelikte wachsende Bedeutung[14]. Ferner finden sich Hinweise darauf, daß man durch die Einführung von Gefährdungsdelikten Beweisschwierigkeiten, vor allem hinsichtlich des Kausalzusammenhangs zwischen dem Verhalten des Täters und dem Schadenseintritt, vermeiden will. Der Nachweis der Kausalität bereitet vor allem im Bereich des Umweltschutzes Probleme. Die fahrlässigen Gefährdungs-

13 Näher dazu *Skupiński*, Probleme des polnischen Übertretungsrechts, in: *Jescheck/Kaiser* (Hrsg.), Erstes deutsch-polnisches Kolloquium über Strafrecht und Kriminologie, 1983, S. 189.

14 *Buchała*, Wina przy przestępstwach sprowadzenia powszechnego niebezpieczeństwa (Schuld bei der Herbeiführung einer Gemeingefahr), 1960, S. 12.

delikte schließlich sollen Strafbarkeitslücken ausfüllen, die dadurch auftreten, daß fahrlässige Versuchshandlungen nicht strafbar sind.

In manchen Fällen liegt der Grund für die Schaffung eines Gefährdungstatbestandes darin, daß ein auf die Rechtsgutsverletzung gerichteter Vorsatz selten besteht oder jedenfalls kaum nachweisbar ist. Dies gilt insbesondere dann, wenn der Täter durch die Rechtsgutsverletzung selbst betroffen, z. B. verletzt oder getötet würde. So wird selten jemand absichtlich eine Verkehrskatastrophe herbeiführen oder sie auch nur in Kauf nehmen wollen, wenn er damit rechnet, daß er selbst dabei ums Leben kommt; häufiger kommt es jedoch vor, daß jemand die *Gefahr* eines Unfalls in Kauf nimmt, wenn er dabei glaubt, daß sich das Risiko nicht verwirklichen werde.

VII. Grenzen der Vorverlegung des Strafrechtsschutzes

Das polnische Strafrecht unterscheidet zwischen Individual- und Gemeingefahren. Dieser Unterschied ist deshalb von Bedeutung, weil Art. 140 pStGB die Strafbarkeit bestimmter Handlungen auf die Fälle der Hervorrufung einer Gemeingefahr beschränkt. Dieser Begriff wird in der polnischen Strafrechtslehre allerdings nicht einheitlich verstanden[15]. Als Kriterium wird einerseits der Umfang der Gefährdung und andererseits die Unbestimmtheit der gefährdeten Objekte herangezogen. In der Begründung zum geltenden polnischen Strafgesetzbuch ist davon die Rede, daß eine Gemeingefahr dann anzunehmen sei, wenn die Gefahr einer größeren oder einer unbestimmten Anzahl von Menschen oder Vermögenswerten droht. In der Lehre wird hervorgehoben, daß jedenfalls dann von einer Gemeingefahr keine Rede sein könne, wenn nur *eine* Person tatsächlich gefährdet werde, wenngleich das Oberste Gericht verschiedentlich auch in solchen Situationen das Bestehen einer Gemeingefahr bejaht hat[16]. Streitig ist auch, ob unbestimmte Personen gefährdet sein müssen oder ob eine Gemeingefahr auch dann angenommen werden kann, wenn sich die Gefährdung auf bestimmte Personen beschränkt. Der letztgenannten Auffassung ist für den Fall zuzustimmen, daß die Zahl der gefährdeten Individuen groß ist; eine bloße Individualgefahr ist also nur dann anzunehmen, wenn eine einzige oder weniger als sieben bestimmte Personen bedroht sind.

Der Frage, ob der Nachweis der konkreten Ungefährlichkeit bei einem abstrakten Gefährdungsdelikt die Strafbarkeit ausschließt, hat

15 *Radecki* (Anm. 5), S. 18 ff.; *Buchała* (Am. 14), S. 20; *Bachrach* (Anm. 8), S. 38.

16 So das Oberste Gericht im Urteil vom 27. April 1970, Orzecznictwo Sądu Najwyższego wyd. Generalna Prokuratura 1970, Nr. 9—10, Ziff. 125.

die polnische Strafrechtslehre bisher wenig Aufmerksamkeit zugewandt. Es ist aber für das polnische Recht davon auszugehen, daß die abstrakten Gefährdungdelikte gerade dadurch gekennzeichnet sind, daß der Gesetzgeber die Gefährlichkeit der Handlung unterstellt. Der Gegenbeweis der Ungefährlichkeit im konkreten Falle dürfte daher ausgeschlossen sein. So ist etwa in Art. 159 pStGB die Beteiligung an einer Schlägerei oder einem Raufhandel unter Benutzung einer Schußwaffe, eines Messers oder eines sonstigen gefährlichen Mittels als abstraktes Gefährdungsdelikt gefaßt. Allein die Benutzung des gefährlichen Mittels führt dazu, daß die Schlägerei als besonders gefährlich angesehen wird[17]. Wenn daher einer der Beteiligten ein solches Mittel einsetzt, so sei ihm der Nachweis verwehrt, daß die konkrete Schlägerei nicht gefährlich gewesen sei, weil der Gesetzgeber diese Frage bereits abschließend entschieden habe. Ähnlich wurde schon unter der Geltung des Strafgesetzbuchs von 1932 angenommen, daß der Tatbestand der Brandstiftung nach Art. 215 pStGB 1932 auch dann gegeben sei, wenn bewiesen werden könne, daß das Feuer sofort zu löschen war und keine Gefahr für Leben oder Sachwerte mit sich brachte[18]. Nach dem damaligen Rechtszustand war diese Ansicht auch berechtigt. Es fragt sich aber, ob sie ohne weiteres auch für das heutige polnische Strafrecht gilt, da dieses auf dem materiellen Begriff der Straftat aufbaut und gemäß Art. 26 pStGB die Annahme einer Straftat ausschließt, wenn eine Handlung nur von geringfügiger gesellschaftlicher Gefährlichkeit ist. Es kann durchaus Fälle geben, in denen die Tatsache, daß eine Handlung konkret nicht gefährlich war, die gesellschaftliche Gefährlichkeit eines abstrakten Gefährdungsdelikts bis zu der in Art. 26 pStGB vorausgesetzten Stufe der Geringfügigkeit abschwächt.

Vorschriften, wonach die absolute konkrete Ungefährlichkeit einer Handlung ausdrücklich als Strafbefreiungsgrund anerkannt wird (vgl. § 326 Abs. 5 dStGB), kennt das polnische Recht nicht. Eine ähnliche Regelung findet sich allerdings in Art. 247 § 4 pStGB, wonach das Gericht die Strafe wegen einer Falschaussage außerordentlich mildern oder ganz von ihr absehen kann, wenn sich die falsche Aussage auf Umstände bezog, die keinerlei Einfluß auf die Sachentscheidung hatten. Obwohl in dieser Situation jede konkrete Gefahr für die Rechtspflege ausgeschlossen ist, hält das polnische Recht an der grundsätzlichen Strafbarkeit fest, gewährt aber immerhin die Möglichkeit von Strafmilderungen.

17 *Radecki* (Anm. 5), S. 145.

18 *Śliwiński*, Polskie prawo karne materialne (Das polnische Strafrecht), 1946, S. 121.

Schließlich ist noch auf die Frage der Verantwortlichkeit des agent provocateur einzugehen. Das polnische Recht unterscheidet sich hier insoweit wesentlich von dem deutschen, als es in Art. 21 pStGB eine ausdrückliche Regelung für diesen Sachverhalt bereithält. Nach Art. 21 § 1 pStGB bleibt der Anstifter oder Gehilfe straflos, der freiwillig die Vollendung der verbotenen Tat verhindert. In Art. 21 § 3 pStGB findet sich jedoch die Gegenausnahme, daß die in § 1 gewährte Vergünstigung demjenigen nicht zugute kommt, der einen anderen zur Begehung einer verbotenen Tat in der Absicht verleitet, ein Strafverfahren gegen ihn auszulösen. Eine entsprechende Bestimmung über die Strafbarkeit des agent provocateur war bereits im polnischen Strafgesetzbuch von 1932 enthalten. Bei dieser Rechtslage steht eine Straflosigkeit des agent provocateur, der zu einem zur Vollendung gelangenden abstrakten Gefährdungsdelikt anstiftet, dabei aber sicherstellt, daß eine konkrete Gefährdung nicht eintreten kann, nicht zur Debatte. Vielmehr ist der agent provocateur nach polnischem Strafrecht sogar dann strafbar, wenn er die Vollendung eines Erfolgsdelikts verhindert. Der Einsatz von V-Leuten, der in jüngster Zeit so viel Aufmerksamkeit in der deutschen Strafrechtslehre auf sich gezogen hat, ist nach polnischem Strafrecht eindeutig verboten. Die Berechtigung dieser Regelung wird in der polnischen Lehre nicht bezweifelt, und es gibt auch keine Bestrebungen, den bestehenden Rechtszustand auf diesem Gebiet zu ändern.

VIII. Rücktritt von der vollendeten Straftat

Das polnische Strafgesetzbuch enthält eine Bestimmung über den Rücktritt von denjenigen vollendeten Gefährdungsdelikten, die im Kapitel über die Straftaten gegen die öffentliche Sicherheit sowie die Sicherheit des Verkehrs zu Lande, zu Wasser und in der Luft enthalten sind. Zu den oben bereits besprochenen Gefährdungsdelikten der Art. 136—140 pStGB sieht Art. 141 pStGB vor, daß das Gericht die Strafe außerordentlich mildern oder von Strafe absehen kann, wenn der Täter die drohende Gefahr durch eigenes Handeln ganz oder teilweise abgewendet hat. Eine ähnliche Bestimmung enthielt schon das polnische Strafgesetzbuch von 1932. Diese Regelung wurde auch in das neue Strafgesetzbuch übernommen, obwohl sich die Konstruktion der Delikte, auf die sie sich bezog, nicht unwesentlich geändert hatte. Nach altem Recht hatte es sich ausschließlich um konkrete Gefährdungsdelikte gehandelt, während Art. 136 und 138 des geltenden pStGB auch spezifische Verletzungs-Gefährdungsdelikte enthält. Die kriminalpolitische Begründung der Rücktrittsmöglichkeit von diesen Delikten erscheint fraglich.

Für die übrigen Gefährdungsdelikte sieht das polnische Strafrecht keine vergleichbaren Rücktrittsregelungen vor. Dies führt zu der Frage, ob die Regelung des Art. 141 pStGB auf andere konkrete Gefährdungsdelikte entsprechend anzuwenden ist. Aus deutscher Sicht wäre dies eine kriminalpolitisch sinnvolle Lösung[19], gegen die auch keine dogmatischen Einwände bestehen, da eine Analogie zugunsten des Täters möglich ist. Ein Hindernis enthält jedoch Art. 56 pStGB, wonach das Gericht in den im Gesetz festgelegten Fällen von der Verhängung einer Strafe absehen kann. Aus dieser Vorschrift muß e contrario der Schluß gezogen werden, daß ein Absehen von Strafe in anderen Fällen nicht möglich ist. Die Beseitigung einer herbeigeführten Gefährdung kann jedoch unter Umständen zur außerordentlichen Strafmilderung nach Art. 57 § 2 Abs. 1 pStGB führen. Durch den Rückgriff auf diese allgemeine Vorschrift über die tätige Reue läßt sich die unbegründete Benachteiligung der Täter von anderen als den in Art. 141 pStGB genannten konkreten Gefährdungsdelikten teilweise ausgleichen. Die wünschenswerte Ausdehnung der Rücktrittsregelung auf alle konkreten Gefährdungsdelikte ist jedoch nur im Wege einer Gesetzesänderung zu erreichen.

IX. Reformüberlegungen

Eine systematische Reform des Strafrechts wird zur Zeit in Polen nicht vorbereitet. Änderungen der strafrechtlichen Bestimmungen werden nur fragmentarisch und ohne eingehende vorherige Erörterung in der Strafrechtslehre vorgenommen. Der Referent kann daher nur seine persönliche Meinung zur künftigen Rolle von Unternehmens- und Gefährdungstatbeständen darlegen.

Die Einführung von Unternehmenstatbeständen nach deutschem Vorbild ist für das polnische Strafrecht nicht erforderlich, weil die Strafrahmen von Versuch und Vollendung gleich sind.

Die Strafbarkeit von Gefährdungen ist in den letzten Jahren in Polen ausgeweitet worden, und zwar insbesondere im Umwelt- und Drogenstrafrecht. Es besteht hier kein Bedarf für eine weitere Ausdehnung der Gefährdungsstrafbarkeit.

Auch eine Ausweitung der abstrakten Gefährdungstatbestände erscheint nicht angebracht, denn sie würde die Grenze der Strafbarkeit allzu weit vorverlegen; angesichts der in Polen üblichen allgemeinen Fassung der Straftatbestände bestünde sogar die Gefahr, daß die Grenze zwischen Straflosigkeit und Strafbarkeit durch die Einführung abstrakter Gefährdungsdelikte verwischt wird.

19 *Spotowski*, Oddalenie niebezpieczeństwa, jako okoliczność łagodząca (Die Abwendung der Gefahr als Milderungsgrund), Państwo i Prawo 1985, Nr. 10, S. 63.

Diskussionsbericht von der Arbeitssitzung der Fachgruppe für Strafrechtsvergleichung anläßlich der Tagung der Gesellschaft für Rechtsvergleichung am 20. 9. 1985

Von Rechtsreferendar Hans Christian *Maier*, Max-Planck-Institut für ausländisches und internationales Strafrecht, Freiburg i. Br.

Das Thema der Göttinger Arbeitssitzung der Fachgruppe für Strafrechtsvergleichung, die Frage der Vorverlegung des Strafrechtsschutzes durch Gefährdungs- und Unternehmensdelikte, wird gegenwärtig, wie auch die gleichlautende Problemstellung auf der Frankfurter Strafrechtslehrertagung von 1985 beweist, mit gesteigertem Interesse verfolgt.

Während sich die bisherige Diskussion weitgehend auf das nationale Recht beschränkte, bot die Tagung der Gesellschaft für Rechtsvergleichung erstmals ein Forum für eine rechtsvergleichende Erörterung des Themas auf der Grundlage von Landesberichten über die Rechtslage in Österreich, Italien, Ungarn, Polen und der Bundesrepublik Deutschland. Der Leiter der Fachgruppe, Professor *Vogler*, Gießen, eröffnete die Arbeitssitzung mit Grußworten an die Teilnehmer, insbesondere die Referenten, den stellvertretenden Vorsitzenden des Vorstands der Gesellschaft, Professor Hans-Heinrich *Jescheck*, Freiburg, und die ausländischen Gäste.

Unter Leitung von *Vogler* wurde der Beratungsgegenstand im Anschluß an die vorstehend abgedruckten Referate im Kreise der etwa 30 Sitzungsteilnehmer eingehend diskutiert. Dabei spiegelte sich die Vielschichtigkeit des Themas in der Diskussion wider: Nicht einer oder wenige der in den Referaten angesprochenen Problempunkte der Vorverlagerung des Strafrechtsschutzes veranlaßten die Diskussionsteilnehmer zu eigener Stellungnahme; es waren deren fast ein Dutzend. Die folgende Darstellung der Diskussion gibt deren Verlauf nicht chronologisch wieder, sondern unternimmt zur Vermeidung von Wiederholungen und zur besseren Verständlichkeit des Textes den Versuch einer systematischen Zusammenfassung der Diskussionsbeiträge, womit unvermeidbar gewisse Kürzungen und Umstellungen der einzelnen Wortmeldungen verbunden sind.

I. Generelle Zulässigkeit einer Vorverlegung der Strafbarkeit

Zur allgemeinen Rechtfertigung der Vorverlegung des Strafrechtsschutzes führte zunächst *Jescheck* aus, soweit es um den Schutz besonders wichtiger Rechtsgüter gehe, sei ein auf frühzeitige Inkriminierung gefährlicher Verhaltensweisen abzielendes Interesse des Gesetzgebers als legitim anzuerkennen. Als stets zu beachtenden Gegenpol betonte er jedoch im Anschluß an die Ausführungen von Professor *Grasso* die Postulate des liberalen Rechtsstaats. So sei es beispielsweise nicht ohne weiteres selbstverständlich, daß der Staat allein an die Berauschung eines Menschen ohne Rücksicht auf den vorwerfbaren Eintritt einer Rechtsgutsverletzung kriminalstrafrechtliche Sanktionen anknüpfe. Daraus folge für den Bereich der Gefährdungsdelikte, daß als Bezugspunkt für die Strafbarkeit nicht jedwede gefahrverursachenden Handlungen, sondern nur typischerweise gefährliche Verhaltensweisen in Betracht kämen. Unter diesem Gesichtspunkt sei als Abgrenzungskriterium die Eignung der Handlung zur Schadensherbeiführung beachtlich. Dieser Ansatz könne den Wunsch nach Einschränkung der praktizierten Vorverlegung der Strafbarkeit zur Folge haben, wie das Beispiel des absolut untauglichen Versuchs zeige, der nach deutschem Recht bis hin zur Grenze des groben Unverstands (§ 23 Abs. 3 StGB) in gleicher Weise strafbar sei wie der taugliche Versuch, dem jedoch die Eignung zur Schadensherbeiführung völlig fehle. Die Tendenz zur Entkriminalisierung stehe der hier fraglichen Vorverlegung des Strafrechtsschutzes allenfalls scheinbar entgegen. Denn der Anwendungsbereich beider kriminalpolitischer Instrumente sei grundverschieden: Während die Entkriminalisierung Ausfluß eines fehlenden kriminalpolitischen Pönalisierungsbedürfnisses sei, komme eine Vorverlagerung des Strafrechtsschutzes nur hinsichtlich besonders wichtiger bzw. verletzungsanfälliger Rechtsgüter in Frage, bei denen ein starkes kriminalpolitisches Sanktionsbedürfnis bestehe.

Daß die Diskussion über eine Vorverlegung der Strafbarkeit von den Strömungen der Zeit beeinflußt ist, belegte *Jescheck* mit dem Hinweis auf die Veränderung der Wertigkeit einzelner Rechtsgüter, die sich besonders deutlich am durch die Zeiten veränderten Schutz ungeborenen Lebens und an der strafrechtlichen Liberalisierung der Homosexualität ablesen lasse. Mit Blick auf die Praxis betonte *Jescheck*, nach seinen Erfahrungen kämen Gefährdungsdelikte ohne Hinzutreten eines konkreten Verletzungserfolges selten vor die Gerichte. Als nicht ganz durchschlagenden, aber dennoch zu beachtenden Grund hierfür nannte er die Überlastung der Ermittlungsorgane, die durch eine umfassende Ahndung der Gefährdungsdelikte eintreten könnte.

In Übereinstimmung mit der restriktiven Linie seines Vorredners betonte auch Professor *Hirsch*, Köln, die praktische Dimension des Problems. Es sei wenig einleuchtend, daß trotz der Geltung des Opportunitätsprinzips im Ordnungswidrigkeitenrecht abstrakte Gefährdungsdelikte regelmäßig geahndet würden, wohingegen die fahrlässige oder — bei Vergehen — auch vorsätzliche Verletzung der jeweiligen kriminalstrafrechtlich geschützten Individualrechtsgüter eine weitaus geringere Verfolgungsdichte aufweise. Eingehend auf die Grundthese *Jeschecks*, wonach die besondere Wichtigkeit eines Rechtsguts für die Vorverlegung des Strafrechtsschutzes ausschlaggebend sei, merkte Professor *Kühl*, Gießen, an, von diesem Ansatz her sei nicht verständlich, warum das höchste Rechtsgut, das menschliche Leben, in der Bundesrepublik Deutschland nicht durch einen allgemeinen Lebensgefährdungstatbestand geschützt sei. Zur Begründung der Vorverlegung der Strafbarkeit müßten also offenbar andere Kriterien hinzutreten. So könne möglicherweise auf die Verletzungsanfälligkeit des jeweiligen Rechtsguts im Frühstadium, auf die geschlossene oder diffuse Natur des geschützten Rechtsgüterkreises oder auf die sozialethische Unwertigkeit des Verhaltens abgestellt werden. Nach Auffassung *Voglers* beruht die Zunahme von Gefährdungstatbeständen unter anderem auf der Schaffung neuer überindividueller Rechtsgüter, deren Verletzung wegen ihrer schwer faßbaren Natur schwierig festzustellen sei. Der Gesetzgeber neige dann dazu, Gefährdungsdelikte einzuführen, wie das Beispiel des Subventionsbetrugs zeige. Ebenso spiele der naturwissenschaftliche Fortschritt eine Rolle, der es häufig nahezu unmöglich mache, die Ursächlichkeit des Verhaltens eines einzelnen für einen eingetretenen Erfolg festzustellen. Da Gefährdungsdelikte geeignet seien, den strafrechtlichen Rechtsgüterschutz zu verbessern, liege das Problem nicht im Ob solcher Delikte, sondern in der vernünftigen Begrenzung ihrer Verwendung. Mit Blick auf Auslandsrechte ließe sich zum Beispiel über die Notwendigkeit fahrlässiger abstrakter Gefährdungsdelikte streiten.

Hirsch betonte im Anschluß an die Referate die Schwierigkeiten der Abgrenzung von Gefährdung und Verletzung, die sich infolge der unscharfen Definition der Rechtsgüter der Allgemeinheit ergäben. Beim gegenwärtigen Stand der Rechtsgutslehre ließen sich viele abstrakte Gefährdungsdelikte leicht in Verletzungsdelikte in bezug auf Interessen der Allgemeinheit umdeuten. Diese Kritik aufgreifend vertrat *Kühl* den Standpunkt, anders als für die Entkriminalisierung im Bereich der Religions- und Sexualdelikte sei der Rechtsgutsbegriff für die Frage der Vorverlegung des strafrechtlichen Schutzes unbrauchbar, da er keine immanente Begrenzungsfunktion habe und da der Kreis der Rechtsgüter nicht geschlossen sei.

Zu der in den Referaten vertretenen Auffassung, eine begrüßenswerte Funktion der Gefährdungsdelikte sei in der Ausschaltung der dem fahrlässigen Verletzungsdelikt anhaftenden Zufallskomponente zu sehen, bemerkte Professor *Hünerfeld,* Freiburg, eine solche Sicht der Dinge bediene sich der falschen Perspektive; sie folge aus einer Überbewertung des Handlungsunwerts der Straftat. Behalte man auch im Rahmen des festzustellenden Gesamtunwerts der Tat den der klassischen Lehre eigentümlichen Ansatz bei der Erfolgskomponente im Auge, so müsse man feststellen, daß der mit dem entsprechenden Handlungsunwert verknüpfte Erfolg eigene Bedeutung aufweise und so auch nicht als ein Produkt des Zufalls verstanden werden könne. Zur Rechtfertigung des fahrlässigen Verletzungsdelikts betonte *Hünerfeld* ferner die sozialpsychologische Dimension des Erfolges, die dieser Deliktskategorie positive Berechtigung verleihe. Demgegenüber wies Professor *Weber* darauf hin, daß die Ausschaltung der dem fahrlässigen Verletzungsdelikt anhaftenden Zufallskomponente gesetzgeberisches Motiv für die §§ 315 b, 315 c StGB gewesen sei. Er räumte allerdings ein, daß dies in der Praxis nicht vollständig erreicht worden sei und nahm insoweit Bezug auf die Ausführungen *Jeschecks,* wonach eine Verfolgung von Gefährdungsdelikten ohne Verletzungserfolg selten sei. Im Bereich hochgefährlicher Verhaltensweisen hielt *Weber* den Ausschluß der Zufallskomponente durch Schaffung von abstrakten Gefährdungstatbeständen für sachlich gerechtfertigt.

Gegenüber der zuvor mehrfach getroffenen Feststellung, daß in den dargestellten Rechtsordnungen im wesentlichen die gleichen Tendenzen zu beobachten seien, wurde von Professor *Eser,* Freiburg, die Frage aufgeworfen, ob dieser Eindruck eigentlich richtig sei. Gewiß sei bei Betrachtung aus einer hohen Perspektive eine Gleichartigkeit der Probleme festzustellen. Wenn man jedoch genauer hinsehe, so seien gewisse Auffälligkeiten unterschiedlicher Art zu konstatieren. Das gelte zum einen im Hinblick auf die Unternehmensdelikte, bei denen sich die deutsche Dogmatik mit der Möglichkeit eines Rücktritts abmühe, während dieses Problem in anderen Ländern offenbar keine Rolle spiele. Für Ungarn sei sogar das gänzliche Fehlen von Unternehmenstatbeständen festzustellen. Dazu sei allerdings zu fragen, ob man dort wirklich ohne Unternehmenstatbestände auskomme oder ob nicht doch in manchen Tatbeständen gewisse Unternehmensmomente steckten, die nur noch nicht offengelegt worden seien. Denn auch in Deutschland habe es sehr lange gedauert, bis man beispielsweise die Begünstigung als ein unechtes Unternehmensdelikt begriffen habe. Wenn man also bei uns erst mit Hilfe einer verfeinerten Dogmatik die Unternehmenstatbestände entdeckt habe, könnte Ähnliches vielleicht auch bei entsprechender Analyse anderer Rechtsordnungen zu erwarten sein. Freilich ergebe sich mit der Entdeckung solcher Phänomene und der damit verbundenen Ausweitung der Strafbarkeit zwangsläufig das Bedürfnis nach Gegensteuerung, wie etwa durch Einräumung von Rücktrittsmöglichkeiten.

Auch die Meinung, daß Strafbarkeitsausweitungen vornehmlich der subjektiven Versuchstheorie anzulasten seien, hielt *Eser* für voreilig. Denn wie sich anläßlich eines deutsch-angloamerikanischen Kolloquiums 1984 am Freiburger Max-Planck-Institut gezeigt habe, gehe das angloamerikanische Recht zwar von einer objektiven Versuchstheorie aus; dabei sei aber der zugrunde gelegte Versuchsbegriff sehr viel weiter als der unsere, so daß Fälle als Versuch erfaßt würden, die man hierzulande noch zum Vorbereitungsstadium rechnen würde. Außerdem sei zu beachten, daß das englische Recht grundsätzlich keinen strafbefreienden Rücktritt vom Versuch kenne, sondern allenfalls Strafmilderung einräume. Auch wenn man den Versuch nach Gefährdungskriterien abgrenze, hänge dies doch wiederum vom zugrunde liegenden Gefahrbegriff ab. Selbst der scheinbar enge Begriff einer „clear and present danger" lasse sich, wie das englische Recht zeige, offenbar so weit ausdehnen, daß bereits Annäherungen an ein gefährdetes Objekt erfaßt werden könnten, die nach deutscher Auffassung noch nicht als Versuch gewertet würden.

Auch gegenüber der in den vorangegangenen Vorträgen und Diskussionsbeiträgen sichtbar gewordenen Auffassung, daß nur Restriktion der richtige Weg sein könne, zeigte sich *Eser* skeptisch. Denn die Frage, ob Extension oder Restriktion, könne doch eigentlich erst dann zutreffend beantwortet werden, wenn über die — gewiß höchst eindrucksvoll beschriebenen — Phänomene hinaus der maßgebliche Orientierungspunkt für eine Ausdehnung oder Einschränkung der Strafbarkeit gefunden sei. Bislang habe man sich vor allem am Erfolg orientiert, wobei man vom Verletzungsdelikt durch positives Tun als dem „Urdelikt" ausgegangen sei, von dem dann abgeschichtet, vorverlagert oder ausgeweitet werde: So gesehen könne dann in der Tat die Frage auftauchen, ob man nicht bereits zu weit vom Ausgangskriterium des Erfolgs abgerückt sei. Demgegenüber sei jedoch in einer Umkehrung des herkömmlichen Denkschemas die Frage zu stellen, ob man nicht statt vom Erfolg umgekehrt vom Risiko, nämlich vom riskanten Handeln als dem entscheidenden Fixpunkt ausgehen sollte, um dann in der jeweiligen Konkretisierung des Risikos im Erfolg eine Unrechtserweiterung und -verschärfung zu sehen. Insoweit liege eine Analogie zu dem nahe, was gegenwärtig in Diskussionen zur subjektiven Tatseite zu beobachten sei. Denn wenn man etwa in Anlehnung an *Frischs* Monographie zu „Vorsatz und Risiko" davon ausgehe, daß die Grundform des Vorsatzes im dolus eventualis als dem Wissen um riskantes Handeln zu erblicken sei, erscheine es keineswegs selbstverständlich, das Verletzungsdelikt quasi als den Urtyp strafrechtlicher Delikte anzusehen. Vielmehr stelle sich die Frage, ob nicht auch auf objektiver Ebene die Schaffung von Risiken als strafrechtlich relevantes Ausgangsprinzip aufzufassen sei — mit der Folge, daß der Verletzungserfolg sich gleichsam als Qualifizierung des so verstandenen Risikodelikts darstelle. Das Ganze müsse natürlich wiederum rückgebunden werden an das Sanktionsziel: Wenn man von einem mehr tatvergeltenden Strafrecht ausgehe, werde sicher eher der Erfolg das maßgebliche Ausgangsprinzip sein. Dagegen könne aus generalpräventiver Betrachtung sehr viel eher das Risikokriterium das maßgebliche Orientierungsprinzip sein. Ohne diese Frage abschließend entscheiden zu wollen, erscheine ihm diese Fragestellung jedenfalls als ein Weg, um über eine rein phänomenologische Betrachtung hinaus zu kommen.

Während *Weber* darauf hinwies, daß auch hinter dem Risikodenken letztlich immer der Gedanke an eine drohende Rechtsgutsverletzung stehe und daß der gedankliche Ausgangspunkt „Risiko" die Gefahr einer nahezu unbeschränkbaren Ausweitung der Gefährdungsstrafbarkeit in sich berge, wies *Vogler* darauf hin, daß die Annahme eines Grundtyps Risiko zur Aufgabe einer historischen Grundlage der Strafbarkeit, nämlich des Gedankens der Erfolgshaftung, führe.

Eine systematische Einteilung der betroffenen Deliktsarten gaben im Verlauf der Diskussion *Hirsch* und *Jescheck*. *Hirsch* stellte dabei eine Parallele zwischen dem konkreten Gefährdungsdelikt und dem vorsätzlichen Verletzungsdelikt her, die beide Erfolgsdelikte seien, und zwar bezüglich eines konkreten, individualisierten Rechtsguts. Demgegenüber sei das abstrakte Gefährdungsdelikt nicht einfach ein Minus gegenüber dem konkreten Gefährdungsdelikt, vielmehr beziehe es sich auf einen breiteren Schutzbereich, indem es die Allgemeinheit betreffe, hinter der sich das Schutzbedürfnis einer unbestimmten Zahl von Einzelrechtsgütern der jeweiligen

Art verberge. Das abstrakte Gefährdungsdelikt stehe insoweit dem sorgfaltswidrigen Handeln des fahrlässigen Delikts nahe, bei dem der konkrete Einzelrechtsgutsbezug auch erst durch den Erfolgseintritt hergestellt werde.

Am traditionellen Aufbau festhaltend und damit vom Verletzungsdelikt als strafrechtlichem Grundtypus ausgehend entwickelte demgegenüber *Jescheck* drei Stufen der Ausdehnung der Strafbarkeit durch Gefährdungsdelikte. Während auf der Stufe der konkreten Gefährdungsdelikte am Erfolgserfordernis durch das Abstellen auf den Eintritt einer konkreten Gefährdung noch festgehalten werde, zeichne sich die zweite Stufe durch das Genügenlassen einer bloßen Eignung zur Gefährdung aus und werde auf der dritten Stufe beim abstrakten Gefährdungsdelikt auf jeden konkreten Anhaltspunkt für den Eintritt einer Gefährdung verzichtet.

II. Spezielle Probleme

1. Abgrenzung Strafjustiz/Verwaltung

Auch das vor allem den Bereich der abstrakten Gefährdungsdelikte des Ordnungswidrigkeitenrechts betreffende Verhältnis von Justiz und Verwaltung beschäftigte die Diskussionsteilnehmer. Die insoweit stattfindende Vorverlegung der Strafbarkeit führt nach *Jescheck* trotz der Primärzuständigkeit der Verwaltung zu einer nicht zu übersehenden Überlastung der Justiz. *Kühl* sieht vor allem im Bereich der Umweltstraftaten und des neuen § 125 StGB die Gefahr der Schaffung einer Strafbarkeit bloßen Verwaltungsungehorsams. Ein Straftatbestand, der die Gefährdung aus dem bloßen Verstoß gegen eine polizeiliche Aufforderung, gegen einen Verwaltungsakt, ableite, grenze die Strafwürdigkeit des inkriminierten Verhaltens nicht per se deutlich genug ab; er bringe alles andere als eine Erhöhung der Gesetzesbestimmtheit mit sich, da die Klarheit, die der Verwaltungsakt für den Adressaten schaffe, nicht notwendig derjenigen einer gesetzlichen Bestimmung entspreche.

2. Absolut sichere Ungefährlichkeit der Tathandlung im Einzelfall beim abstrakten Gefährdungsdelikt

Einen weiteren Diskussionsschwerpunkt bildete die Frage des sicheren Ausschlusses des Eintritts einer konkret gefährlichen Situation beim abstrakten Gefährdungsdelikt. In Anschluß an Professor *Györgyi* vertrat *Jescheck* die Meinung, schon aus generalpräventiven Erwägungen müsse es insoweit bei der Unbeachtlichkeit entsprechender Feststellungen im konkreten Einzelfall bleiben. Auch *Hirsch* sprach sich gegen die gegenwärtigen Lösungstendenzen aus. Soweit beispielsweise in dem häufig diskutierten Fall der Brandstiftung, begangen an einem zur Wohnung von Menschen bestimmten Gebäude, für den Fall absoluter Gewißheit des Ausbleibens einer konkreten Gefahr für Menschenleben der Nachweis der Ungefährlichkeit in concreto für beachtlich gehalten werde, bleibe unklar, welche Kategorie von Straffreiheit in Fällen dieser Art eingreifen solle. Eine derartige Konstruktion ausnahmsweiser Straffreiheit stelle auch den Grundsatz „in dubio pro reo" auf den Kopf, da hierdurch de facto dem Angeklagten der Entlastungsbeweis auferlegt werde. Das Problem liege vielmehr in der zu weiten Fassung der fraglichen kriminalstrafrechtlichen abstrakten Gefährdungstatbestände und in den an diese anknüpfenden enormen Strafdrohungen. Einen positiven Lösungsansatz sah *Hirsch* auch im Referat von *Grasso*; danach sei zu erwägen, in die insoweit problematischen abstrakten Gefährdungstatbestände des StGB das Merkmal regelmäßiger Eignung der Tatbestandshandlung zur Erfolgsherbeiführung als stillschweigendes Tatbestandserfordernis hineinzulesen. Diese Lösung habe den Vorzug, dem Zweifelssatz seinen vollumfänglichen Geltungsanspruch zu bewahren. Ergänzend zu diesen Ausführungen brachte *Vogler* die vom AE intendierte Lösung der negativen tatbestandlichen Ausschlußklausel in Erinnerung und wies auf die Rechtsprechung des Bundesgerichtshofs hin (BGHSt. 26, 121), die die Tendenz erkennen lasse, den Einwand sicherer und völliger konkreter Ungefährlichkeit nur noch bei größeren und unübersichtlichen Gebäuden als von vornherein unbeachtlich anzusehen. Gegenüber dem Einwand einer unzulässigen Umkehrung des Zweifelssatzes bei Anerkennung ausnahmsweiser Straffreiheit gab *Vogler* zu bedenken, daß es insoweit nur um eine strafeinschränkende Wirkung gehe.

Weber stellte sich auf den Standpunkt, durch eine hinreichend präzise und tatbestandlich enge Fassung der betreffenden Strafvorschriften könne das Problem in dogmatisch wie rechtsstaatlich einwandfreier Form weitgehend beseitigt werden. So verficht er für die Brandstiftungsdelikte eine durch Neufassung des Tatbestandes vorzunehmende Objektbegrenzung. Wo aber, wie zum Beispiel bei den Explosionsdelikten, eine Präzision des Tatbestandes nicht praktikabel sei, sei angesichts der hohen Strafdrohungen eine Ungefährlichkeitsklausel wünschenswert.

3. Die Problematik des agent provocateur

Mit Blick auf die Tätigkeit des agent provocateur im Bereich der abstrakten Gefährdungsdelikte meinte *Hirsch*, die Frage, ob der Zeitpunkt der materiellen Beendigung für die Beurteilung einer etwaigen Strafbarkeit wirklich maßgebend sei, sei nach wie vor ungeklärt. Sehr interessant sei insoweit die von Dr. habil. *Spotowski* aufgezeigte klare Linie, die das polnische Recht verfolge. Demgegenüber wandte *Eser* ein, die Existenz der klaren gesetzlichen Regelung in Polen, wonach der Einsatz polizeilicher Lockspitzel grundsätzlich verboten sei, schließe nicht notwendig eine diesem Verbot zuwiderlaufende Praxis aus. Er fragte den polnischen Referenten, ob nicht in Polen andere Mechanismen, etwa eine Straffreistellung auf prozessualer Ebene, den Einsatz von Lockspitzeln ermögliche. Hierauf erwiderte *Spotowski*, für den agent provocateur gelte ein striktes Verbot. Eine prozeßrechtliche Regelung, wie *Eser* sie angedeutet habe, existiere nicht, weswegen der verbotswidrige Lockspitzeleinsatz in Polen uneingeschränkt strafrechtlich zu verfolgen sei. Professor *Platzgummer* betonte, der Einsatz des agent provocateur sei auch in Österreich strikt verboten, das Verbot werde aber dadurch umgangen, daß man die Dinge nicht beim Namen nenne und verharmlosend von „verdeckter Fahndung" spreche. Richtigerweise könne die Straflosigkeit des Lockspitzels in den hier erörterten Fällen aber nur durch eine Gesetzesänderung erreicht werden.

4. Weitere Einzelprobleme

Zu Einzelfällen abstrakter Gefährdungsdelikte führte *Hirsch* aus, er halte die Konstruktion des § 227 StGB durch die h. A., die in dieser Vorschrift ein abstraktes Gefährdungsdelikt in Verbindung mit einer objektiven Bedingung der Strafbarkeit sehe, für unstatthaft. Denn eine im Sinne des § 227 StGB verstandene objektive Bedingung der Strafbarkeit gehe ihrer wesensnotwendigen strafbarkeitslimitierenden Funktion verlustig; sie wirke vielmehr strafbegründend. Hier sei § 18 StGB analog anzuwenden, da das, was für die strafschärfende Folge gelte, erst recht für die strafbegründende Folge Geltung beanspruche. *Weber* hält demgegenüber die Schlägerei an sich für so gefährlich, daß eine Kriminalisierung dieses Verhaltens kriminalpolitisch notwendig sei. *Hirsch* wies ferner auf die bisher unerwähnt gebliebenen §§ 186 und 323a StGB hin, bei denen die herrschende Auslegung ebenfalls eine abstrakte Gefährdungshandlung mit einer objektiven Strafbarkeitsbedingung verknüpfe. Seiner Ansicht nach erhebt sich bei diesen viel diskutierten Vorschriften die Frage, ob hier die abstrakten Gefährdungstatbestände für sich genommen überhaupt Gegenstand eines Verbots sein könnten. Er meinte, bei § 186 StGB bedürfe es einer einschränkenden Auslegung dahingehend, daß Fahrlässigkeit in bezug auf die Möglichkeit der Unwahrheit zu verlangen sei. Auch sei es bei § 323a StGB ein Gebot des Schuldgrundsatzes, über die Voraussetzung des Vorliegens einer im Rausch begangenen rechtswidrigen Tat hinaus beim Täter Vorsatz oder Fahrlässigkeit hinsichtlich der konkreten Möglichkeit der Begehung irgendeiner Straftat zu verlangen. Eine Verwischung der Grenze zur actio libera in causa sei nicht zu befürchten, da es hierbei nicht um einen die Verletzung eines bestimmten tatbestandlichen Rechtsguts betreffenden Vorsatz- oder Fahrlässigkeitsvorwurf gehe. Hinsichtlich § 323a StGB stimmte *Weber* dem im Prinzip zu. *Weber* meinte ferner, die Verlagerung der Verurteilungsquote von § 315c Abs. 1 Nr. 1 StGB hin zum abstrakten Gefährdungsdelikt des § 316 StGB spreche de lege ferenda für eine abstrakte Fassung der Verkehrsgefährdungstatbestände.

Zur Anerkennung der Versuchsstrafbarkeit beim Unternehmensdelikt meinte *Hirsch*, die Antwort hänge davon ab, ob die tatbestandliche Formulierung des Unternehmensdelikts bereits den gesamten Versuchsbereich erfasse oder ob sie mit einer bestimmten Gefahrhöhe gekoppelt sei, wie beispielsweise bei der Vergiftung hinsichtlich des Merkmals „beibringen". In solchem Fall ist nach Auffassung von *Hirsch* durchaus Raum für die Anwendung der allgemeinen Versuchsgrundsätze.

Zu der vor allem von *Weber* in seinem Referat angesprochenen Problematik des Rücktritts vom Unternehmensdelikt wies *Hirsch* darauf hin, daß Vorschriften über die tätige Reue im geltenden Recht besonders im Bereich des „Altbestands des StGB" fehlten; das Bedürfnis nach einheitlicher Behandlung vergleichbarer Sachverhalte (Beispiel: § 229 StGB — Altbestand ohne Regelung der tätigen Reue/ § 311a StGB — Neubestand mit entsprechender Regelung) sollte nach seiner Auffassung Anlaß zu einer Rechtsanalogie sein.

Mit Blick auf die ausländischen Rechte stellte *Hirsch* die in der Bundesrepublik Deutschland seit dem Zweiten Weltkrieg ganz herrschende subjektive Versuchslehre in bezug auf den absolut untauglichen Versuch in Frage. Demgegenüber warnte *Vogler* vor einer Rückkehr zur objektiven Theorie und damit zum Erfordernis einer konkreten Gefährdung des geschützten Handlungsobjekts als Strafgrund des Versuchs. Er erinnerte an die Schwierigkeiten bei der Abgrenzung von Vorbereitung und Versuch, die das Gefahrkriterium wegen des immer noch umstrittenen und ungeklärten Gefahrbegriffs selbst auf der Grundlage einer gemischten Theorie bereite.

Der Warnung, die subjektive Theorie allzu schnell über Bord zu werfen, schloß sich *Weber* an. Er wies auf die Vorteile der subjektiven Theorie hin; auch die subjektive Komponente des Planungszusammenhangs sei ein entscheidendes Kriterium für die Gefährlichkeit des Versuchs.

Allgemein zur Schweizer Rechtslage merkte Professor *Gauthier*, Lausanne, an, die bei dieser Sitzung aus deutscher, österreichischer, italienischer, ungarischer und polnischer Sicht angesprochenen Probleme stellten sich der Schweizer Strafrechtswissenschaft grundsätzlich in gleicher Weise. Er verlieh dem Wunsch nach Vereinheitlichung der Rechtsordnungen auf diesem Gebiet Ausdruck und schloß sich der in den Referaten und der Diskussion allgemein vertretenen Tendenz zur restriktiven Handhabung jedweder Vorverlegung der Strafbarkeit an.

III. In seinem Schlußwort faßte *Vogler* den gemeinsamen Ausgangspunkt in der Feststellung zusammen, daß für ein am Rechtsgüterschutz orientiertes Strafrecht die Rechtsgutsverletzung als der sichtbarste Unrechtserfolg historisch am Anfang gestanden habe und daß die Verletzungsdelikte auch heute noch den Kernbereich des Kriminalstrafrechts bildeten. Allerdings setze bereits mit der Bestrafung des Versuchs bei den Verletzungsdelikten, der durch das Ausbleiben des Erfolgs gekennzeichnet sei, die Tendenz ein, auch Rechtsgutsgefährdungen strafrechtlich zu erfassen. Eine Verstärkung erfahre diese Tendenz durch die Unternehmensdelikte, durch die zwar der Strafrechtsschutz nicht im eigentlichen Sinne vorverlegt werde, durch die der Versuch aber in den Rechtsfolgen den vollendeten Delikten gleichgestellt und der Rücktritt — soweit nicht Sonderregelungen bestehen — ausgeschlossen werde. Die Diskussion habe gezeigt, daß Übereinstimmung insoweit bestehe, als die Schaffung von Gefährdungstatbeständen an sich legitim sei und den strafrechtlichen Rechtsgüterschutz verbessern könne. Die Subsidiarität des Strafrechts und der Grundsatz der Verhältnismäßigkeit seien als Kriterien für eine vernünftige Begrenzung ebenso zu beachten wie der aus dem Rechtsstaatsgebot folgende Grundsatz der Gesetzesbestimmtheit. Die Beschreibung des Tatbestandes müsse sich an empirisch nachweisbare Tatsachen halten; die Bestrafung dürfe nur an ein Verhalten anknüpfen, das geeignet sei, ein schützenswertes Gut zu verletzen. Die dem Begriff der Gefahr und der Bestimmung ihres Grades anhaftende Unsicherheit mahne zur Zurückhaltung. Deshalb sprächen gewichtige Gründe gegen allgemeine Gefährdungstatbestände, die die Tathandlung nicht näher beschreiben. Bei den abstrakten Gefährdungstatbeständen müsse sichergestellt werden, daß sie bei sicherem Ausschluß einer konkreten Gefährdung nicht anzuwenden seien. Die Zufallskomponente der konkreten Gefährdungsdelikte könne dadurch gemildert werden, daß sie nur an hohe abstrakte Gefährdungen anknüpften.

Der Sinn der Diskussion — so stellte *Vogler* abschließend fest — habe nicht darin bestehen können, am Ende griffige Formeln zu präsentieren. Die vergleichende Erörterung sei jedoch geeignet gewesen, das Problem als gemeinsames zu erkennen: Die Vorverlegung des Strafrechtsschutzes durch Unternehmens- und Gefährdungstatbestände sei kriminalpolitisch notwendig, ihr seien aber aus rechtsstaatlichen Gründen Grenzen gezogen.

Mit Worten des Dankes an alle Teilnehmer der Fachgruppensitzung, insbesondere an die Referenten und die Diskussionsredner, schloß *Vogler* die Sitzung.

Kolibri 360 GmbH
Ferdinand-Jühlke-Straße 7
99095 Erfurt, Deutschland
produktsicherheit@kolibri360.de